权威·前沿·原创

皮书系列为
"十二五""十三五""十四五"时期国家重点出版物出版专项规划项目

BLUE BOOK

智库成果出版与传播平台

河北蓝皮书
BLUE BOOK OF HEBEI

河北农业农村经济发展报告
（2024）

AGRICULTURAL AND RURAL ECONOMY DEVELOPMENT
REPORT OF HEBEI (2024)

加快建设农业强省
Accelerate the Construction of a Strong Agricultural Province

主　　编／吕新斌
执行主编／张　波
副 主 编／唐丙元　闫永路　耿卫新

社会科学文献出版社
SOCIAL SCIENCES ACADEMIC PRESS (CHINA)

图书在版编目（CIP）数据

河北农业农村经济发展报告.2024：加快建设农业
强省／吕新斌主编；张波执行主编；唐丙元，闫永路，
耿卫新副主编.--北京：社会科学文献出版社，2024.7
（河北蓝皮书）
ISBN 978-7-5228-3454-2

Ⅰ.①河… Ⅱ.①吕… ②张… ③唐… ④闫… ⑤耿
… Ⅲ.①农业经济发展-研究报告-河北-2024②农村经
济发展-研究报告-河北-2024 Ⅳ.①F327.22

中国国家版本馆 CIP 数据核字（2024）第 066188 号

河北蓝皮书

河北农业农村经济发展报告（2024）
——加快建设农业强省

主　　编／吕新斌
执行主编／张　波
副 主 编／唐丙元　闫永路　耿卫新

出 版 人／冀祥德
组稿编辑／高振华
责任编辑／张丽丽
文稿编辑／刘　燕
责任印制／王京美

出　　版／社会科学文献出版社·生态文明分社（010）59367143
　　　　　地址：北京市北三环中路甲 29 号院华龙大厦　邮编：100029
　　　　　网址：www.ssap.com.cn
发　　行／社会科学文献出版社（010）59367028
印　　装／天津千鹤文化传播有限公司

规　　格／开　本：787mm×1092mm　1/16
　　　　　印　张：21.5　字　数：323 千字
版　　次／2024 年 7 月第 1 版　2024 年 7 月第 1 次印刷
书　　号／ISBN 978-7-5228-3454-2
定　　价／138.00 元

读者服务电话：4008918866

河北蓝皮书（2024）
编 委 会

主编简介

吕新斌　河北省社会科学院党组书记、院长，中共河北省委讲师团主任，河北省社会科学界联合会第一副主席，中国李大钊研究会副会长。

吕新斌同志长期在宣传思想文化战线工作，曾先后在原中国吴桥国际杂技艺术节组委会办公室、原省文化厅、省委宣传部任职。在省委宣传部工作期间，先后在文艺处、城市宣传教育处、宣传处、办公室、研究室（舆情信息办）、理论处等多个处室工作，后任省委宣传部副部长、省文明办主任，长期分管全省理论武装、哲学社科、政策研究、舆情信息、精神文明建设等工作。

吕新斌同志多次参与中宣部和省委重大活动，组织多批次重要文稿起草和重要读物编写等工作。高质量参与完成《习近平新时代中国特色社会主义思想学习纲要》编写任务，得到中宣部办公厅、省委主要领导同志肯定，受到省委宣传部通报表扬；曾牵头完成中央马克思主义理论研究和建设工程重大课题，参与编写或主编完成多部著作；在《求是》《光明日报》《人民日报》等中央大报大刊组织刊发多篇成果。

摘　要

　　《河北农业农村经济发展报告（2024）》由河北省社会科学院牵头，河北省社会科学院农村经济研究所具体组织院内专家、高校学者及相关部门研究人员撰写，是一部具有较高理论价值和实践意义的河北农业农村经济发展方面的重要文献，旨在使社会各界全面系统地了解河北省农业农村经济建设进展与成效。

　　本书全面系统地回顾了 2023 年河北省农业农村经济发展特点和运行情况，并对 2024 年全省农业农村经济发展态势进行了分析研判，聚焦农业生产效率、种业振兴、盐碱地特色农业、农地经营、预制菜产业、数字乡村建设、农村产权流转交易市场、和美乡村建设、农村基本养老、农民增收等热点问题开展专题研究，选取典型县和典型村开展调研，剖析全省农业农村经济发展的内在逻辑。2023 年，河北省全面贯彻落实党中央、国务院的各项决策部署，坚持稳中求进工作总基调，围绕推进乡村产业高质量发展、加快建设农业强省目标要求，全力抓好农业生产，着力化解国内外诸多风险挑战和洪涝灾害等影响，确保粮食等重要农产品稳产保供，全省农业农村经济运行总体平稳，粮食、肉类、禽蛋、牛奶、水产品、水果等产量持续增长，主要农产品价格呈下降态势，农村居民收入平稳增长，乡村建设扎实推进，农村社会和谐稳定，为全面建设经济强省、美丽河北提供了坚实支撑。

　　展望 2024 年，外部环境复杂严峻，国内经济回暖加速，河北省农业农村经济发展机遇与挑战并存。针对当前农业农村经济发展中存在的短板与不足，河北省将继续坚持稳字当头、稳中求进原则，锚定建设农业强省目标，

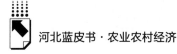
学习运用"千万工程"经验,加强高标准农田建设,深入实施种业振兴,强化农业科技装备支撑,健全种粮农民收益保障机制,全力抓好粮食等重要农产品供给;拓展农业多种功能,挖掘乡村多元价值,培育壮大乡村产业;完善乡村基础设施,改善农村人居环境,提高农村公共服务便利度,促进宜居宜业和美乡村建设;坚守不发生规模性返贫底线,增强脱贫地区和脱贫群众内生发展动力,持续巩固拓展脱贫攻坚成果;持续深化农业农村改革,推动农业农村现代化取得重要进展。

关键词: 农业农村经济 农业强省 乡村产业 和美乡村

Abstract

Agricultural and Rural Economy Development Report of Hebei (2024) is led by the Hebei Academy of Social Sciences, and is written by scholars from the academy, universities, and relevant departments. It is an important document with high theoretical value and practical significance in the field of agricultural and rural economy development in Hebei Province. Aiming to enable all sectors of society to comprehensively and systematically understand the progress and effectiveness of agricultural and rural economy development in Hebei Province.

Agricultural and Rural Economy Development Report of Hebei (2024) comprehensively and systematically reviews the characteristics and operation of agricultural and rural economy development in Hebei Province in 2023, analyzes and judges the development trend of the province's agricultural and rural economy in 2024. Conducts thematic research on hot issues such as agricultural production efficiency, seed industry revitalization, saline-alkali land characteristic agriculture, farmland management, prefabricated food industry, digital rural construction, rural property rights circulation and trading market, harmonious and beautiful rural construction, rural basic pension, and farmers' income increase, which are of concern to the Central Committee and Hebei Provincial Party Committee and Provincial Government. To analyze the inherent logic of agricultural and rural economy development in the province, typical county and village are selected for investigation. In 2023, Hebei Province comprehensively implemented the decisions and deployments of the Party Central Committee and the State Council. Adhered to the overall tone of steady progress, centered around the promotion of high-quality development of rural industry, accelerated the construction of strong agricultural province goal requirements, spared no efforts to grasp the agricultural production, strived to resolve the many domestic and foreign risks and challenges, the impact of flooding and other disasters. Ensured stable production and supply of grain and other essential agricultural products, the overall operation of the agricultural and rural economy in the province was generally stable, and the production of grain, meat, eggs, milk, aquatic products, fruits, etc. continued to grow. The prices of major agricultural products showed a downward trend, the income of rural residents grew steadily, rural construction was solidly promoted, and rural society was harmonious and stable, providing solid support for the comprehensive construction of an economically strong province and beautiful Hebei.

Looking ahead to 2024, the external environment is complex and severe, and the domestic economy is recovering at an accelerated pace. There are both opportunities and challenges for agricultural and rural economy development in Hebei Province. In response to the shortcomings and deficiencies in the current agricultural and rural economy development, Hebei Province will continue to adhere to the principle of stability and progress, anchor the goal of building a strong agricultural province, learn and apply the experience of the "Ten Million Project", strengthen the construction of high-standard farmland, deeply implement the revitalization of the seed industry, strengthen the support of agricultural science and technology equipment, improve the income guarantee mechanism for grain farmers, and entirely focus on the supply of grain and other essential agricultural products; expand the multiple functions of agriculture, tap into the diverse values of rural areas, cultivate and expand rural industries; improve rural infrastructure, improve the living environment in rural areas, improve the convenience of public services in rural areas, promote livable, business friendly, and beautiful rural construction; adhere to the bottom line of no large-scale return to poverty, enhance the endogenous development momentum of poverty-stricken areas and people, continue to consolidate and expand the achievements of poverty alleviation; sustainably deepen agricultural and rural reforms, and promote significant progress in the modernization of agriculture and rural areas.

Keywords: Agricultural & Rural Economy; Strong Agricultural Province; Rural Industry; Harmonious and Beautiful Villages

目 录 ⟆

Ⅰ 总报告

Ⅱ 分报告

Ⅲ　专题篇

Ⅳ　调查篇

皮书数据库阅读**使用指南**

CONTENTS ↙

I   General Report

II   Sub–Reports

Ⅲ   Special Reports

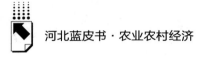
Ⅳ Investigation Reports

总 报 告

B.1

2023~2024年河北农业
农村经济发展报告

张 波　唐丙元　田文中　闫永路*

摘　要： 2023年，河北省坚持稳中求进工作总基调，全力抓好农业生产，着力化解国内外诸多风险挑战和洪涝灾害等影响，农业农村经济运行总体平稳。全省粮食、肉类、禽蛋、牛奶、水产品、水果等产量持续增长，乡村产业发展质量不断提升，农民收支平稳增长，乡村建设扎实推进，农村社会和谐稳定。展望2024年，外部环境复杂严峻，国内经济回暖加速，河北省农业农村经济发展机遇与挑战并存。全省应坚持农业农村优先发展，全力抓好粮食等重要农产品供给，着力培育壮大乡村产业，深入开展和美乡村建设，巩固拓展脱贫攻坚成果，持续深化农业农村改革，推动农业农村现代化取得重要进展。

* 张波，河北省社会科学院农村经济研究所所长、研究员，主要研究方向为农村经济发展、城乡融合发展；唐丙元，河北省社会科学院农村经济研究所研究员，主要研究方向为宏观经济、开放经济；田文中，国家统计局河北调查总队综合处处长，二级调研员，高级统计师，主要研究方向为统计学；闫永路，河北省社会科学院农村经济研究所副所长、副研究员，主要研究方向为农业农村经济、农村资源环境。

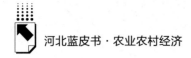

关键词： 农业农村经济　农产品　乡村产业　和美乡村　农村改革

2023年，河北省深入学习贯彻习近平总书记视察河北重要讲话精神，认真落实落细党中央、国务院各项决策部署，坚持稳中求进工作总基调，全力抓好农业生产，着力化解国内外诸多风险挑战和洪涝灾害等影响，农业农村经济运行总体平稳，乡村振兴全面推进。全省粮食、肉类、禽蛋、牛奶、水产品、水果等产量持续增长，乡村产业发展质量不断提升，农民收支平稳增长，乡村建设扎实推进，农村社会保持和谐稳定，有效发挥了"三农"压舱石作用。

一　2023年河北省农业农村经济运行稳中向好

（一）2023年河北省重要农产品生产运行特征

河北省努力克服罕见低温冻害和洪涝灾害等影响，狠抓粮食生产和"菜篮子"产品供应，加快农业招商引资和标准化、规模化基地建设，粮食生产保持较高水平，重要农产品生产供给总体充裕。

1. 粮食产量处于较高水平

2023年，河北省大力实施小麦亩产跨千斤示范行动和小麦全程精细精准科学管理行动，粮食播种面积为9682.8万亩，总产量为762.0亿斤，连续11年稳定在700亿斤以上，粮食生产总体平稳。① 河北省大力推行玉米适期晚收、小麦适期晚播"双晚"技术，全面推行种子包衣和药剂拌种以及种肥同播、播后镇压等技术，同时分级分类加强小麦田间管理，小麦出苗情况良好，生长需水关键期降水较多、墒情适宜，夏粮生产再获丰收，播种面积、总产量、单产实现"三连增"。秋粮作物播种以来，土壤墒情较好，整体苗情发育

---

① 本报告数据来源于国家统计局河北调查总队、河北省农业农村厅、河北省水利厅、河北省林业和草原局。

进程略早于常年同期，粮食作物病虫害发生情况较常年偏轻。但受严重干旱和暴雨洪水双重灾害影响，秋粮作物成灾面积为286.9万亩、绝收面积为191.1万亩，秋粮生产呈现播种面积增加，但单产、总产量小幅减少态势。

2. 蔬菜生产保持稳定

受台风"杜苏芮"影响，夏秋季节空气湿度较大，蔬菜病虫害增加，河北省蔬菜播种面积和产量稳中略减。2023年前三季度，全省蔬菜播种面积为625.2千公顷，同比下降0.1%；总产量为3342.8万吨，同比下降0.2%，增速同比回落3.8个百分点。从生产结构看，菠菜、大白菜、卷心菜、黄瓜、茄子、辣椒、西红柿仍是主要种植品种，播种面积占蔬菜总播种面积的57.0%，总产量占蔬菜总产量的57.7%。食用菌生产继续保持较快发展态势，2023年前三季度，全省食用菌产量为106.9万吨，同比增长5.8%，食用菌产量占蔬菜总产量的比重达3.2%，比上年同期提高0.2个百分点。

3. 肉蛋奶产量稳步增长

河北省持续推动畜牧业高质量发展，2023年全省猪牛羊禽肉产量为491.1万吨，同比增长3.3%。其中，猪肉产量为283.3万吨，同比增长3.6%；牛肉产量为59.4万吨，同比增长2.2%；羊肉产量为37.5万吨，同比增长1.6%；禽肉产量为110.9万吨，同比增长3.7%。禽蛋产量为404.6万吨，同比增长1.6%；牛奶产量为571.9万吨，同比增长4.6%。生猪出栏量稳定增长，2023年前三季度全省生猪出栏2800.2万头，同比增长3.7%，增速同比加快0.6个百分点；牛羊出栏量稳中略增，2023年前三季度全省肉牛累计出栏290.0万头，同比增长0.8%，肉羊累计出栏1949.9万头，同比增长2.5%。蛋鸡存栏量持续增长，2023年9月末全省蛋鸡存栏29229.4万只，同比增长5.4%。奶牛单产稳步提高，全省奶牛平均年单产为9.2吨，优质奶牛年单产最高可达12吨。

4. 特色农产品供给能力稳步提升

河北省着力培育壮大核桃、板栗、枣、仁用杏等特色优势经济林产业，支持发展林药、林菌等林下经济，累计组织实施经济林、花卉和林下经济基地建设项目33个。2023年前三季度，全省经济林提质增效面积为43万亩，新增林下经济经营面积为 24 万亩；全省园林水果产量为 614.1 万吨，同比增长 0.8%。受极端天气和强降雨影响，河北省 7 市 25 县淡水渔业生产受损严重，但秦皇岛、唐山等渔业生产重点市未受影响。2023 年前三季度，全省水产品产量为 40.8 万吨，同比增长 4.2%。其中，海水养殖、海洋捕捞产量为 23.7 万吨，同比增长 6.2%；淡水养殖、淡水捕捞产量为 17.1 万吨，同比增长 1.5%。

（二）2023 年河北省农业农村经济发展态势分析

1. 乡村产业发展质量明显提升

河北省坚持农业农村优先发展，加大农业招商引资力度，壮大农产品生产基地，狠抓农产品加工业发展，乡村产业持续壮大。2023 年，全省第一产业增加值为 4466.2 亿元，同比增长 2.6%。2013～2023 年河北省 GDP、第一产业增加值及其增速如图 1 所示。

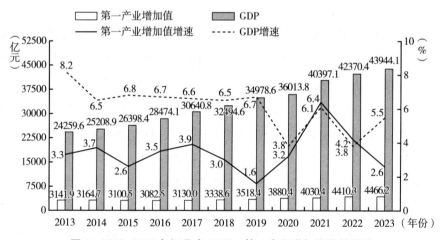

图 1　2013～2023 年河北省 GDP、第一产业增加值及其增速

资料来源：历年《河北统计年鉴》。

一是农业招商引资力度不断加大。河北省抢抓京津冀协同发展机遇，深入开展农业投资项目提升年活动，积极搭建招商平台，强化项目包联服务，先后举办了河北省农产品加工业发展大会、京津冀蔬菜产业发展大会暨招商对接活动、梨电商大会、奶农大会等。截至 2023 年 9 月底，全省共签约农业招商项目 616 个，签约引资额 1746.5 亿元，开工项目 322 个，开工率为 52.3%，农业项目完成投资 862.5 亿元。

二是农业产业链进一步健全。河北省持续推进"河北净菜"进京，2023 年与北京共建环京周边蔬菜生产基地 52 家，累计达 115 家；新建京津冀蔬菜直采直供中心 6 个。北京新发地计划在河北布局建设 10 个分市场、50 万亩基地，现已落地 8 个分市场、44.9 万亩基地，并优先安排在家农民工就业，实现了特色产业发展和农民收入增加"双赢"。积极推进中央厨房产业提升工程，河北省新增中央厨房产业园区 8 个，已入驻企业 79 家。大力发展农产品加工业，2023 年前三季度，河北省农产品加工规上企业营收为 5537 亿元，同比增长 3.5%。推进农业与旅游业深度整合，全省发布休闲农业线路 175 条，新增易县安格庄等 8 个"中国美丽休闲乡村"，认定正定县周家庄村等 130 个"河北省美丽休闲乡村"，2023 年前三季度休闲农业接待旅客约 5928 万人次，同比增长 28.3%。

三是农业经营主体不断壮大。2023 年，河北省新增国家级龙头企业 15 家，累计达 96 家；新增省级重点龙头企业 232 家，累计达 1000 家，省级示范社、示范家庭农场分别达到 1788 家、1749 家，农业生产托管服务组织发展到 3.2 万家。河北省大力推广"龙头企业+合作社+家庭农场+基地"的经营模式，积极完善联农带农益农机制，新认定省级示范农业产业化联合体 320 家，带动 44.7 万户农民稳定增收。

2. 主要农产品市场价格保持平稳

受洪灾、市场看涨养殖户压栏惜售和居民消费习惯性回升等多重因素作用，生猪价格出现回暖迹象。联网直报平台数据显示，2023 年 1~7 月，河北省生猪价格在 14.2~15.8 元/公斤的区间低位震荡，8 月生猪价格达到 17.1 元/公斤，9 月生猪价格稳定在 16.5 元/公斤左右，整体呈现回暖态势。全省平均猪粮比价为 5.65，平均出栏一头 120 公斤的肥猪盈利 72 元左右。

河北省牛肉价格自 2022 年底以来持续下探，2023 年 4 月跌势开始加快，7 月下旬跌至 62.8 元/公斤，较年初下跌 15.2%。7 月下旬之后，在消费的拉动下，全省牛肉价格小幅回升，9 月下旬牛肉和活牛均价分别为 66.9

元/公斤、30.1元/公斤。

羊肉价格低位回升,2023年3月中旬河北省羊肉和活羊价格小幅抬升,5月开始明显下跌,7月下旬羊肉、活羊均价分别降至67.6元/公斤、24.3元/公斤,较年初分别下降9.5%、8.6%。9月,河北省羊价止跌回升,9月底全省羊肉、活羊均价分别为68.2元/公斤、25.2元/公斤,较7月最低点均上涨约1元。

鸡肉价格逐步回落,2023年4月河北省肉鸡均价为10.2元/公斤,处于高位,5~8月养殖户积极出栏,肉鸡价格震荡下行,9月底肉鸡均价为8.8元/公斤,处于较低水平。同时,因鸡苗、玉米价格较高,肉鸡养殖利润空间受到压缩。

牛奶价格持续走低,2023年9月底河北省牛奶价格为3.7元/公斤,已连续9个月低于4.0元/公斤盈亏线,奶牛养殖户出现亏损。

3. 农业全要素生产率不断上升

根据河北省农业农村发展统计数据资料,基于产出角度的DEA-Malmquist方法,对2013~2022年河北省农业全要素生产率进行测度。2013~2022年河北省第一产业增加值为期望产出指标1,2013~2022年河北省农林牧渔业总产值为期望产出指标2,机械总动力、农业生产化肥施用量为资本要素投入,农作物灌溉面积为土地要素投入,第一产业就业人数为劳动要素投入。经MAXDEA软件计算可得2013~2017年河北省农业全要素生产率总体呈现下降趋势,2018~2022年连续观察区间内,河北省农业全要素生产率均不低于1,总体呈现上升趋势(见图2),农业资源配置效率有所提升。然而,河北省不同地区的农业全要素生产率存在较大差异,部分地区的农业生产要素资源配置效率较低,需要进一步加强科技创新和产业升级,以提高农业生产效率和质量。

4. 乡村建设扎实推进

农村水利建设稳步推进。河北省坚持投资驱动、项目引领,安排实施了大陆泽、宁晋泊蓄滞洪区防洪工程与安全建设项目,河道防洪治理工程,河湖生态综合治理工程,农村供水工程等1000多个工程项目。2023年前三季度,全省新建水利项目完成审批764个,审批率为98%;已开工694个,开

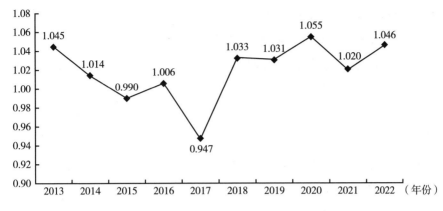

图2 2013~2022年河北省农业全要素生产率

资料来源：历年《河北农村统计年鉴》。

工率为89%；完成投资522.2亿元，投资完成率为74.0%。

林草产业提质增效。河北省持续实施燕山—太行山等绿化工程，2023年前三季度，完成营造林561.58万亩（造林181.68万亩、森林抚育379.9万亩），草原生态保护修复治理37.85万亩，京津绿色生态屏障进一步稳固。河北省大力推进林草产业提质增效，积极引进优良品种，实施经济林、花卉和林下经济基地建设项目，改善基地基础设施，推广先进生产管理技术，国家林下经济示范基地达到13个，国家林业产业示范园区达到5家，林草类特色农产品优势区达到24个。

宜居宜业和美乡村建设进一步加快。对全省5万多个村庄进行了分类，逐村制定改善提升方案，精准施策、压茬推进、梯次发展，8个村入选中国美丽休闲乡村名单。2023年1~6月，全省共完成农村户厕改造提升25.4万座，新建厕所运营监管中心30个、粪污处理站567座，配备抽粪车1718辆，基本完成村庄问题厕所排查整改。乡村振兴示范区建设持续推进，平泉市、故城县、威县、张北县4县上榜国家乡村振兴示范县创建名单，支持乡村振兴的政策框架基本成形。实施"四好农村路"提升工程，全省前三季度累计建设改造农村公路7422公里，其中农村公路"对接路"367.3公里。

数字乡村建设扎实推进。数字乡村发展行动深入实施，完成近5万个行政村5G网络测试工作，截至2023年9月底，河北省农村地区新增5G基站5821个。建设网格化管理、精细化服务、信息化支撑的基层治理平台，永清县"一网五治"基层社会治理新体系入选国家数字乡村试点优秀案例。加快发展信息化、智慧化农业，建设全省农业农村大数据中心，围绕智慧种植、智慧畜牧和智慧水产集成应用，打造20个智慧农业应用示范支撑点，推动农业产业链数字化发展。

5. 巩固拓展脱贫攻坚成果同乡村振兴有效衔接进展顺利

河北省稳定帮扶政策，先后印发2023年工作要点等省级衔接政策57项，保持主要帮扶政策总体稳定。持续加大对62个省乡村振兴重点帮扶县的倾斜支持力度，下达省以上财政衔接资金108.8亿元，占全省资金总量的90%以上，专项安排原45个国家级贫困县新增用地指标2.7万亩。持续深化中央单位定点帮扶、驻村帮扶、"五包一"包联帮扶、省内区域性结对帮扶和"万企兴万村"行动，2023年前三季度31家中央定点帮扶单位共投入（引进）资金39.5亿元，引进项目（企业）101个。深入开展脱贫人口和监测对象增收三年行动，持续深化产业、就业、科技、消费帮扶和易地搬迁后续扶持，认真落实脱贫人口跨省务工一次性交通补助政策，强力推进"雨露计划+"就业促进行动，2023年前三季度全省脱贫人口和监测对象就业92.51万人，超额完成年度目标。河北省抓好抗洪救灾和灾后重建工作，对因灾导致唯一住房倒塌、饮水设施损毁、家庭成员重伤致残、产业大幅减产、务工就业不稳等5种情形且依靠自身能力难以恢复的人员开辟"绿色通道"，汛期以来，共新识别纳入监测对象2.1万人。

6. 农村居民收支平稳增长

2023年，河北省农村居民人均可支配收入为20688元，同比增长6.8%，增速快于城镇居民人均可支配收入1.1个百分点，城乡收入比为2.11，较上年同期的2.13缩小0.02；农村居民人均消费支出为17244元，同比增长6.0%，城乡消费比为1.62，较上年同期的1.54扩大0.08。

7. 农村重点领域改革不断深化

河北省坚持试点先行、整体推进，农村宅基地制度改革试点稳步推进，定州市、平泉市、邢台市信都区、邯郸市峰峰矿区 4 个国家级试点县全部完成基础信息调查、资格权认定，形成 82 项制度成果。积极推进二轮土地延包邯郸市鸡泽、丛台区国家级整县试点工作。平泉、卢龙、迁安、魏县集体林权抵押改革试点和平泉林业综合改革试点工作顺利开展。河北省加强农村集体"三资"管理问题专项整治，新纳入台账管理的经营性资产为 9.25 亿元、资源性资产为 42.74 万亩，全省集体经济收入 5 万元以下的村全部清零，10 万元以上的村占比达到 50% 以上。

（三）河北农业农村经济发展面临的主要问题

河北省农业农村经济发展态势总体较好，但仍存在一些不容忽视的突出问题。

1. 农村灾后恢复重建任务艰巨

2023 年夏季，河北省遭受罕见特大暴雨洪水灾害，洪涝灾害造成设施种植业损失巨大，设施种植业灾后恢复重建投入大、集中筹措资金困难。据统计，全省共损毁设施种植面积 16.2 万亩，主要集中在饶阳、永清、定兴等设施蔬菜重点县（区）。据测算，全省损毁农业设施全部修复重建至少需资金 70 亿元，社会资本迟疑观望，进入意愿不强，修复重建资金缺口较大。灾情对农村公共基础设施造成一定破坏，村庄道路桥梁、渠道护岸护坡、电力线路等损毁程度较大，恢复重建资金缺口较大。因灾情影响，农业产业受损较重，全省经营净收入同比增长 3.1%，低于上年同期 3.4 个百分点，低于全国 2.7 个百分点。据调查，全省约 33.57% 的农户认为灾情因素影响年度预期收入。

2. 农业固定资产投资同比有所下降

2023 年，河北省重大农业项目数量有所减少，农业农村项目数量和投资额仅分别占全部基础设施项目的 5.7% 和 2.0%。前三季度，全省农业固定资产投资同比下降 20.4%，较 1~8 月降幅收窄 1.0 个百分点，但仍比全国低 19.4 个百分点。由于生猪、乳制品等畜产品消费复苏较慢、市场不振，部分生猪、奶业项目推迟或放慢建设进度。受设施农业用地进出平衡影响，部分新上养殖项目落地困难，还有部分项目因洪灾终止建设或重新选址，直接影响固定资产投资增长速度。此外，2022 年同期河北省农业固定资产投资同比增长 15.1%，高于全国 13.5 个百分点，拉高了增长基数，导致 2023 年增长相对缓慢。诸多因素叠加导致 2023 年前三季度河北省农业固定资产投资同比有所下降。

3. 农民收入增长放缓

2023 年，河北省农村居民人均可支配收入为 20688 元，同比增长 6.8%，绝对值比全国低 1003 元，增速比全国低 0.8 个百分点。家庭经营性收入与工资性收入是家庭收入的主要来源，而河北省农业生产规模化和专业化比例较低，农产品附加值不高，农村劳动力转移速度相对较慢，农民非农就业机会有限，这些因素直接影响了农民收入水平。调查显示，仅有 5% 的农户认为未来 3 年收入有较大幅度增长，40.15% 的农户认为收入略有增长，42.71% 的农户认为收入基本不变，9.72% 的农户认为收入略有减少，2.43% 的农户认为收入将会较大幅度减少。

4. 农产品消费市场提振不足

农产品价格低位运行，经营净收益下降。受旱灾、水灾等不利因素影响，玉米、豆粕等大宗产品价格持续上涨，并保持高位运行，养殖成本较高，利润空间被压缩，养殖户收益受损。2023 年以来，牛肉进口来源日益丰富，进口价跌量增，冲击国内牛肉市场。据调查，75.8% 的受访养殖户认为"成本过高"是企业面临的最大问题。养殖户缺乏足够的抵押物，难以获得融资贷款，流动资金缺口大，29.6% 的受访养殖户表示"流动资金不足"。

二　2024 年河北省农业农村经济形势展望

2024 年是全面贯彻党的二十大精神、推进乡村全面振兴的关键之年，客观分析农业农村经济发展面临的宏观形势，对稳定农业农村经济发展、全面推进乡村振兴具有重要意义。

（一）河北省农业农村经济发展面临的有利形势

1. 全国经济回暖为农业农村经济发展提供宽松环境

我国陆续出台了一系列推动经济恢复发展的政策举措，有利于巩固经济向好基础。国际货币基金组织、世界银行等国际机构预测，2024 年中国经济仍将保持较高增速。我国正处于消费结构提档升级的关键阶段，中等收入群体家庭数量增加，扩大消费倾向明显，对经济的拉动作用有望保持良好态势。中央财政决定增发国债，有利于河北灾后恢复重建，补齐防灾减灾救灾短板。宏观经济回升向好、内需持续释放和政策支持力度加大，为河北充分利用农业农村地域、资源优势，加快推进农业现代化、发展壮大县域经济、加快建设宜居宜业和美乡村提供了强大动力和广阔空间。

2. 乡村振兴全面推进为农业农村经济发展提供了基础保障

国家明确提出，要充分发挥乡村作为消费市场和要素市场的重要作用，推动城乡融合发展，畅通城乡经济循环。这有助于释放农业农村潜力。党中央把加快建设农业强国摆上建设社会主义现代化强国的重要位置，提出要举全党全社会之力全面推进乡村振兴，加快农业农村现代化，并进行了一系列重大部署。这有利于激活农业农村发展活力。习近平总书记视察河北时的重要讲话为全省农业农村发展指明了方向，保障农业农村农民发展的一系列政策措施将陆续出台。这有利于畅通城乡要素流动，推进城乡融合和区域协调发展。

3. 现代化产业体系建设有利于提升农业农村创新创业水平

我国持续开展产业强链补链延链行动，完善扶持政策，强化梯度培育，改造传统优势产业，培育壮大战略性新兴产业。这有利于提升农村产业智能化、绿色化水平，为河北省奶业、中央厨房等 5 个千亿级产业工程发展提供新的契机。产业数字化、数字产业化深入实施，有利于传统产业、中小企业和农业农村平台经济发展，促进农产品生产加工、仓储保鲜、冷链物流全链条升级，顺畅城乡生产流通，拓宽农民创新创业空间。

（二）河北省农业农村经济发展面临的风险挑战

1. 外部环境复杂严峻，多重挑战叠加共振

当前，世界经济下行压力较大，全球宏观经济发展呈现高通胀、高利率、高债务、低增长态势，居民生活成本上升、经济发展前景担忧加剧，消费者越来越谨慎，消费需求下降。国际政治纷争和冲突多点爆发，俄乌冲

突、巴以冲突持续加剧，农产品贸易格局和供应链受到深刻影响。一些国家农产品出口政策收紧，加剧了国际农产品价格波动，我国对外依存度较高的农产品供给压力较大。

2. 农业基础还不稳固，粮食等重要农产品供应压力较大

我国仍处于经济和消费总量扩张期，城乡居民对农产品的需求不断增加，粮食等重要农产品需求将保持刚性增长。同时，城乡居民食物消费结构持续升级、消费环境不断改善，城乡居民更加注重农产品质量安全，对食物品质的要求不断提升。然而，河北省人均耕地数量少、耕地质量有待提高、水资源严重短缺、旱涝风雹等灾害时有发生，人增地减水紧的趋势难以根本扭转。化肥、农药、农膜等农资投入过量，引致农业面源污染，在一定程度上限制了粮食和重要农产品稳定安全供给。随着农资价格上涨和种粮成本增加，种粮收益空间收窄，农民种粮积极性受到不同程度影响。

3. 人口零增长负增长，给"三农"工作带来新挑战

近几年，河北省人口总量出现关键性转折，2020年全省人口达到峰值，2021年首次出现负增长，减少15.8万人，2022年减少28万人。与此同时，由于人口向城镇迁移，农村人口老龄化程度更高，养老抚幼矛盾突出。农村劳动力加快减少和劳动力大龄化并存，导致农民增收困难、社会保障需求增加、"三农"抗风险能力下降，农村空心化、农户空巢化现象严重，巩固脱贫攻坚成果难度较大。

三 全面推进乡村振兴，促进河北省农业农村经济高质量发展的对策建议

2024年，河北省要全面贯彻落实党的二十大和二十届二中全会精神，坚持稳字当头、稳中求进工作总基调，锚定建设农业强省目标，学习运用"千万工程"经验，全力抓好粮食等重要农产品供给，着力培育壮大乡村产业，深入开展和美乡村建设，巩固拓展脱贫攻坚成果，持续深化农业农村改革，推动农业农村现代化取得重要进展。

（一）全方位夯实粮食安全根基

加强高标准农田建设，深入实施种业振兴，强化农业科技装备支撑，健全种粮农民收益保障机制，扛稳粮食安全重任。

一是稳定粮食和重要农产品生产能力。严格落实耕地保护和粮食安全党政同责，加强耕地用途管制，坚决遏制耕地"非农化"、严格管控"非粮化"。深入实施新一轮千亿斤粮食产能提升行动，抓好盐碱地综合改造利用，确保粮食播种面积、粮食产量不降低。加强高标准农田建设，坚持新增建设和改造提升并重、建设数量和建成质量并重、工程建设与建后管护并重，实施整治田块、建设灌排设施、整修田间道路等工程，切实补齐农田建设短板。加快大中型灌区建设和现代化改造，完善灌排骨干工程体系，配套农业供水计量设施。集成推广区域性、标准化高产高新技术和防灾减灾技术，示范带动大面积均衡增收增产。实施大豆油料和食用植物油产能提升工程，稳定净作大豆种植面积，推广大豆玉米带状复合种植。加强生猪、肉牛、肉羊等市场调控，防止生产大起大落，保障"菜篮子"产品产量质量，健全多元化食物供给体系。

二是深入实施种业振兴行动。加强现代种业科技创新团队建设，创建国内领先的协同创新育种平台，推进特色作物育种联合攻关。加快现代育种技术研发与应用，扶优做强大型"育繁推一体化"种业企业，提高育种效率。支持种业企业强强联合、优势互补，建设一批商业化育种中心和创新联合体，全面提升企业育种能力和核心竞争力。加大节水高产"马兰1号"小麦新品种、耐盐大豆新品种等推广力度，提升种源自主产品市场占有率。

三是强化农业科技装备支撑。整合农业领域创新资源，在农业产业链、创新链薄弱环节培育建设一批省级创新平台，提升现代种业、智慧农业等重点领域科技创新平台建设质量。以优势特色产业发展需求为导向，实施核心种源、农机装备、合成药物、耕地质量与节水农业等重点领域关键核心技术攻关，着力突破一批"卡脖子"核心技术。畅通科技成果转化路径，打造农业领域开放创新应用场景，加速农业技术转移和成果转化。加快高性能拖拉机、智能收获机、丘陵山区适用装备等研发推广，着力发展智能农机，促进农田农艺与农机配套、种植模式与作物品种宜机化。推广"全程机械化+综合农事"等农机服务新模式，建设省级全程机械化示范县。

四是健全种粮农民收益保障机制。优化种粮补贴政策，加大产粮大县奖励力度，落实好小麦最低收购价政策，合理确定玉米、大豆生产者补贴标准，扩大粮食等大宗农产品保险覆盖面，调动农民种粮积极性。探索耕地地力保护补贴与耕地保护责任落实相挂钩机制，引导农民自觉提升地力。强化人员、资金、仓容、仪器设备等各项保障，确保"有人收粮、有钱收粮、有仓收粮、有车运粮"。

（二）推动乡村产业高质量发展

拓展农业多种功能，挖掘乡村多元价值，推动乡村一二三产业融合发展，构建现代乡村产业体系。

一是培育壮大乡村产业。聚焦粮油、蔬菜、果品、中药材、奶业、畜禽养殖六大农业主导产业，集中实施奶业、中央厨房、蔬菜、中药材、精品肉类5个千亿级产业工程，新建改扩建一批种养设施，全面扩大产业规模、提升产品品质。做好"土特产"文章，强化农业景观创意、农产品创意、农业文化创意、农业活动创意，大力发展生态旅游、民俗文化、休闲观光、农事体验、森林康养等新模式新业态，培育一批具有地方特色的文创农副产品品牌。实施县域特色产业集群"领跑者"企业培育行动，鼓励集群企业走"专精特新"发展道路，争创"专精特新"企业和专精特新"小巨人"企业。

二是打造乡村产业发展载体平台。深入开展国家农村产业融合发展示范园创建活动，推动现代农业产业园、优势特色产业集群、农业产业强镇扩面增量、提档升级。支持全省有条件的县（市、区）以县域为单元，创建农业现代化示范区、农村产业融合发展示范园，示范引领农业现代化发展。实施企业上市、科技赋能、产业升级、强链补链、金融助力、冀有特色六大行动，大力发展乡村特色产业专业村镇，打造一批具有较强影响力的典型范例。

三是推动农村一二三产业融合发展。实施农产品加工业提升行动，围绕"粮头食尾""农头工尾"，完善农产品初加工、精深加工和综合利用等加工体系，布局建设一批农产品加工园区，创建一批农业产业化创新先行县。完善农产品流通骨干网络，推动大型农产品物流园区、批发市场、集散中心协同衔接发展。深化电子商务进农村综合示范工作，实施"互联网+"农产品出村进城工程，推动农村电商高质量发展。

（三）有力有序建设宜居宜业和美乡村

坚持在发展中保障和改善农村民生，提升乡村基础设施建设水平，改善农村人居环境，提高农村公共服务便利度，促进宜居宜业和美乡村高质量发展。

一是推进农村基础设施提档升级。加快连乡通村道路提级改造和窄路基路面拓宽改造，强化农村公路与干线公路、村内道路衔接，具备条件的乡镇基本实现全部通三级及以上公路。统筹考虑改厕、洗浴、环境卫生、乡村旅游和农村二三产业发展，实施规模化供水工程建设和小型集中供水工程标准化改造，稳步推进农村饮水安全向农村供水保障转变。实施农村电网巩固提升工程，以燕山太行山区、坝上地区、黑龙港流域等为重点，补齐欠发达地区农村电力基础设施短板。实施数字乡村建设工程、智慧广电乡村工程，加快农村地区信息通信和广播电视基础设施建设，持续提升农村地区通信网络覆盖和服务水平。

二是持续改善农村人居环境。以农村厕所改造、生活污水处理、生活垃圾治理为重点，推广普及水冲式厕所，统筹推进农村改厕和生活污水处理，开展农村生活垃圾分类试点，促进农村有机生活垃圾、粪污和农业生产有机废弃物资源化处理利用。推动村容村貌整体提升，全面清理私搭乱建、散乱堆放，整治残垣断壁、空中杂乱线缆，鼓励村民充分利用荒地、废弃地、边角地等开展村庄小微公园和公共绿地建设，优化村庄生产生活生态空间。按照分级创建、成片推进原则，加快省、市、县三级宜居宜业和美乡村示范区创建,实施美丽乡村建设提升工程,连线成片建设美丽乡村。

三是强化林草水利重大项目建设。聚焦"两山、两翼、三环、四沿"重点区域,抓好"三北"防护林、北方防沙带等重点工程。实施林果花卉基地建设项目,持续深化集体林权制度改革,因地制宜发展林草产业,全面提升生态系统功能。持续实施石津灌区等大中型灌区续建配套与现代化改造,加快雄安新区防洪工程和大陆泽、宁晋泊、献县泛区等蓄滞洪区建设工程,全面提升水旱灾害防御能力。

四是稳步提升农村基本公共服务水平。加快发展农村普惠性学前教育,改善农村义务教育学校办学条件,建立部属高校、省内师范类高校、省级示范性高中帮扶薄弱县中的立体帮扶体系,提升农村教育质量水平。调整优化乡村医疗卫生机构设置,拓展乡镇卫生院康复医疗、医养结合、安宁疗护等服务功能,提升县级医院综合服务能力,提高县域医疗卫生服务水平。推进村级幸福院、日间照料中心等建设,加快乡镇敬老院改造升级,推进县、乡、村"三级"养老服务网络建设。

(四)持续巩固拓展脱贫攻坚成果

坚决守住不发生规模性返贫的底线,持续增强脱贫地区和脱贫群众内生发展动力,巩固拓展脱贫攻坚成果。

一是守牢防止返贫底线。保持主要帮扶政策总体稳定,强化统筹协调和督导检查,压紧压实各地各有关部门责任。持续健全落实防止返贫动态监测和帮扶机制,用好"绿色通道",动态解决"三保障"和饮水安全问题,坚决打赢灾后恢复重建攻坚战。从严开展巩固脱贫攻坚成果后评估,扎实抓好重点群体帮扶,确保不发生规模性返贫。

二是促进脱贫群众增收。深入实施脱贫人口和监测对象增收三年行动,对低收入群体分类建立台账,规范脱贫人口收入监测统计。强化产业就业帮扶,持续实施"雨露计划+"就业促进行动、以工代赈等,确保贫困人口就业规模稳中有升。对62个省乡村振兴重点帮扶县,继续加大财政、金融、土地、人才等倾斜支持力度,持续深化产业、就业、科技、消费等帮扶和异地搬迁后续扶持，培育发展新型农村集体经济，不断缩小脱贫群众收入差距。

三是做好同乡村振兴有效衔接。深入开展"百企联百县"行动，健全完善衔接资金支持农业产业发展政策，学习推广浙江"千万工程"经验，助推乡村全面振兴。

（五）持续深化农业农村改革

坚持稳中求进、守正创新，打造具有河北特色、在全国有影响力的改革成果。深化土地制度改革，鼓励有条件的村组规范、稳妥、有序开展解决承包地细碎化试点，优先保障实施乡村振兴战略、发展乡村产业和乡村建设用地需求。稳慎推进农村宅基地制度改革，持续推动定州市、平泉市、邢台市信都区、邯郸市峰峰矿区4个国家级宅基地制度改革试点县在全域范围推开试点工作。巩固提升农村集体产权制度改革成果，实施农村集体资产监管提质增效行动，优化村集体经济组织机构设置，集中整治农村集体资产管理领域突出问题。发展壮大农村新型集体经济，健全完善集体经济收益分配制度，促进集体资产资源增值溢价。加强集体林地承包经营管理，稳定和完善集体林地家庭承包经营，鼓励农户依法采取出租、入股、转让等方式流转林地经营权、林木所有权和使用权，发展适度规模经营。健全多元化乡村振兴投入保障机制，鼓励地方政府专项债券支持符合条件的乡村振兴项目建设，完善社会资本投资农业农村指引，引导和规范社会资本投入农业农村，强化"三农"投入保障。

参考文献

康振海、王国发主编《河北省乡村振兴发展报告（2022）》，河北人民出版社，2023。

河北省统计局、国家统计局河北调查总队编《河北统计年鉴2022》，中国统计出版社，2023。

蔡昉：《人口发展新形势对"三农"的影响》，《北京日报》2023年10月23日，第10版。

彭建强：《走中国特色社会主义乡村振兴道路》，《经济日报》2023年5月23日，第10版。

张波：《把握农业全产业链建设关键点》，《经济日报》2023年2月28日，第10版。

分 报 告 ⊠

B.2
2023～2024年河北省粮食生产
形势分析及预测

谢 蕾*

摘 要: 河北省委、省政府深入贯彻党的二十大提出的"全方位夯实粮食安全根基"战略决策,持续加大粮食生产扶持力度,做好农业救灾和灾后生产恢复,减少灾情对秋粮生产的影响。2023年,河北省粮食生产呈现播种面积稳步增长、粮食单位面积产量和总产量略有下降的态势,其中粮食单位面积产量高于全国平均水平,粮食总产量居全国上游水平。受夏秋季高温少雨和暴雨洪水等灾害影响,秋粮较上年减产67.24万吨。2024年,河北省将统筹协调全省粮食生产相关工作,制定秋冬播、春夏播工作方案,加强异常天气、病虫害等预警预报,开展统防统治,稳定农资价格,确保粮食播种面积,进一步筑牢粮食安全防线。预计2024年全省粮食生产有望继续保持在较高水平。

关键词: 粮食生产 粮食安全 播种面积 种植结构

* 谢蕾,国家统计局河北调查总队农业调查处四级调研员,主要研究方向为粮食统计调查。

2023 年，河北省委、省政府深入贯彻党的二十大提出的"全方位夯实粮食安全根基"战略决策，坚持把保障粮食安全摆在突出位置，持续加大粮食生产扶持力度，积极应对台风恶劣天气影响。各级地方政府认真落实党中央、国务院及河北省委、省政府灾后重建工作部署，多措并举，做好农业救灾和灾后生产恢复，减少灾情对秋粮生产的影响。国家统计局河北调查总队调查结果显示，全省粮食总产量为 3809.92 万吨（761.98 亿斤），比上年减产 55.15 万吨（11.03 亿斤），连续 11 年稳定在 700 亿斤以上。①

一 粮食生产总体情况

（一）粮食播种面积稳步增长

近年来，河北严格落实耕地保护制度，充分调动农户生产积极性，全力稳住粮食播种面积。2023 年，全省粮食播种面积为 6455.19 千公顷（9682.79 万亩），较上年增加 11.42 千公顷（17.13 万亩），保持稳步增长态势。其中，夏粮播种面积为 2273.82 千公顷（3410.73 万亩），较上年增加 2.18 千公顷（3.27 万亩），增长 0.10%；秋粮播种面积为 4181.37 千公顷（6272.02 万亩），较上年增加 9.23 千公顷（13.85 万亩），增长 0.22%。

（二）粮食产能基本保持稳定

各级地方政府高度重视粮食安全，加强耕地质量保护，加快高标准农田建设，推广旱作节水技术，加大政策补贴力度，不断优化种植业结构，农民种粮积极性有效激发，粮食综合生产能力显著提高。2023 年，全省粮食总产量为 3809.92 万吨。其中，夏粮产量为 1498.55 万吨，较上年增加 12.09 万吨，增长 0.81%；秋粮产量为 2311.36 万吨，受涝渍灾害影响，较上年减少 67.24 万吨。

---

① 本报告数据来源于国家统计局河北调查总队。

（三）粮食单产略减

河北高度重视提高农业科技投入工作，加强良田良种、良机良法对粮食生产的支撑作用，积极落实国家粮食产能提升行动部署，把重心放在大面积提高单产上，农业生产条件和综合生产能力有效提升。2023年，全省粮食单位面积产量为393.47公斤/亩，比上年减少6.40公斤/亩。其中，夏粮单位面积产量为439.37公斤/亩，比上年增加3.13公斤/亩，连续5年上涨；秋粮单位面积产量为368.52公斤/亩，受涝渍灾害影响，比上年减少11.56公斤/亩。

（四）种植结构持续优化

各级地方政府广泛宣传和积极落实各项种粮补贴等支农政策，农户种粮积极性明显增强。在稳住主要粮食品种种植面积的基础上，进一步优化种植结构，提升种植效益，带动农民增收。2023年，全省主要夏粮品种小麦播种面积为2247.67千公顷（3371.5万亩），较上年增加0.57万亩，增长0.02%；产量为1485.56万吨，较上年增加10.99万吨，增长0.75%；单产为440.62公斤/亩，较上年增加3.18公斤/亩，增长0.73%。主要秋粮品种玉米播种面积为3442.24千公顷（5163.35万亩），受大豆玉米带状复合种植面积增加的影响，较上年减少13.63千公顷（20.45万亩），减少0.39%；产量为2014.28万吨，较上年减少80.42万吨，减少3.84%；单产为390.11公斤/亩，较上年减少13.98公斤/亩，减少3.46%。在大豆玉米带状复合种植技术的推动下，全省大豆种植面积较上年增加22.94万亩，产量增加1.5万吨。

二　河北与全国其他粮食生产区域比较

2023年，全国粮食播种面积为118969千公顷（178453万亩），比上年增加636千公顷（955万亩），增长0.5%；单位面积产量为5845公斤/公顷（390公斤/亩），比上年增加43.6公斤/公顷（2.9公斤/亩），增长0.8%；

粮食总产量为 69541 万吨（13908 亿斤），比上年增加 888 万吨（178 亿斤），增长 1.3%。

河北粮食生产呈现播种面积增长、单位面积产量和总产量下降的趋势，其中播种面积增长趋势与全国保持一致，单位面积产量高于全国平均水平，总产量在全国 31 个粮食生产区域中居上游水平。

从播种面积看：河北粮食播种面积（6455.19 千公顷）在全国居第 6 位，较上年提高 1 个位次；与周边省份相比，低于河南（10785.3 千公顷）、山东（8387.9 千公顷）、内蒙古（6984.7 千公顷）。

从总产量看：河北粮食总产量（3809.92 万吨）在全国居第 7 位，与上年持平；与周边省份相比，低于河南（6624.3 万吨）、山东（5655.3 万吨）、内蒙古（3957.8 万吨）。

从单位面积产量看：河北粮食单位面积产量（5902.1 公斤/公顷）在全国居第 12 位，与上年持平；与周边省份相比，低于辽宁（7163.5 公斤/公顷）、山东（6742.2 公斤/顷）、天津（6556.7 公斤/公顷）、河南（6142 公斤/公顷）。

三　粮食增产因素分析

（一）政策性利好

一是河北省委、省政府高度重视粮食生产工作，持续加大财政投入力度，用好农业生产救灾资金，落实种粮农民一次性补贴政策，做好各项惠农政策的普及和解读，引导农民种足种好粮食，宣传和推广科技政策，帮助农户增强粮食安全意识。二是各级地方政府主管部门精准落实国家粮食安全战略，扛起粮食安全政治责任，科技政策宣传推广到位，有效调动了农民种粮积极性。三是统筹中央和省级财政资金，大力支持大豆玉米带状复合种植，力争单位面积土地产出更多粮食。四是统筹农业生产救灾资金和"一喷多促"资金，重点支持秋粮作物恢复生产，科学降低灾害影响。利好政策组合出台，提升了农民种粮意愿和生产管理积极性。

（二）关键技术落实到位

普遍选用高产、稳产、抗逆的优良品种，大面积应用种子包衣、药剂拌种，通过加强田间管理和技术指导服务，持续跟踪苗情变化情况，分类别、分区域、分时节采取技术措施，面对面指导农民紧盯作物生长关键时期，实施精准管理。特别是"一喷多促"全覆盖实施，有效遏制了病虫害扩散蔓延态势。落实化控防倒、水肥精准调控等技术措施，有效补充作物生长各关键时期营养需求，防止后期倒伏，努力实现粮食作物稳产增收。

（三）病虫草害发生较轻

各级植保机构加大宣传培训力度，加强有害生物预测预报和防控，做好防控技术指导。台风过境集中降水后，田间积水较多、涝渍严重，田间高温高湿，容易导致南方锈病菌源的流行扩散。农技人员加强田间管理，大力推进统防统治、群防群治和联防联治。从实地观察来看，田间病虫草害发生整体较轻。

（四）农资保供充足

在保证粮油作物种子、化肥、农药、农用柴油等农资供应充足的同时，落实落细农机管理服务措施，全面推广使用小麦联合收获、玉米施肥播种复式作业机具，推行收获、整地、播种"一条龙"技术模式，提升作业效率和粮食收获质量，降低机收损失，确保颗粒归仓。

（五）救灾力度加大

一是及时排除田间积水。长期积水会造成作物根系呼吸困难，及时清理田间沟渠，加深地头排水沟，确保自流通畅，避免植株根系缺氧活力下降造成吸收水分和养分能力减弱、生长发育迟缓。二是适时开展中耕散墒。土壤散墒、除去杂草、改善根际环境、促进根系恢复生长、破除土壤板结。三是促弱转壮，追肥控旺。降水可以有效补充土壤墒情，促进植株生长，也会造成速效肥淋溶下渗和有机质流失。洪涝会造成土壤熟土层随水流走，适时开展作物化控和追肥。四是加强病虫害综合防治。跟踪掌握玉米、大豆、马铃薯等秋粮作物重大病虫害发生情况和趋势，以及防控进度和防控效果，开展防控技术、安全用药和统防统治作业指导等。

（六）未受灾地区秋粮长势良好

一是总体光热充足。秋收作物播种以来，全省大部分时段平均每天日照时数长，持续性寡照天数少，平均气温较常年偏高，大部分时段光温条件适宜作物生长发育。二是土壤墒情适宜。进入2023年7月中旬后全省降水增多，夏播作物由苗期进入产量形成期，降水有效补充土壤墒情，对作物生长发育和产量形成十分有利，长势好于常年，秋粮生产稳定的基本面没有改变。

四 粮食减产因素分析

（一）阶段性旱情影响产量下降

受2023年6月持续高温少雨天气影响，河北省张家口、承德地区遭受阶段性旱情，部分春播粮食作物受灾。虽然采取了及时改种补栽、加强田间管理等措施，加上2023年7月中旬全省大范围降雨有效缓解旱情，但与上年相比，秋粮生产还是受到少许影响。

（二）洪涝灾害影响产量下降

受台风"杜苏芮"影响，河北省遭受历史罕见特大暴雨洪水灾害，受上游水库泄洪影响，泄洪区和地势低洼的农田出现涝渍灾害，导致产量损失较大。从全省范围看，张家口、承德、唐山、秦皇岛等北部地区受降雨影响较小，廊坊、保定受涝渍灾害影响大，廊坊、保定、衡水、沧州、邢台等地处蓄滞洪区的个别村庄部分地块受泄洪及积水影响很大，农业生产损失较为严重甚至绝收。

五 2024年粮食生产形势预测

河北省委、省政府高度重视粮食生产工作，各级地方政府主管部门精准落实省委、省政府有关要求，扛起粮食安全的政治责任，统筹协调全省粮食生产相关工作，制定秋冬播、春夏播的工作方案，确保粮食播种面积，进一步筑牢粮食安全防线。

（一）夏粮生产

全省夏粮主要品种冬小麦在10月底基本播种完成，进度与常年基本持平，播种面积稳中略增。11月全省大部分日期气温高于常年，日照充足，光、温条件满足冬小麦出苗以及苗期生长。据调查，2023年主产区小麦适期适墒播种比例高，大部分地区出苗整齐均匀，苗情长势总体较好。12月中旬全省经历持续雨雪低温天气，降雪不同程度地增加了土壤表墒，同时积雪覆盖，利于田间保墒保温。雪后进入低温天气，冬小麦将全部进入越冬期，要做好冬小麦越冬期田间管理，预防冻害发生，确保小麦安全越冬，为明年小麦丰收奠定苗情基础。

（二）秋粮生产

全省秋粮主要品种玉米，近年因价格上涨、收益看好、生产管理简便、抵抗风险能力高等特点，播种面积保持稳定。各地积极落实"玉米单产提升"任务，普遍选用了高产、稳产、抗逆的优良品种，推广旱地春玉米全膜覆盖双垄沟播技术，普及推广夏玉米种肥同播一体播种机以及深松施肥播种、缓控释肥等关键技术，使得主要秋粮作物玉米播种质量高、长势均衡一致。加上种子包衣、药剂拌种、夏玉米播后化学除草、春玉米全膜覆盖和病虫绿色防控技术大面积应用，有害生物预测预报和防控及时到位，作物田间病虫草害发生整体可控，如不遇大的自然灾害和极端天气，玉米单位面积产量有望继续增长。

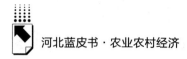

综上，对粮食作物的播种情况以及分阶段生长情况进行密切监测，对异常天气、病虫害等灾情及时发布预警信息，及时进行田间调查指导，开展统防统治，保障农用物资供应充足，稳定农资价格，增强农用机械服务，多措并举、科技赋能，预计2024年粮食生产有望继续保持较高水平。

六　期盼与建议

（一）合理集约经营土地，增强土地保护意识

鼓励农民以资金、土地、农机具等要素入股进社，或者以土地流转的形式将土地集中起来，实行集约化经营、科学化管理、标准化生产、机械化作业。通过对土地的重组、规划和平整，实现土地的集约利用，提高农业劳动生产率、土地产出率和资源利用率，解决小地块与大农机的矛盾。

（二）积极提高种粮效益，稳定粮食生产预期

要保持各项支农惠农政策的稳定性和连续性；完善土地流转市场，鼓励规模化、专业化生产，解决农村劳动力流失、土地耕种质量不高等问题；着力提升农业社会化服务水平，组织农机大户、农机专业化服务机构、植保专业公司等为农户提供全流程的专业社会化服务；推进农业供给侧结构性改革，坚持市场导向，发挥政府支持和宏观调控作用，促进粮食生产调结构、提质量、增效益。

（三）优化政策，推进机械化生产

加大农机购置补贴力度，缩减补贴到账周期，解决农机购置资金压力大的问题；合理规划制定农业配套方案，建设方便农机使用的场景设施；加快土地流转，发展规模农业，为农机应用、提升生产效率提供保障。

参考文献

张翔宇：《河北省节粮减损实践路径与对策探究》，《中国粮食经济》2023年第7期。

敖阳利、何菲、岳静：《河北：政策性农业保险持续保障粮食生产》，《中国财经报》2023年12月14日，第1版。

B.3
2023~2024年河北省畜牧业
产销形势分析与预测

穆兴增　赵学风　王麒　杨丹*

摘　要： 本报告对2023年以来河北省猪、牛、羊、禽等畜禽生产情况及主要畜产品价格波动情况进行了全面剖析。综合研判，河北省生猪产能基本稳定，奶业持续健康发展，肉牛、肉羊稳中有增，家禽产业发展向好，但生猪价格低迷走势较难逆转。2024年生猪产能过剩承压有缓解迹象，养殖集中度会更高，养猪进入微利时代；乳制品消费市场逐渐回暖，叠加春节消费旺季以及进口大包粉减少等因素，国内生鲜乳收购价格或有小幅提升；蛋鸡养殖将维持合理盈利水平；肉牛生产稳定增长，牛肉价格将持续低位运行；肉羊、肉鸡生产继续保持平稳发展。本报告还对河北省当前畜牧业发展所面临的机遇和挑战进行了分析，并就稳定生猪生产、推进奶业振兴、规范肉牛养殖、做强家禽产业、提升畜禽种业等重点领域提出了组织协调、政策导引、集群发展、科技赋能、金融服务等一系列对策建议。

关键词： 畜牧业　产销形势　河北省

一　年度特征与总体运行态势

2023年以来，为贯彻落实习近平总书记重要指示精神和党中央、国务

---

* 穆兴增，河北省社会科学院农村经济研究所研究员，主要研究方向为农业经济、畜牧经济；赵学风，河北省畜牧总站高级经济师、农业技术推广研究员，主要研究方向为畜牧经济；王麒，河北省畜牧兽医研究所助理畜牧师，主要研究方向为畜牧经济；杨丹，河北省畜牧总站畜牧师，主要研究方向为畜牧经济。

院决策部署，以及《中共中央 国务院关于做好2023年全面推进乡村振兴重点工作的意见》《全国现代设施农业建设规划（2023—2030年）》等文件精神，全省各级畜牧业相关部门全面落实中央和省农业农村工作决策部署，紧紧围绕生猪和奶业两大现代畜牧业主导产业，聚力打造奶业、精品肉两个千亿级工程，统筹稳定畜禽生产、种业提升、粪污资源化利用等重点工作，积极应对后疫情时代消费不振、畜产品市场价格低迷带来的不利影响，持续推动畜牧业高质量发展。根据国家统计局河北调查总队统计数据：2023年前三季度，全省肉类、禽蛋、牛奶产量均保持增长，肉类产品产量为373.4万吨，同比增长3.2%；禽蛋产量为310万吨，同比增长1.6%；生鲜乳产量为438.9万吨，同比增长5.9%。畜牧业总体生产形势呈现生猪产能稳定、奶牛平稳增长、牛羊稳中略增、家禽业持续向好的年度特征。2023年猪牛羊禽肉产量为491.1万吨，同比增长3.3%。其中，猪肉产量为283.3万吨，同比增长3.6%；牛肉产量为59.4万吨，同比增长2.2%；羊肉产量为37.5万吨，同比增长1.6%；禽肉产量为110.9万吨，同比增长3.7%。禽蛋产量为404.6万吨，同比增长1.6%。牛奶产量为571.9万吨，同比增长4.6%。[①] 2024年河北省将进一步提质增效、调结构、稳产能，推进畜禽养殖业高质量发展，助力乡村振兴。

二 主要畜禽产销形势

（一）生猪产能稳定，价格低位运行

1. 生猪产能稳定

2023年第三季度末全省生猪存栏1811.9万头，其中能繁母猪存栏176.5万头，同比分别减少2.5%、5.7%；生猪出栏2800.2万头，猪肉产量为218.5万吨，同比分别增长3.7%和3.2%。2023年初，疫情影响消退，

---

① 本报告数据来源于《2023年河北省国民经济和社会发展统计公报》。

消费回升，叠加冻肉收储政策提振，市场行情有所好转，带动了养殖场户补栏扩产的积极性，尤其是牧原、新希望等集团场增加生产计划，加上消费低迷、进口增多等多种因素影响，生猪产能相对过剩，市场行情持续低迷。虽然受市场供应宽松、养殖持续亏损等因素影响，但全省生猪产能基本稳定。上半年，全省生猪产能不降反增，行业监测显示：自2022年下半年到2023年5月，能繁母猪存栏量连续11个月同比增长，2023年下半年，河北省能繁母猪、生猪存栏总量略减，但仍处于正常波动范围。预计2023年底生猪存栏1820万头，其中能繁母猪存栏175万头，生猪出栏3700万头。

2. 生猪价格低位运行

2022年10月中旬猪价攀升到阶段高点28元/公斤后，11月开始持续回调。2023年初猪价为15.8元/公斤，节后受消费需求回落、市场供应充足等因素影响，猪价仍延续下跌势头，受阶段性供应下降以及收储消息提振，2月中旬开始有所回升，但由于消费低迷，3月再度走低，4月至7月中上旬始终围绕14元/公斤小幅震荡，7月下旬受压栏惜售以及二次育肥现象影响，加之饲料原料豆粕、玉米等高位上扬，猪价短期快速上涨。进入8月中旬猪价止涨回落，9月、10月连续下滑，到11月跌至全年最低点14.31元/公斤。第48周（12月初）全省生猪、猪肉、仔猪均价每公斤分别达到14.19元、22.24元和15.21元，同比分别下降38.49%、42.4%和63.9%。2023年1~11月生猪价格走势见图1。

从全年看，生猪年均价为15.13元/公斤，玉米年均价为2.87元/公斤，全年平均猪粮比价为5.3，生猪养殖总体上亏本运行。1~3月猪粮比价从5.3降到5.2再升到5.4，到7月降至4.9，出栏1头猪亏损200~350元。进入8月开始回升，8月猪粮比价达到5.8，随后再次回落，11月跌至5.0（见图2），出栏1头猪亏损约350元。

3. 后市预测

综合判断，2023年底猪价为全年最低点，国家将继续加大对猪肉市场的调控力度，第三批中央猪肉储备收储工作即将启动，价格有企稳回升迹象，加之"双节"临近，价格反弹动力提升，但受消费低迷、产能相对过

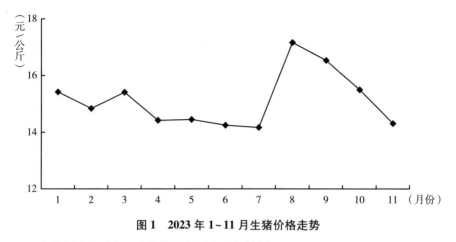

图1　2023年1~11月生猪价格走势

资料来源：河北省30个价格监测县集贸市场监测点。

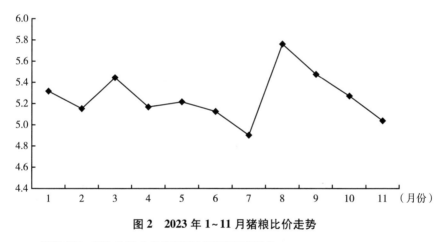

图2　2023年1~11月猪粮比价走势

资料来源：河北省30个价格监测县集贸市场监测点。

剩影响，大幅上涨的可能性不大，运行区间大概率在每公斤15～16元，如果不发生大的疫情，猪价突破18元/公斤的可能性不大。节后到2024年上半年，猪价振荡上行，下半年有加速回升可能。2024年生猪生产将维持三个特点：一是产能过剩承压缓解。2023年上半年全省能繁母猪存栏量保持较高水平，第三季度开始减少，减量为5%以上，接近正常保有量，据此判断，2024年下半年养殖亏损压力或可缓解。二是养殖集中度会更高，规模化趋势明显。据相关统计，2022年全国排前十名的猪企出栏量为12450万头，占全国生猪总出栏量的17.79%，其中，牧原集团出栏6120万头，占全国总出栏量的比重达8.74%。在规模化程度不断提升的同时，生猪养殖也从传统的劳动密集型向资本密集型转移，中小散户的主体地位正在逐渐削弱，农户退出、资本主导成为明显发展趋势。三是养殖进入微利时代。从近几年的生猪价格走势看，本轮下降周期明显长于上行周期，在养殖亏损的形势下，产能未减且相对稳定。这意味着生猪养殖比拼的是节本增效和养殖水平，在期货资本的影响下，传统的猪周期效应明显减弱。另外，饲料价格走高、生物安全成本和人工成本的增加，进一步压缩了生猪养殖的盈利空间。

（二）乳业发展水平稳步提升

1. 乳业影响力持续提升

河北乳业影响力持续提升，2023年第三季度末全省奶牛存栏151.5万头，同比增长1%。累计生鲜乳产量为438.9万吨，同比增长5.9%。奶牛存栏和奶产量均居全国第二名。君乐宝悦鲜活A2β-酪蛋白鲜牛奶获得iSEE（全球食品创新奖）"产品＆品牌类金奖"和"全球美味奖五星奖"两项大奖，"悦鲜活"在高端鲜奶市场占据第一名。

2023年以来，河北省强化政策资金扶持，采取有力措施，进一步加快奶业振兴。一是扎实推进奶业纾困。严格会商制度，及时了解生鲜乳生产量、交售量、喷粉量及乳制品销售量，科学研判形势、强化工作措施。加大喷粉补贴力度，春节期间2930万元喷粉补贴资金全部拨付到企业，经省政府同意，调整3000万元用于6~12月喷粉补贴。组织乳企、奶牛场、奶业协会和管理部门代表座谈会，增强乳企、奶牛场共渡难关意识，协调乳企到期续签合同、应收尽收。三次召开鲜乳价格协调会，听取了乳企和奶牛场代表的生产形势汇报，通报生鲜乳价格执行情况，分析生鲜乳成本，协商生鲜乳收购指导价和最低保护价，着力平衡奶牛场与乳企双方利益，维护行业稳定。开展"送金融服务到奶牛场"活动，缓解奶牛场贷款困难。二是努力争取国家资金支持。积极申报国家奶业发展项目，争取中央转移支付 2.5 亿元，其中：环京津奶业集群续建项目 0.5 亿元，支持 7 县奶业全产业链发展；奶业竞争力提升整县推进项目 1.4 亿元，支持 7 个奶牛养殖大县奶牛场草畜配套和智能化建设等；奶牛家庭牧场升级改造项目 0.6 亿元，支持 200 家奶牛场升级设施设备、引牛扩栏、发展种养加结合等，巩固适度规模奶牛场基础地位。2.5 亿元中央项目和 2 亿省级奶业振兴项目的实施，对稳定奶业市场信心、撬动社会资本投入发挥了积极作用，为奶业振兴提供了强大动力。三是严格质量安全监管。完善学生饮用奶奶源基地在线监控系统，提升生鲜乳质量监管自动化水平。制定生鲜乳质量安全风险检测方案，落实生鲜乳质量安全专项抽检 1070 批次。做好"奶业监管工作平台"日常维护，配合行政审批局开展生鲜乳收购站、运输车审核换证，落实跨省运营运输车信息备案工作。做好迎接农业农村部生鲜乳收购站现场检查和生鲜乳例行监测准备工作，确保生鲜乳质量安全。

2. 生鲜乳价格回落

乳制品消费需求疲软，导致生鲜乳相对供过于求，2023 年生鲜乳价格延续下跌势头，1 月奶站生鲜乳收购均价为 3.94 元/公斤，2 月后开始下滑，9 月降至 3.53 元/公斤（见图 3），较年初下降 0.41 元/公斤，降幅达 10.4%，随后价格小幅上涨，但仍低位运行。第 48 周，全省生鲜乳均价为 3.56 元/公斤，同比下降 10.78%。上半年，玉米、豆粕价格分别降到 2.77 元/公斤、4.04 元/公斤，在很大程度上缓解了奶牛养殖压力；但 9 月初玉米、豆粕价格分别达到 3.03 元/公斤、5.07 元/公斤，同比分别上涨 0.3%、2.6%，较年初分别上涨 4.5%、3.9%；9 月后玉米、豆粕价格回落，11 月价格分别为 2.84 元/公斤、3.95 元/公斤。

按当前行情，在不计算固定资产折旧的情况下，按全群综合成本 3.6 元/公斤计算，以年单产 9.2 吨计（日均单产 30 公斤左右），头均年亏损 276 元。

3. 后市预测

随着乳制品消费市场逐渐回暖，叠加元旦和春节消费旺季的到来，以及进口大包粉减少等因素，国内生鲜乳收购价格或有小幅提升。但是乳制品消

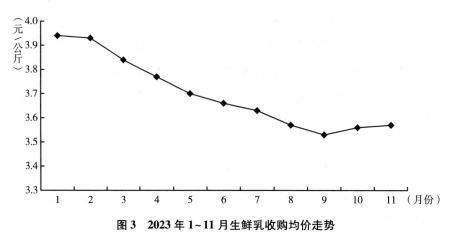

图3　2023年1～11月生鲜乳收购均价走势

资料来源：河北省30个价格监测县集贸市场监测点。

费复苏较慢，奶业市场疲软，生鲜乳价格低位运行，奶牛养殖场经营困难仍是当前需要审慎对待的问题。

（三）蛋鸡存栏增长，行业持续盈利

1. 存栏增长

2021～2023年蛋鸡养殖行情稳定，新建场陆续完工，蛋鸡补栏节奏逐步加快，2023年4月出现了补栏小高峰。根据农业农村部直联直报平台蛋鸡场（设计存栏20000只以上）监测数据：5月，监测场蛋鸡存栏同比增长7.6%，环比上月增长6.7%；8月，监测场蛋鸡存栏同比增长16.0%，环比上月增长1.2%。根据国家统计局河北调查总队统计数据：2023年第三季度末全省蛋鸡存栏2.9亿只，禽蛋产量为310万吨，分别比上年同期增长5.4%和1.6%。年底全省蛋鸡存栏2.86亿只，禽蛋产量为404.6万吨，同比分别增长1.4%和1.6%。2024年蛋鸡生产继续保持平稳运行，存栏和蛋产量与2023年基本持平。

2. 鸡蛋价格涨跌互现

2023年1月鸡蛋价格下行，2月降至9.68元/公斤，随着各行业陆续复工复产，以及清明、五一等节假日拉动，蛋价3月、4月连续上涨，4月达

到 10.1 元/公斤。由于前期补栏蛋鸡陆续开产，5 月供应有所增加而消费不旺，鸡蛋价格出现阶段性回调，至 7 月达到全年最低点 8.96 元/公斤。7~8 月高温高湿天气导致产蛋率下降，洪涝灾害致使部分养殖场户受损，供应偏紧，价格快速反弹，同时受中秋备货、学校开学、饲料成本支撑等因素影响，鸡蛋价格进一步拉升，9 月上涨至全年最高点 11.5 元/公斤。随后市场供应增加，价格有所回落，11 月跌至 9.46 元/公斤（见图 4）。1~11 月，全省平均蛋价为 9.99 元/公斤，同比下跌 2.5%。按此价格，一个产蛋周期每只鸡产蛋 21 公斤，雏鸡费为 3 元/只，全程饲料成本约为 175 元，防疫费为 5 元/只，人工、水电、死淘、维修等费用为 5 元/只，固定资产折旧为 5 元/只，一只鸡总收入为 210 元左右，总支出为 193 元（不计淘汰鸡），每只蛋鸡一个养殖周期可盈利 16~17 元。

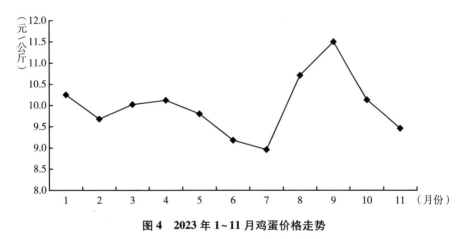

图 4　2023 年 1~11 月鸡蛋价格走势

资料来源：河北省 30 个价格监测县集贸市场监测点。

3. 后市预测

受节日消费拉动效应影响，预计春节前鸡蛋价格会小幅走高。当前蛋鸡存栏处于较高水平，节后天气转暖，鸡蛋产量将进一步增加，供求转换会影响价格走势。预计 2024 年鸡蛋生产和市场供应不会出现较大变化，鸡蛋均价或将维持在 10 元/公斤左右，如无大的疫情等因素影响，不会出现暴跌暴涨。根据已上判断，2024 年蛋鸡养殖将维持合理盈利水平。

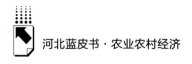
（四）肉牛持续增长，价格走低

1.生产持续增长

受政策扶持和价格走高双重因素影响，河北省肉牛产业发展势头较好，存栏量和牛肉产量持续增长。2023年第三季度末全省肉牛存栏235.3万头，出栏290万头，牛肉产量为47.3万吨，同比分别增长2.5%、0.8%和1%。2023年底，全省肉牛存栏达到263.5万头，出栏360.2万头，牛肉产量达到59.4万吨，同比分别比上年增长5.7%、2.0%和2.2%。2024年预计肉牛存栏238万头，出栏295万头，肉牛生产保持平稳增长。

2.价格走低

2023年以来多种因素叠加造成牛肉供大于求，肉牛价格出现下滑。一是市场消费能力弱而肉类价格低，受猪肉价格长期低迷影响，居民消费选择更倾向于猪肉、禽肉，价格较高的牛羊肉消费相应减少。二是养殖利润低，行业加速出栏。牛肉价格低而饲料成本高，养殖利润被压缩，挫伤养殖户养殖积极性，尤其是新入行的养殖户承压能力有限，为加速出栏止损而加快出栏，市场形成践踏效应，加速了牛肉价格下跌。三是牛肉进口来源日益丰富，进口价跌量增，加上存在牛肉走私情况，国内牛肉市场受到冲击。据海关统计，2023年全国进口牛肉273.7万吨，较2022年增长1.77%；进口均价呈现震荡下跌趋势。四是奶牛养殖亏损，部分奶牛被当作肉牛淘汰处理，增加了牛肉市场供给。

自2021年2月攀升到77.8元/公斤的历史新高后，牛肉价格整体呈现震荡回落的走势。2022年底以来持续下探，2023年初牛肉价格降到74.1元/公斤，4月跌势加快，到7月下旬跌到62.8元/公斤，较年初下跌15.2%；活牛价格跌势更为迅猛，由年初的34.2元/公斤跌到26.0元/公斤，跌幅达到24.0%。7月下旬后，在消费的拉动下，肉牛价格小幅回升；9月达到67.1元/公斤，11月又略有回落，为66.84元/公斤（见图5）。第48周，全省牛肉和活牛均价分别为66.38元/公斤、28.92元/公斤，同比分别下降10.99%、15.83%。市场上体重为200~250公斤的架子牛价格为6000~7500

元/头，较上年同期下降约 5000 元/头。6~9 月玉米、豆粕价格走高，干草、人工等价格上涨，致使全年平均价格高于上年同期，肉牛自繁自育和专业育肥同步陷入亏损。按当前行情，购入架子牛育肥 12 个月，按 650 公斤出栏体重计算，每头亏损 3800 元左右；自繁自育 18 个月以上，出售 200 公斤左右的犊牛，每头母牛亏损近 2000 元。

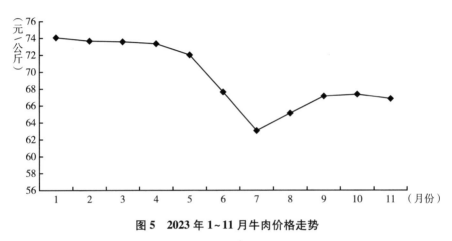

图 5　2023 年 1~11 月牛肉价格走势

资料来源：河北省 30 个价格监测县集贸市场监测点。

3. 后市预测与展望

受各种因素影响，城乡居民可支配收入实际增长较少，市场消费动力不足，而肉牛生产稳定增长，导致 2023 年河北省牛肉市场总体呈现供过于求的状态，市场行情低迷，同时养殖成本居高不下，养殖出现亏损。春节前进入传统消费旺季，预计牛肉价格有望达到 70 元/公斤。但消费低迷，同时面临进口牛肉的冲击等不确定性因素，预计牛肉价格涨幅有限，大概率低于上年。预计 2024 年牛肉价格将持续低位运行，在 60~70 元/公斤区间波动，养殖效益一般。

（五）肉羊生产稳定，价格下行

1. 生产总体平稳

受小反刍兽疫疫情影响，从 2017 年开始到 2021 年 5 月羊肉价格不断冲高，羊肉及活羊价格分别由 51.3 元/公斤、17.1 元/公斤涨到 84.5 元/公斤、34.5 元/公斤，分别上涨了 64.7%、101.8%。其间，受高价格、高收益叠加政策导向作用影响，河北肉羊产业快速发展。2022 年，全省羊存栏 1418.7 万只，出栏 2664.6 万只，羊肉产量为 36.9 万吨，同比分别增长 7.8%、9.2% 和 8.8%。2023 年上半年肉羊生产继续保持增长，全省肉羊存出栏分别达到 1482.5 万只、1313.5 万只，同比分别增长 1.5%、2.7%，达到近 5 年同期最高点。2023 年第三季度末，全省肉羊存栏 1529.3 万只，同比减少 0.5%；出栏 1949.9 万只，同比增长 2.5%。供大于求造成羊价连续下滑，养殖出现亏损，能繁母羊养殖量有所下降。预计年底肉羊存栏 1530 万只，出栏 2700 万只，羊肉产量达 37 万吨。

2. 价格有所回落

受春节消费旺季支撑，2023 年初羊肉和活羊价格走势平稳，3 月中旬小幅抬升，4 月持续震荡，5 月开始明显下跌，到 7 月下旬，全省羊肉、活羊均价分别降到 67.6 元/公斤、24.3 元/公斤，分别较年初下降 9.5%、8.6%，8~11 月全省羊肉、活羊均价总体呈现下行趋势（见图 6）。第 48 周，全省羊肉均价为 67.23 元/公斤，活羊均价为 24.08 元/公斤，同比分别下降 11.02% 和 13.32%。当前，玉米、豆粕价格在高位运行，人工、水电、疫苗、药品等养殖成本不断攀升，导致养殖成本加大。据调查，自繁自育绵羊每公斤养殖成本约为 23.2 元，按当前出栏价格 24 元/公斤计，60 公斤出栏每只盈利 48 元；集中育肥绵羊每公斤养殖成本约为 24.3 元，基本没有利润。

3. 后市预测与展望

2023 年肉羊养殖面临高成本与低价格的双重挤压，效益明显下降，产能或将有所收缩。入冬以后，羊肉进入传统消费旺季，加之春节消费季到来，后期羊价有一定的上升空间，预计春节前，全省羊肉均价将站到 68 元/公斤上方，高点或将达到 70 元/公斤。2024 年，预计羊肉价格将继续低位平稳运行，整体在 65~75 元/公斤波动。肉羊生产也将继续保持平稳发展态势。

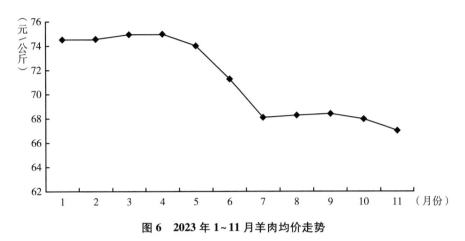

图6　2023年1~11月羊肉均价走势

资料来源：河北省30个价格监测县集贸市场监测点。

（六）肉鸡生产增长，价格窄幅波动

1. 肉鸡养殖量增加

受禽流感等因素影响，祖代鸡引种仍然不畅，种鸡存栏有所下降。由于我国自主培育品种已打破国外品种垄断，加之祖代强制换羽及延迟淘汰等措施，全省父母代种鸡存栏量有所增加，商品鸡出栏增加。据调查，2023年上半年省内祖代肉鸡存栏约16万套，比上年同期减少约10万套；父母代种鸡存栏400多万套，略高于上年。另外，随着膳食结构发生变化，鸡肉的消费需求明显增长，支撑商品鸡及鸡肉价格上涨，带动了肉鸡养殖量增加。上半年，全省肉鸡存栏8014.4万只，同比增长11.3%；累计出栏活鸡27225.0万只，同比增长8.8%。第三季度末，全省肉鸡存栏达到8521.4万只，同比增长0.1%；累计出栏活鸡44264.2万只，同比增长5.3%。2023年底，肉鸡存栏稳定在8500万只左右，肉鸡出栏3.6万只左右。

2. 价格小幅波动

1月初商品鸡价格为7.6元/公斤，春节前价格升到8.4元/公斤；春节后商品鸡出栏较少，价格升到9.7元/公斤。随着消费恢复，2月下旬到3

月中旬之间商品鸡价格涨至 10.2 元/公斤；3 月中旬之后市场商品鸡供应依然偏低，商品鸡价格冲高到 11 元/公斤高位，同期鸡苗飙升到 6 元/羽，养殖利润受到压缩。5 月、6 月养殖场户补栏积极性增高，商品鸡和肉品价格都处于下行趋势；7 月、8 月后，商品鸡价格震荡下行，2023 年前 11 个月鸡肉均价为 17.63 元/公斤（见图 7），鸡苗均价为 3.76 元/羽，第 48 周全省鸡肉均价为 17.29 元/公斤，肉雏均价为 3.17 元/羽，同比分别下降 5.93% 和 12.19%。因下半年饲料价格上涨，养殖、孵化、屠宰等环节均处于亏损局面。按照当前价格测算，每只鸡平均销售收入约为 28 元，鸡苗按照 3.8 元/只测算，每只鸡平均成本为 26.6 元，照此测算，全省平均出栏 1 只商品肉鸡的收益在 1.4 元左右。

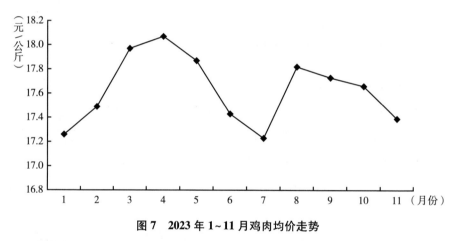

图 7　2023 年 1~11 月鸡肉均价走势

资料来源：河北省 30 个价格监测县集贸市场监测点。

3. 后市展望与预测

按照肉鸡养殖规律，从祖代种鸡到商品鸡出栏约需要 15 个月，按照当前种鸡存栏量，预计 2024 年鸡苗供应偏紧。受消费拉动，预计春节前鸡肉价格将有所上涨，节后受引种限制，市场难以形成大规模增量，预计价格会有小幅上行，2024 年鸡肉价格大概率会在 15~18 元/公斤波动。肉鸡生产继续平稳发展。

三　发展机遇与挑战

（一）发展机遇

1. 产业基础好

河北省地理位置优越，饲草饲料资源丰富，适合发展畜牧业，是传统的畜牧业大省，肉、蛋、奶产量均居全国前列，乳制品产量连续9年稳居全国首位。产业体系完备，兽药、饲料、畜牧业机械等产业配套有力。河北省环抱京津两大直辖市，是肉、蛋、奶调出大省，主要畜产品京津市场占有率稳居全国前列，是保障全省和京津"菜篮子"的畜产品重要基地。

2. 政策得力

2023年新修订的《中华人民共和国畜牧法》施行，确立了畜牧业发展方向，为畜牧业发展秩序和发展方式确立了法律遵循。同时，新农村建设一系列政策措施不断落地，构建多元化食物供给体系、加快推进种业振兴、提升农业绿色发展水平等一系列政策措施的制定和施行，为畜牧业发展奠定了政策基础，提供了行动遵循。

3. 科技赋能

生物安全水平不断提高和5G技术不断深化应用，尤其是人工智能的快速发展及大数据、物联网、云计算等信息技术的快速普及和应用，在创新养殖模式、提升畜禽种业水平、加强生产管理、防疫灭病、引导消费等各环节作用突出。

（二）面临的挑战

在进入新经济周期及人口出生率下降、自然灾害频发、世界多地战乱等多种因素影响下，畜产品消费低迷，畜牧业生产出现阶段性过剩，猪牛羊肉价格低位徘徊；饲料、人工、防疫等养殖成本逐年增加；环境约束和养殖用地等进一步压缩畜牧业发展空间；疫情防控基础设施建设不足和种业发展水平相对滞后等仍然制约着畜牧业健康、持续发展。

四　发展重点与政策措施建议

2024 年继续全面贯彻落实党的二十大精神，贯彻落实新修订的《中华人民共和国畜牧法》，坚持以习近平新时代中国特色社会主义思想为指导，以落实高质量发展为中心，聚焦畜禽产品优质安全生产，针对奶牛、生猪、蛋鸡、肉鸡、肉牛、肉羊等主要畜禽，在营养调控、环境控制、疫病防治等设施环节，加速智能化科技成果转化，构建功能配套、工艺融合的现代养殖技术体系，大力发展规模化、集约化、机械化、智能化养殖，实现产品质量和经济效益共同提升，打造产出高效、产品安全、资源节约、环境友好、调控有效的现代畜牧业，全面推进乡村振兴。

（一）发展重点

1.稳定生猪生产

一是稳定支持政策。落实国家生猪调出大县奖励资金及省级统筹部分资金，提升生猪养殖积极性。依据《河北省农业农村厅等六部门关于促进生猪产业持续健康发展的实施意见》，加强生猪养殖金融、土地等方面的支持。不得超越法律法规规定随意扩大禁养区范围，不得以行政手段对养殖场（户）实施强行清退。二是强化产能调控。落实生猪稳产保供省负总责，加强对生猪产能调控工作的考核，定期通报能繁母猪存栏情况，确保全省能繁母猪保持在合理水平。加强生猪产能调控基地建设，指导行业科学生产、平稳供应，有效缓解生猪产能波动。三是推进产业集群建设。支持优质生猪产业集群建设，加大集群内养殖场升级改造力度，发展楼房式养猪模式，加强人工智能等新技术应用，提升生猪养殖集约化、机械化、信息化水平。

2.继续推进奶业振兴

一是提升奶源竞争力，继续在具备条件的奶牛养殖大县深入开展奶业竞争力提升整县推进行动，提升奶牛养殖规模化、标准化、智能化水平。二是增强乳制品加工能力。引导已有生产线提档升级、增容扩能，提高加工层次。充分发挥君乐宝科学营养研究院作用，加快新品研发。着力增加奶酪、黄油等高端乳制品产能，构建以中高端乳制品为主的产品体系。乳制品结构进一步优化。三是规范生鲜乳市场秩序。强化奶业利益联结机制，推动乳企与奶牛场签订长期生鲜乳购销合同，对不执行收购合同和交易参考价的，取消扶持政策。有序开展生鲜乳收购站、运输车审核换证，对不符合条件的限期整改或取缔。落实生鲜乳质量安全专项抽检，配合农业农村部做好全覆盖抽检。维护生鲜乳市场健康秩序，保障生鲜乳质量安全。四是克服奶业阶段性困难。认真落实奶业纾困工作机制，充分发挥喷粉补贴、价格协调等政策工具作用，加强信贷支持和金融服务，组织多种形式的乳制品促销活动。强化乳业企业共渡难关意识，协调奶牛场放低价格预期、与乳企共担风险，协调乳品企业续签合同、应收尽收。指导奶牛场优化饲料配方，控制生产成本，科学消化富余产能。坚决防止发生倒奶杀牛现象，维护奶业良好发展形势。

3. 规范发展肉牛、肉羊养殖

一是肉牛。完成肉牛国家农业现代产业园建设，支持肉牛养殖场升级机械设备、发展农牧循环。继续实施基础母牛增量提质工程，建设坝上、燕太山区肉牛繁殖基地。鼓励平原地区发展肉牛规模化育肥。二是肉羊。深入推进肉羊优势特色产业集群建设，继续建设肉羊养殖示范园区，支持引进优质种羊和建设高标准现代化羊舍。

4. 做强家禽产业

一是壮大肉禽养殖产业。支持养殖企业建设高标准肉鸡养殖场和智能化肉鹅养殖场，培育肉禽养殖领军企业，壮大肉禽产业集群。鼓励肉禽龙头企业发展"公司+农户"模式，扩大养殖规模。二是提升蛋鸡养殖效益。扶持兴芮集团、华裕等本土企业发展，引导养殖场增加大午金凤、太行鸡等地方优势特色品种养殖量。支持提升蛋鸡产业规范化、设施化水平。鼓励有条件的地区发展生态养殖，增加"柴鸡蛋""无抗蛋"等高端产品产量。推广清洁蛋生产技术，鼓励禽蛋深加工。

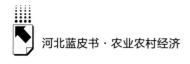

5.提升畜禽种业

一是加强畜禽遗传资源保护利用。高标准完成畜禽遗传资源普查，完成省级畜禽遗传资源基因库建设，推进承德无角山羊、冀南牛、燕山绒山羊和阳原驴保种场（区）建设，提升冀南牛、深县猪等8个地方畜禽遗传资源保护能力。加大深县猪、太行鸡等地方畜禽遗传资源开发。二是加快畜禽种业创新攻关步伐。继续落实《河北省畜禽良种联合攻关实施方案（2022—2025）》，加强引进品种选育和高效利用，发挥奶牛、生猪育种创新联盟作用，开展奶牛、生猪联合选育。开展基因组检测，提升种猪、奶牛、肉牛生产性能测定能力。三是加快推进种源基地建设。开展畜禽种业提档升级行动，扩大国家畜禽核心育种场、省级原种场、种公牛站等供种基地规模，提升其水平。持续提升种业企业竞争力和供种能力。四是强化种畜禽市场监管。贯彻落实新修订《中华人民共和国畜牧法》和《种畜禽生产经营许可管理办法》，构建适合现代种业发展的监管体系，加强种畜禽生产经营许可管理。严厉打击无证经营、销售假冒伪劣种畜禽等违法违规行为，加大种畜禽及精液抽检力度，规范市场行为，确保畜禽种质资源质量安全。

（二）政策措施建议

1.高度重视，强化组织保障

建立部门协调、省市联动，省级指导、市县落实，各方参与、共同建设的实施机制。建立现代设施畜牧项目库，细化任务目标，制定政策措施，强化资源保障，协同推进实施。

2.多措并举，强化政策引导

加强与国土空间规划的衔接，依据规划布局畜禽养殖用地，合理保障用地空间。落实农机购置与应用补贴政策，支持购置畜牧设施设备。落实奶业振兴，千亿级肉类精品和猪、肉牛、肉羊、蛋鸡产业集群项目支持政策。

3.创新驱动，强化科技赋能

坚持创新驱动发展，依托现代农业产业技术体系、科研院所和各级科技平台、创新联盟、创新型企业等科研力量，开展设施畜牧关键核心技术攻关，在专用传感器、养殖环境精准调控、新能源及节能环保设施设备、先进智能装备、管理决策系统、养殖巡检机器人、智能挤奶机器人、疫病监测预警诊断以及饲料配方数据管理和牧场管理系统等基础研究领域创新应用新成果、新方法、新技术。支持开展智能饲喂、精准环控、畜产品自动化采集加工、废弃物资源化利用等健康养殖和绿色高效设施装备技术示范、现场观摩和技能培训，加速科技成果转化和成套技术模式集成推广。

4.搭桥引路，强化金融服务

举办项目投融资对接活动，探索构建常态化政银企保对接机制。利用现有资金，对符合支持政策的养殖主体给予贷款担保和贴息，鼓励金融担保机构加强与养殖主体对接，满足设施畜牧生产发展资金需求。利用数字信息平台，共享生产经营信息，推进数据增信，支持金融机构发放首贷、信用贷，引导金融机构拓宽活体畜禽、设施设备等贷款抵（质）押范围，扩大"裕农通"平台覆盖面和融资功能。

参考文献

国家统计局河北调查总队：《2022年季度生产数据报告》（内部资料）。

《河北省农业农村厅关于印发〈河北省"十四五"畜牧兽医行业发展规划〉的通知》，河北省农业农村厅网站，2022年6月17日，http：//nync. hebei. gov. cn/html/www/zhengcfg/20220600023438. html。

河北省农业农村厅：《河北省2023年畜牧业发展思路和重点任务》（内部资料）。

B.4

2023~2024年河北省蔬菜产业形势分析与预测

宗义湘　李璨*

摘　要： 蔬菜是重要的"菜篮子"农产品，在保障市场供应、促进农业结构调整、优化居民饮食结构、增加农民收入、提高人民生活水平等方面做出极大贡献。本报告通过分析2023年全国及河北省蔬菜产业经济形势，发现河北省蔬菜产业仍存在设施装备数字化水平低、面临资源环境约束难题、冷链物流存在短板、产地加工能力不足等问题，通过研判河北省蔬菜产业未来发展机遇，进一步提出推广绿色生产技术、打造区域公用品牌等对策建议，以期推动河北省蔬菜产业健康可持续发展。

关键词： 河北省　蔬菜产业　经济形势

2023年，河北省积极打造环京津高水平"菜篮子"生产基地和衡沧高品质蔬菜产业示范区，紧抓京津冀协同发展机遇，实施中央厨房千亿级工程，着力提升蔬菜产量和品质。据河北省高质量推进农业投资工作新闻发布会介绍，2023年全省设施蔬菜面积将达360万亩，总产量超5300万吨，第一产业产值超1500亿元，全产业链产值超2500亿元。然而河北省蔬菜仍然存在一些设施装备数字化水平低、面临资源环境约束难题、冷链物流存在短板、产地加工能力不足等突出问题。本报告对2023年河北省蔬菜产业形势

---

* 宗义湘，河北农业大学经济管理学院、河北省乡村振兴战略研究中心教授，博士生导师，主要研究方向为农业经济与政策；李璨，河北农业大学经济管理学院硕士生，主要研究方向为农林经济管理。

进行分析，对2024年产业形势进行预测并提出建议，以期促进河北省蔬菜产业持续、健康、高质量发展。

一　2023年全国及河北省蔬菜产业形势分析

（一）2023年全国蔬菜产业形势分析

2023年中央一号文件提出提升重要农产品供给保障能力，蔬菜是城乡居民生活重要的"菜篮子"农产品，保障蔬菜供给是重大民生问题。近年来随着国家出台相关政策及相关农产品行业的大力支持，我国蔬菜产量规模稳中有增，市场价格平稳波动，继续保持对外出口优势，精品蔬菜需求逐步增长。

1. 产量规模稳中有增

我国是全球蔬菜种植面积、生产规模第一大国，2022年蔬菜种植面积占农作物播种面积的13%以上。从全国蔬菜主产区来看，山东、河南、江苏、河北蔬菜产量居前4位。近年来，我国农产品种植结构不断调整，蔬菜播种面积稳步增加，到2023年底预计全国蔬菜播种面积达到2235.0万公顷，较2022年下降0.37%。随着蔬菜种植能力的提升和播种面积的增加，蔬菜产量不断增加，预计2023年蔬菜产量突破8亿吨，较2022年上涨0.25%（见表1）。《2023年中国蔬菜产业发展报告》显示，全国蔬菜种植分布格局基本确定，其中，中南地区占32%，华东地区占31%，西南地区占16%，华北地区占10%，西北地区占7%，东北地区占4%。

表1　2013~2023年全国蔬菜播种面积、产量及单产

年份	播种面积（千公顷）	产量（万吨）	单产（吨/公顷）
2013	18836.25	63197.98	33.55
2014	19224.12	64948.65	33.78
2015	19613.06	66425.10	33.87
2016	19553.14	67434.16	34.49
2017	19981.07	69192.68	34.63

续表

年份	播种面积(千公顷)	产量(万吨)	单产(吨/公顷)
2018	20438.94	70346.72	34.42
2019	20862.74	72102.60	34.56
2020	21485.48	74912.90	34.87
2021	21985.71	77548.78	35.27
2022	22434.06	79997.22	35.66
2023	22350.00	80200.00	35.88

资料来源：国家统计局、《2023年中国蔬菜产业发展报告》、《中国农业展望报告（2023—2032）》。

2. 市场价格平稳波动

随着后疫情时代的到来以及设施蔬菜均衡供应能力的增强，2023年全国蔬菜价格呈现波动下降趋势，月均价格平稳波动（见图1）。2023年年均价格为4.96元/公斤，较2022年上涨11.86%。分季度来看，第一季度全国大部分地区遭遇了3轮强寒潮天气，短期拉动部分蔬菜品种价格轮流波动上涨，尤其是不耐储运的叶类菜和特色菜等。加之蔬菜的生产、流通、保鲜成本上涨，导致第一季度蔬菜价格呈上升趋势，季均环比上升30.23%。第二季度处于季节性下降区间，露地蔬菜大量集中上市，市场供应充足，蔬菜价格波动下降，季均环比下降11.28%。第三季度受高温、高湿以及降雨等极端天气影响，蔬菜价格仍高位运行，季均环比下降1.97%。第四季度蔬菜价格降幅显著，季均环比下降4.10%，主要原因一是蔬菜生产、采收、运输等恢复常态；二是冬储大白菜等蔬菜面积过大、产量过多；三是7月底8月初京津冀等地区大范围降雨带来的蔬菜区域性供应偏紧预期及种植品种受限等综合影响；四是入秋及进入11月以来气温偏高适宜蔬菜生长，提高了蔬菜的产量。

3. 保持对外出口优势

中国是蔬菜第一供给大国，长期保持净出口和贸易顺差，劳动密集型的"两水一菜一叶"是我国主要的出口优势农产品。联合国粮农组织数据显示，中国蔬菜出口量占世界蔬菜出口量的14%左右。出口种类方面，大蒜

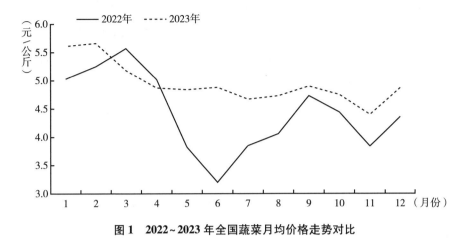

图1　2022~2023年全国蔬菜月均价格走势对比

资料来源：全国农产品商务信息公共服务平台。

出口量最大，其次是番茄。主要蔬菜及其加工产品出口省份为山东、广东、江苏、福建等，占60%以上。海关总署公布的数据显示，2023年我国蔬菜的进出口总额为1009.58亿元，同比增长8.07%。其中，进口额为235.31亿元，同比下降8.29%；出口额为774.27亿元，同比增长14.27%。蔬菜是农产品中仍旧保持贸易顺差的领域之一（见表2）。未来10年我国蔬菜出口前景依然乐观，这得益于我国目前具有的区位优势、特色品种优势、产业基础优势、周年供应优势等，我国蔬菜短期内难以被替代。此外，俄乌冲突导致欧洲蔬菜产量下降，供应短缺。中国出口到欧洲国家的蔬菜量较往年增多，2022年蔬菜出口流向国增加了10个，弥补了部分全球蔬菜供需缺口，获得更多的蔬菜需求市场。

4.高品质精品蔬菜需求上升

蔬菜具有营养价值高、热量低的特点，深受广大消费者的喜爱。近年来，中国城乡居民蔬菜消费量总体处于波动上升态势，二者之间的差距逐渐缩小。农村居民人均全年蔬菜消费量从2013年的90.6公斤升至2022年的104.6公斤，涨幅为15.45%；城镇居民人均蔬菜消费量从2013年的103.8公斤升至2022年的110.9公斤，涨幅为6.84%（见图2）。

《中国农业展望报告（2023—2032）》显示，蔬菜消费量年均增速为0.6%，预计2032年将达6.09亿吨。另外，随着生活水平不断提高，消费者更加追求品质和多样化，对规格化包装化的蔬菜产品需求增加。蔬菜呈现水果化发展趋向，消费者对于口感、营养的要求更高，小型蔬菜市场消费量急剧增加。"养生经济""宅经济""懒人经济""快经济"促进了高品质的功能性蔬菜以及快手菜、方便菜等预制菜C端市场的爆发性增长。

表2　2017~2023年中国蔬菜进出口贸易情况

单位：亿元

年份	进口额	出口额	贸易总额	贸易顺差
2017	136.46	756.45	892.91	619.99
2018	133.58	693.98	827.56	560.40
2019	107.55	712.40	819.95	604.85
2020	135.59	670.21	805.80	534.62
2021	184.63	650.88	835.51	466.25
2022	256.59	677.60	934.19	421.01
2023	235.31	774.27	1009.58	538.96

资料来源：中华人民共和国海关总署。

（二）2023年河北省蔬菜产业形势分析

2023年河北省坚持种好"菜园子"，保障京津"菜篮子"，积极打造衡沧高品质蔬菜产业示范区，蔬菜种植面积和产量稳中有增，推进"河北净菜"进京取得新成效，全省蔬菜产业呈现良好发展态势。

1. 蔬菜种植面积稳中有增

蔬菜播种面积稳中有增，产量不断提高。近年来，河北省蔬菜产量平均增速为1.4%，播种面积增速为1.35%。2023年蔬菜总播种面积达到843.80千公顷，蔬菜产量达到5498.50万吨，单产为65.16吨/公顷（见表3）。从

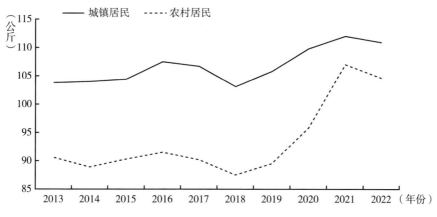

图2　2013~2022年中国城乡居民人均全年蔬菜消费量

资料来源：国家统计局。

品种结构看，大白菜、黄瓜、番茄、辣椒、甘蓝（卷心菜）、茄子、白萝卜和菠菜的播种面积占河北省蔬菜总播种面积的60%以上，总产量占比在70%以上，产品结构基本稳定。其中，大葱播种面积在45万亩左右，位居全国第三。河北省20万亩以上的蔬菜大县有17个，饶阳番茄等18个大县单品规模超5万亩。同时，河北又是越夏蔬菜主要供应地，全省设施蔬菜播种面积为362万亩，并保持着年增10万亩的发展势头，主要设施蔬菜品种为黄瓜、甜瓜、辣椒、番茄、茄子。冬季日供鲜菜和冬储菜近10万吨，夏季日供近20万吨，多种蔬菜可四季生产。

表3　2012~2023年河北省蔬菜播种面积及产量

年份	播种面积（千公顷）	产量（万吨）	单产（吨/公顷）
2012	734.02	4703.00	64.07
2013	743.60	4823.75	64.87
2014	754.69	4965.13	65.79
2015	755.09	5022.23	66.51
2016	751.55	5038.89	67.05
2017	748.58	5058.53	67.58
2018	787.61	5154.50	65.44

续表

年份	播种面积(千公顷)	产量(万吨)	单产(吨/公顷)
2019	794.61	5093.10	64.10
2020	803.47	5198.21	64.70
2021	814.01	5284.20	64.92
2022	838.66	5406.79	64.47
2023	843.80	5498.50	65.16

资料来源：2012~2022年数据来自《河北农村统计年鉴》，2023年数据来自《河北省2023年国民经济和社会发展统计公报》。

2. 河北蔬菜价格水平较低

2023年河北省蔬菜价格与全国、山东省蔬菜价格走势基本保持一致。虽然河北省蔬菜价格水平低于全国、山东省平均蔬菜价格水平，但较往年整体有所上升。年均蔬菜价格为4.61元/公斤，低于全国4.96元/公斤、山东4.68元/公斤的价格（见图3）。与山东相比，河北蔬菜认可度、高端市场占有率低，主要原因是单品规模产区较少、专业化程度低，市场流通设施不完善，标准化生产及产品分等分级有待优化等。总体来看，虽然河北蔬菜价格优势较为明显，但菜农收入降低，造成"菜贱伤农"，影响菜农种菜的积极性。河北省应当适时调整种植结构，选育优质品种，树立品牌意识，提升竞争力。

3. 蔬菜价格出现异常波动

从河北省蔬菜月均价格走势来看，2019~2023年河北省蔬菜价格波动趋势较为一致，基本表现为"两头高、中间低"。与2019~2022年相比，2023年蔬菜价格季节性波动规律表现不明显，6月蔬菜价格逆季节性上行，且高于2019~2022年同期，月均价格为4.55元/公斤，同比上涨95.79%，高于近5年平均水平48.01%（见图4）。正常情况下，第二季度菜价基本上进入季节性下降区间，河北蔬菜价格波动中的波谷应该出现在6月。造成6月蔬菜价格出现异常波动的主要原因是蔬菜茬口衔接不畅，4月中旬开始的多雨、寒潮低温等极端天气使得一些正处于生长期的蔬菜出现减产甚至提前退

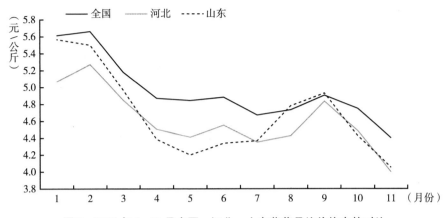

图3　2023年1~11月全国、河北、山东蔬菜月均价格走势对比

资料来源：全国农产品商务信息公共服务平台。

市，而后续上市的蔬菜由于种植期推迟，上市期也有所推迟，6月进入产地转换期，大白菜、大葱、菠菜等蔬菜供应链衔接有断茬现象。

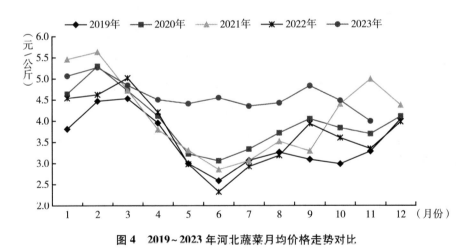

图4　2019~2023年河北蔬菜月均价格走势对比

资料来源：全国农产品商务信息公共服务平台。

4."河北净菜"进京取得新成效

2023年以来，河北省推进净菜进京取得新成效，切实提高了北京蔬菜市场的应急保供能力。一是与北京共建环京周边蔬菜生产基地52家，累计达 115 家，在唐山玉田县、廊坊固安县、沧州肃宁县、衡水饶阳县、承德围场满族蒙古族自治县和邯郸市经济技术开发区建设了 6 个京津冀蔬菜直采直供服务中心。二是推进农产品质量安全体系建设，全省环京周边蔬菜生产基地全部纳入省内农产品质量追溯平台。三是深入宣传河北农产品品牌，相继在北京卫视、财经频道播出河北蔬菜宣传片 52 次，新媒体发布河北蔬菜品牌宣传信息 500 多条。四是积极对接北京批发市场、大型商超、餐饮企业及社区、机关食堂，开展产销对接活动。全省开展"河北净菜"进京"六进"活动 108 场，第六届京津冀蔬菜产业大会暨招商对接活动现场签约 39.86 亿元。

5. 创建衡沧高品质蔬菜产业示范区

2023 年河北省启动了衡沧高品质蔬菜产业示范区创建，两市新建和改造提升设施面积 5.42 万亩，新增百亩以上园区 27 个，实现生产设施提档升级。重点培育饶阳县众瑞育苗、肃宁绿苑蔬菜专业合作社等 18 个种苗繁育基地，蔬菜集约化育苗量达 17.5 亿株，同比增加 5 亿株。举办了"衡水市首届农产品加工业暨预制菜产业发展大会"，新建饶阳、安平 2 个加工园区，改造提升了盐山银耳、海兴正大 2 个加工园区，预制菜产业产值达 81亿元。依托科研院所、产业体系专家团队、相关检测机构，以安全、绿色、营养、特色以及感官、风味为重点，分品种建立特征品质指标体系，在全国率先建成"安平白山药""海兴多刀茴香"两个蔬菜品种特征品质指标体系，"饶阳西红柿"等 4 个品质指标体系已基本建成，"肃宁圆茄"等 4 个指标体系正在加紧编制中，衡沧绿色有机地理标志蔬菜产品总数达到 111 个。按照"1+2+N"的衡沧蔬菜品牌发展模式，培树了饶阳蔬菜、冀州天鹰椒、肃宁圆茄、青县羊角脆等 10 个单品区域公用品牌，品牌影响力不断提升。

二　2023 年河北省主要蔬菜种类市场行情分析

（一）主要蔬菜种类价格变动情况

大多数蔬菜年均价格同比上涨。通过对 2023 年河北省 15 种主要蔬菜的年均价格变动进行分析，发现蔬菜价格10涨5降。其中，生姜同比涨幅约为200%，而大白菜、大葱降幅均超过20%。从具体蔬菜种类的价格同比涨幅来看，生姜、大蒜、马铃薯涨幅均超35%，分别为194.20%、49.33%、38.05%；西葫芦、豆角、黄瓜、花椰菜、菠菜、青椒则分别上涨11.63%、11.46%、10.50%、10.12%、9.01%、8.60%；番茄、白萝卜和大白菜分别下降6.21%、11.97%、28.15%；大葱下降41.23%；茄子价格与上年相比有所上升，但上升幅度不大（见表4）。

表4　2022~2023年河北省主要蔬菜批发市场价格情况

单位：元/公斤，%

品种	2023 年	2022 年	同比
生姜	14.67	4.99	194.20
大蒜	8.41	5.63	49.33
马铃薯	2.87	2.08	38.05
西葫芦	3.11	2.79	11.63
豆角	8.46	7.59	11.46
黄瓜	4.95	4.48	10.50
花椰菜	3.59	3.26	10.12
菠菜	4.57	4.19	9.01
青椒	4.40	4.05	8.60
茄子	3.61	3.60	0.19
甘蓝	1.58	1.67	-5.64
番茄	4.23	4.51	-6.21
白萝卜	1.31	1.48	-11.97
大白菜	1.16	1.61	-28.15
大葱	2.31	3.93	-41.23

资料来源：根据河北省农业农村厅与布瑞克农业数据终端整理所得。

（二）典型蔬菜品种价格走势分析

1. 番茄价格走势分析及行情预测

价格同比下降，价差缩小。2023年，河北省番茄的年均价格为4.08

元/公斤，同比下降9.40%。相较于上年，价格波动幅度较小，月均最高价格为6.10元/公斤（4月），最低价格为3.19元/公斤（8月），相差2.91元/公斤，价差小于2022年的5.61元/公斤。从1月开始番茄价格不断攀升，主要是供应衔接不畅，并且精品番茄仍较短缺，收购价格不断上涨，带动整体价格上行。4~6月番茄价格处于季节性下降区间，供应形势总体逐渐向好，只是速度缓慢。8月中旬，番茄行情相对混乱，低品质番茄供给量较大，高品质番茄供给量相对较小，拉低了番茄整体的批发价格。随着秋冬季的来临，气温降低，番茄成熟期推迟，青果较多红果较少，采摘量受到影响。加之露地供应蔬菜减少，市场竞争缓和，番茄价格呈现上涨趋势（见图5）。

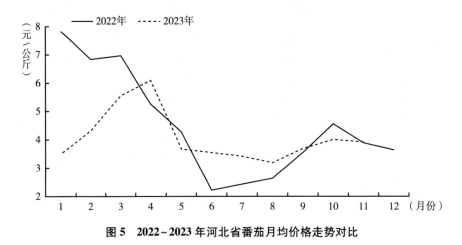

图5　2022~2023年河北省番茄月均价格走势对比

资料来源：全国农产品商务信息公共服务平台。

预计2024年番茄价格高于2023年同期，价格平稳运行。由于2023年河北部分地区遭遇洪涝灾害，番茄受到病虫害影响，病毒增多，预计2024年供给量有所下降，价格高于2023年同期水平。针对番茄种植面积较大、产能过剩、价格低迷的情况，建议加强对番茄价格的调控和监测，引导农户合理安排种植结构，拓宽销售渠道，防范突发事件给农户带来的市场风险。

2. 黄瓜价格走势分析及行情预测

价差较大，季节特征明显。2023年，河北省黄瓜的年均价格为4.82元/公斤，同比上涨7.81%。价格仍呈现"V"字形走势，波动幅度较大。月均最高价格为9.39元/公斤（1月），最低价格为2.98元/公斤（6月），相差6.41元/公斤，价差大于2022年的5.27元/公斤。年初价格较高，主要是冷空气较为活跃，低温寡照导致黄瓜上市量处于较低水平，货源偏紧。随着气温回升，黄瓜上市量逐渐增加，月均价格不断降低，6月到达全年月均价格最低水平。7月底受台风"杜苏芮"带来的灾害性极端天气影响，黄瓜等茄果类蔬菜减产。进入8月，黄瓜大棚进水，受淹严重，产自廊坊的密刺短黄瓜价格涨幅比较明显。第四季度降温以后，黄瓜生长速度放缓，产量下降，价格抬高（见图6）。

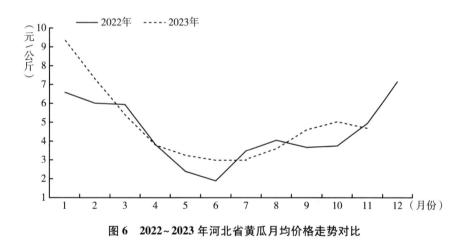

图6　2022~2023年河北省黄瓜月均价格走势对比

资料来源：全国农产品商务信息公共服务平台。

预计整体价差缩小，稳中有降。黄瓜价格受季节性因素影响较大，预计2024年月均价格仍将继续呈现"V"字形走势。其中，年初1~2月价格相对较高，但同比下降，第二季度为价格波谷期，7~9月再次回升，年末翘尾现象依旧凸显。建议密切注意自然灾害带来的生产风险，把握价格变化趋势，提前规划种植批次，合理安排上市节奏，推动黄瓜"错峰上市"。

3. 甘蓝价格走势分析及行情预测

价格同比下降，价差较小。2023年河北省甘蓝的年均价格为1.61元/公斤，与2022年的1.67元/公斤相比下跌3.43%。月均最高价格为2.54元/公斤（2月），最低价格为0.75元/公斤（11月），相差1.79元/公斤，价差大于2022年的1.72元/公斤。1~2月甘蓝价格升高，主要原因是甘蓝为叶类菜，容易受到天气的影响，2023年2月的倒春寒天气导致叶类菜上市期有所推迟，价格出现上涨。3月以来，气温升高，光照充足，许多大棚蔬菜迎来上市高峰，价格出现明显下跌。6月南北产地转换，供应衔接不畅，导致甘蓝价格同比上涨125%。9~11月河北省甘蓝价格走势同上年走势大致相同，秋冬甘蓝开始上市，价格有所回落（见图7）。

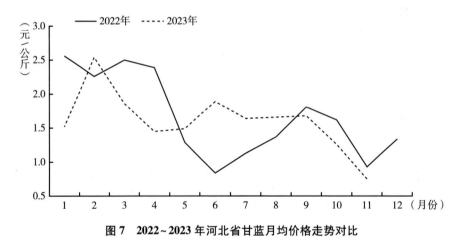

图7 2022~2023年河北省甘蓝月均价格走势对比

资料来源：全国农产品商务信息公共服务平台。

预计甘蓝价格保持平稳运行，防范库存积压。2023年甘蓝供应量充足，略有积压。由于储存时间延长，储存费用和损耗增加，预计开春价格会稳中有升，但是上涨幅度较小。建议合理安排叶菜类的种植结构和种植规模，避免存货积压，导致价格压低。

4. 大白菜价格走势分析及行情预测

价格同比下降，价差缩小。2023年，河北省大白菜的年均价格为1.19

元/公斤，与2022年的1.61元/公斤相比下降25.96%。月均最高价格为1.76元/公斤（7月），最低价格为0.64元/公斤（11月），相差1.12元/公斤，价差小于2022年的2.00元/公斤。大白菜作为传统的低价位蔬菜，1～4月价格低位运行，5～6月价格大幅上升，拉动菜价上行。受生产方式、运输便利、品种丰富等供应方面积极因素的影响，6月蔬菜价格通常处于一年之中最低的时期。由于6月供应出现茬口衔接不畅、北菜南运增加，价格涨幅较为明显。10月以来，冬储大白菜进入上市期，大白菜出现供大于求的局面，滞销情况较为严重，价格走低（见图8）。此外，2023年夏季遭遇严重暴雨洪涝灾害，灾区补种农作物时，大白菜等种植周期较短的蔬菜成为首选，大白菜种植面积增加，产量显著增加。

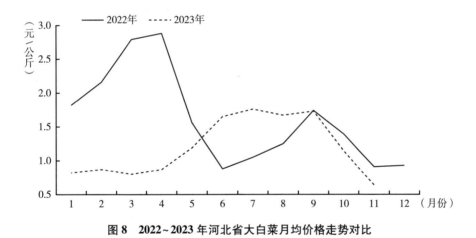

图8　2022～2023年河北省大白菜月均价格走势对比

资料来源：全国农产品商务信息公共服务平台。

后期供应充足，价格稳中有增。大白菜作为居民消费的"当家菜"，全年价格比较稳定。由于2023年下半年受到恶劣天气的影响，大白菜出现扩种现象，产量大幅增加，价格触底。预计2024年农户将降低生产行为，价格将在合理区间内稳中有升。为避免出现"菜贱伤农"的情况，需要调整蔬菜种植结构，同时要加强涉农信息预警系统的普及和利用。

5. 大葱价格走势分析及行情预测

全年低位运行，价差缩小。2023 年，河北省大葱年均价格为 2.33 元/公斤，与 2022 年的 3.93 元/公斤相比下降 40.58%，全年价格波动幅度较小。除 6 月外，2023 年大葱价格均低于上年同期水平。月均最高价格为 3.11 元/公斤（2 月），最低价格为 1.81 元/公斤（4 月），相差 1.30 元/公斤，价差小于 2022 年的 3.40 元/公斤。2~4 月价格波动下降，4 月到达波谷，4~6 月价格逐渐走高，随后再次下跌。第四季度以来大葱、大白菜、花椰菜等品种叠加上市，价格下降（见图 9）。2023 年大葱价格同比下降的主要原因是，前两年的"种葱热"导致 2023 年河北承德、唐山、保定等多地秋季大葱种植面积较大，出现扩种现象，大葱产量增加。加之，前期雨水充足，后期气温高，为大葱提供了良好的生长环境。

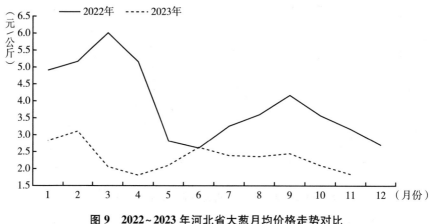

图 9 2022~2023 年河北省大葱月均价格走势对比

资料来源：全国农产品商务信息公共服务平台。

预计 2024 年大葱价格仍相对低迷，短时间内不具备反弹能力。近几年大葱价格经历了"过山车"式的波动，呈现明显的"大小年"周期性变化。由于 2022 年大葱价格高企，2023 年农民种植积极性提高，大葱价格低位运行。预计 2024 年大葱的种植面积小幅减少，但市场上大葱的供应充足，价格上涨的幅度不大。建议农户对大葱价格要有合理预期，把握销售节奏，避免盲目跟风，造成货源扎堆上市。此外，还要预防突发灾害导致价格异常波动。

三　河北省蔬菜产业面临的问题

（一）设施装备数字化水平低

自中央一号文件提出"智慧农业""数字乡村"以来，河北省紧跟数字农业建设的步伐，虽然河北省设施装备数字化建设已初具规模，但相较于浙江、江苏等省份，仍处于起步阶段，部分中长期问题还未从根本上解决。首先，数字化设施装备成本较高，河北省农村居民人均可支配收入较低，缺乏足够的财力支撑。同时，财政资金的引导和激励作用发挥不足，在一定程度上制约了农业设施装备向数字化转型。其次，数字化设施装备需要先进的技术支持，河北省在该领域的自主创新能力和水平相对滞后。最后，目前河北省数字技术人才紧缺。一是河北省多数农业劳动力年龄结构偏大，二是农民总体文化水平偏低。农业数字化转型需要具备相关技术的专业人才，而河北省在数字化人才的培养和引进上仍存在一定的短板。

（二）面临资源环境约束难题

当前，我国农业发展面临资源约束趋紧、农业面源污染严重等问题。河北省灌溉用水浪费现象、过量使用化肥农药现象以及棚室土壤氮磷钾含量逐年增加，既影响蔬菜品质，又给农产品安全带来隐患。随着茄果类蔬菜设施栽培技术的推广，多年连作大量施用化肥，致使土壤酸化、次生盐渍化以及土传病害加重，蔬菜生产亟待向以化肥农药减施增效为重点的绿色高效生态栽培模式转变。此外，露地蔬菜菜田污染及废弃物处理也是当前面临的重要问题。蔬菜绿色生产受多重因素影响，推广难度较大的主要原因是绿色生产技术普及程度较低，蔬菜生产经营企业与园区等生产主体对于使用绿色生产技术缺乏动力，而小农户对于绿色生产技术的接受度不高，蔬菜生产以传统理念和种植习惯为主导，产品难以实现标准化。

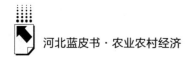

（三）蔬菜冷链物流存在短板

冷链物流处于供应链中间环节，是减少流通损耗和保障蔬菜安全的重要支撑。河北省蔬菜冷链物流发展速度与国外和国内农业强省相比仍有一定差距，在蔬菜保鲜"最先一公里"，农户缺乏预冷的积极性，导致冷链物流发展源头动力不足。在蔬菜供应链"最后一公里"，消费者缺乏对冷链运输的认可，支付意愿较低，消费端拉动力不强。在销地市场，蔬菜保鲜库容能力与供给需求量不匹配，使得河北省在应对市场波动时，处于被动局面。冷链物流处于中游，发展受到上下游的挤压和蔬菜保鲜自然特性的制约。以净菜冷链运输为例，目前河北省净菜运输中冷链配送投入多、产出少，风险和费用均较高，难以实现净菜加工在产前、产中、产后、终端的冷链无缝衔接。

（四）蔬菜产地加工能力不足

相较于其他农产品，河北省蔬菜仍以鲜食消费为主。由于保鲜设施不足，生产主体专业化水平低，无法支撑加工规模的扩大。久而久之，蔬菜产地加工能力稀缺，加工创新匮乏，加工需求增长也相对缓慢。省内大多数加工企业受制于规模小、生产条件差、设备陈旧简陋导致的工艺技术落后、自动化控制水平低等，蔬菜加工能力有限。蔬菜加工业普遍存在粗加工产品多高附加值产品少、中低档产品多高档产品少、老产品多新产品少等弊端，难以满足众多消费者的不同需求。与此同时，加工企业不重视或缺乏能力开展企业研发和创新，研发人才和研发设施缺乏，与科研院所结合不紧密，也制约了蔬菜加工产业的发展。

四　河北省蔬菜产业发展前景及高质量发展对策建议

（一）河北省蔬菜产业发展前景

1.蔬菜设施装备提档升级

2023 年 6 月，我国出台《全国现代设施农业建设规划（2023—2030

年）》，10 月，河北省印发了《河北省现代设施农业建设实施方案（2023—2025 年）》，加速推进河北省现代设施农业建设。河北将重点在饶阳、乐亭等 21 个设施面积超 5 万亩的县和高邑、馆陶等设施相对集中的县，整县推进老旧低效设施改造，推广适宜机械化生产的标准温室，推动设施结构向大型化、宜机化、智能化转型；在环京津、环雄安、环省会以及唐山、邯郸等大中城市周边，建设一批全年生产、立体种植、智能调控的连栋温室和植物工厂，打造一批现代设施农业标准化园区；在沧州、张家口、衡水、唐山等市，挖掘盐碱地资源，发展设施蔬菜种植，探索盐碱地设施种植园区市场化开发运营模式；发挥平原、山区、坝上气候不同优势，布局建设一批规模化集约化设施育苗中心。

2. 预制菜市场规模逐步扩大

随着生鲜电商及冷链物流产业的快速发展，预制菜产业已经形成了一个万亿级的市场空间，京津冀作为预制菜产业发展的排头兵，成为未来预制菜产业发展的重要平台。河北省预制菜加工企业已有 2000 多家，2023 年全省新建 8 个中央厨房产业园区，助推全省预制菜产业迈上新台阶。2022 年共757 家预制菜企业注册，位列全国第一，预制菜生产中的标准、体制、机制正在加紧完善。其中，石家庄惠康、承德森源等预制菜销量不断增长，首衡预制菜加工产业园预计可实现年销售收入约 120 亿元，解决农村剩余劳动力1.2 万人。

3. 京津高端市场供应能力增强

河北毗邻京津的地缘优势使蔬菜产品在供应京津中作用突出，截至2023 年，河北建立了 117 家京津"菜篮子"产品生产供应基地，与北京合作共建 115 家环京蔬菜基地，保障了京津"菜篮子"物丰价稳。其中，饶阳县高质量果蔬已成功打入京津市场，日供京津果蔬 1900 吨。2023 年衡水饶阳县承办第六届京津冀蔬菜产业发展大会、"河北净菜"进京直通车首发仪式，并与高端餐饮企业合作，助推高质量蔬菜敲开高端市场大门，永清县也将打造高端设施蔬菜示范区。此外，河北省净菜、鲜切菜发展迅猛，蔬菜加工企业达 2171 家，其中鲜切菜企业 72 家，成为供应京津市场的新生力量。

4. 线上渠道销售额快速攀升

在互联网迅速发展的今天，线下市场被线上渠道分流是一种趋势。2023年，蔬菜销售渠道85%为线下，包含农产品批发市场、商超、农贸市场、基采直供；15%为线上，包括传统电商、团购、短视频电商等，线上销售渠道销售量和销售金额快速上升。2024年，河北省将继续围绕扩大网络消费，培育电商基地50个、电商示范企业150个，创建电子商务和快递物流协同发展示范基地10个，举办"网上年货节""直播电商节"等一系列活动，争取全省网上零售额再上新台阶。

（二）河北省蔬菜产业高质量发展对策建议

在河北省蔬菜产业下一步发展中，必须要深刻总结产业面临的问题，按照总体部署，把握产业发展前景，推进蔬菜产业高质量发展，本报告提出以下对策建议。

1. 优化蔬菜产业结构，推广绿色生产技术

进一步调优品种结构，积极发展绿色、有机和地理标志等蔬菜产品。抓住环境评价、基地建设等关键环节，打造绿色优质蔬菜全产业链标准化生产基地。明确市场定位，强化环境保护，倡导有实力的企业创造条件，积极发展有机蔬菜。建设蔬菜质量追溯管理平台，实时采集合作社从田间到上市全过程的完整数据，使蔬菜生产主体田间生产档案等信息以追溯码为载体，与加工包装、物流配送等信息相关联，着手建立完整的蔬菜质量追溯管理体系。有针对性地展开技术培训，使农民的种植观念和方法逐渐向绿色、低碳靠拢。还要打造绿色低碳品牌，助力绿色低碳产品实现优质优价。

2. 升级改造老旧设施，提高风险防范能力

针对6月中旬以后不断出现的高温、暴雨、冰雹等极端天气对蔬菜生产的不利影响，需要提高经营主体对自然灾害的抵御能力。重视对现有老旧设施的升级改造，提升老旧设施的利用效率。利用财政、金融手段支持农户升级改造老旧设施，切实解决设施蔬菜生产面临的设施老旧、保温性差、利用

率低等问题。同时要加快保险推进进程，从直接物化成本逐步向覆盖完全成本倾斜，实现设施保险全覆盖。探索天气指数保险和"基本险+附加险"等模式，发展适合农业农村特点的农业互助保险组织，提高经营主体风险防范能力。

3. 搭建产销对接平台，拓宽蔬菜销售渠道

打造全产业链产销对接平台，包括蔬菜流通企业大数据库、蔬菜规模种植基地大数据库，推动蔬菜产销自动对接平台；抓好农超、农校、农企对接，支持蔬菜企业、专业合作组织等经营主体与国内中高端市场建立配送直销渠道，进一步拓展出口市场；引进合作企业、合作社、电商，整合蔬菜产业资源，开展产品推广合作，拓宽销售渠道、扩大蔬菜销售面，形成高品质蔬菜入万千社区的产销格局；充分发挥京津冀的区位优势，优化产业链布局，优化资源配置，抓住关键环节，积极打造国家级优势特色产业集群。此外还应加强预制菜产业营销宣传，开辟农产品市场新空间。

4. 打造区域公用品牌，提升设施蔬菜效益

河北省蔬菜区域公用品牌建设主体应明确市场定位，立足于京津高端市场，面向高端消费群体。应积极开展蔬菜公用品牌与地理标志品牌注册，培育有影响力的区域公用品牌，鼓励各类蔬菜经营主体创建企业品牌，开展绿色、有机蔬菜产品认证。应采用"政府赋能+企业助推"的模式发展蔬菜区域公用品牌，扩大区域公用品牌蔬菜种植规模，同时丰富蔬菜区域公用品牌所涉及的产品类型，例如：鲜菜可进行精包装，赋予包装区域公用品牌专有标志；增加蔬菜初加工产品，如辣椒酱、腌制蔬菜、蔬菜干等。

参考文献

刘妍、刘盼超、赵帮宏：《俄乌冲突下欧洲蔬菜市场波动及对中国的影响》，《世界农业》2023年第11期。

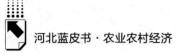
王爱玲等：《北京市设施蔬菜产业现状、问题与对策》，《中国蔬菜》2023 年第 3 期。

高一丹等：《河北省蔬菜供应链典型模式、风险识别及优化建议》，《中国瓜菜》2023 年第 2 期。

徐东立、苗纪忠、郝宽亮：《山东莘县蔬菜产业提升质量竞争力的经验做法与对策建议》，《中国蔬菜》2022 年第 7 期。

雷清静、项朝阳、肖小勇：《后疫情时代我国蔬菜产业发展新趋势》，《中国蔬菜》2023 年第 10 期。

B.5
2023~2024年河北省水果产业形势分析与展望

李 军　王俊芹*

摘　要： 2023年，河北省水果产量总体平稳，不同区域间水果价格存在差异。消费需求持续上升，高品质果品销售形势喜人，贮藏果品销售顺利，奠定了全省水果产业高质量发展的坚实基础。总体来看，河北省水果产业发展仍面临生产要素成本尤其是人工成本持续上升、预警防控体系不健全、郁闭老旧果园比例大等问题，今后，应按照"稳规模、优品质、增效益"的思路，加快推进品种培优、品质提升、品牌打造和标准化生产，构建产业链、市场链、价值链完整匹配的现代水果产业体系，推动河北省水果产业基础优势更加稳固、增长潜力充分发挥，国内市场更加强大、经济结构更加优化，创新能力显著提升、竞争优势更加突出，资源配置更加合理、生态环境持续改善，加快实现河北省水果产业高质量发展，推动河北由水果生产大省向水果质量强省跨越。

关键词： 水果产业　高质量发展　河北省

　　中国是世界上水果生产、加工和贸易大国，果品业在中国农业经济发展中占有举足轻重的地位。近年来，中国水果产业取得了快速发展，水果生产在增加农产品供给、提高农业生产价值、改善人民农产品消费结构等方面起到了重要作用。

---

* 李军，河北省社会科学院农村经济研究所研究员，主要研究方向为农村经济理论与实践研究；王俊芹，河北农业大学经济管理学院教授，博士生导师，河北省科协智库专家，主要研究方向为农业产业经济与政策。

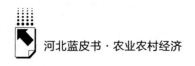

一　2023年全国水果生产形势

（一）全国主产区水果产量稳定，优果率小幅下降

2023年全国苹果产区气象灾害比较频繁，以陕西、甘肃为主的苹果种植大省产量总体稳定，受霜冻、冰雹、高温干旱等恶劣天气影响，品质普遍低于上一产季，优果率较2022年有所下降。2023年梨产区总体产量平稳，北方一些产区遭受了暴雨、高温干旱等恶劣天气影响，早采现象比较严重。2023年梨产量预计为1960万吨，比上一产季增长3%，未来产量趋势保持稳定。2023年桃主产区受台风"杜苏芮"强降雨影响，遭受了罕见的特大暴雨洪水灾害，产量虽保持平稳增长，但部分桃出现裂果、裂核等问题，优果率有所下降，对售价产生不利影响。

（二）价格比上年同期小幅增长，优果优价现象明显

全国范围内部分地区遭受极端恶劣天气影响，2023年整体优果率低于上年同期，优果优价现象显著。以苹果为例，早熟嘎啦、美八、玉华富士、红将军等品种在不同产区存在价格差异，价格与上年持平或小幅增长。受2023年储货商销售预期及早熟品种表现影响，晚熟品种富士开秤后出现高开低走现象，主要原因是质量比往年差，集中上市时间受天气影响向后推移，上市量偏少。2023年鲜梨价格上涨，4月以来梨产区销售热情高涨，价格平稳且有所下滑，促进了出口和电商订单量上涨，4月、5月两个月呈现供销两旺的态势，产区库存下降较大；5月之后，"首阳"或者"二阳"的人数呈现上升趋势，梨润肺润喉止咳的功效再次凸显，刺激了人们对梨的消费需求。

二　2023年河北省水果生产形势分析

（一）产量总体平稳，不同区域间水果价格存在差异

河北省苹果种植区域广泛，不同区域受自然条件影响存在差异。受河北

省气温总体偏暖影响，多数果园苹果果个偏小，果实着色普遍较差，果面存在裂皮现象，各主产区产量普遍较上一年有所减少，优果率稍降。2023年河北省苹果价格普遍高于2022年，因区域和质量差异，价格提高幅度不同。例如浆水苹果市场价格70#果最低2.9元/斤、75#果最低3.5元/斤、80#果最低4元/斤、85#果最低5元/斤，个别种植大户优质果秦脆价格为10元/斤、瑞香红为15元/斤。邯郸地区价格普遍比上年提升30%。以富士苹果为例，秦皇岛地区富士苹果价格总体每公斤高于往年0.6～1.0元，保定顺平富士苹果平均达到4元/斤以上。承德国光苹果产量提升10%，价格在2.5～3.0元/斤，较上年高0.5元/斤左右。河北省梨发展态势总体良好，受供求关系影响，销售价格整体较上年下降。其中新梨7号价格下跌严重，鸭梨、雪梨入库价格较低，形势较好。冀南区域新梨7号和秋月梨出园平均价分别为3元/公斤和6元/公斤，平均销售价格略低于上年同期。赵县雪花梨、鸭梨等晚熟品种收购价格高于往年。2023年河北省桃产量为145万吨，同比增长5万吨，受降水量影响，部分桃出现裂果问题，商品性下降影响售价。桃批发价格总体平稳运行，7月初收购价为6元/公斤，中旬价格有所下降，最低降至3.5元/公斤，7月末价格回升至5.5元/公斤。第三季度桃平均价格为5.07元/公斤，同比升高8.8%。受台风"杜苏芮"影响，部分地区遭受洪涝灾害导致桃果实掉落，产量品质受到影响，但从批发价格来看，河北省整体桃价受影响不大。

（二）贮藏果品销售顺利，水果衍生制品发展较慢

2023年上半年苹果销售以库存果为主，各个主产区上半年销售价格和出库速度优于2022年上半年，库存苹果品质在春节后下降较严重，各个冷库基本以五一前为清库存期限。河北省苹果加工制品以酿造果酒、苹果白兰地果酒、NFC果汁、苹果冻干脆片制品为主，已上市销售。唐山、保定部分园区将残次苹果加工为果干，供散装销售。目前，河北省苹果产后分选以普通分选设备为主，主要分布于唐山、承德和邢台产区。仅有4家企业配有智能无损分选设备，以近红外智能无损分选设备为主，可针对色泽、瑕疵、

果重和糖度进行智能分选，分选容量大，可达 1 万吨。河北省梨果以自产自销为主，贮藏较少，冀北地区天气较冷，采后贮藏以土窖为主，近年来发展了部分冷库。梨制品种类丰富，但梨汁、梨膏、梨干等传统加工制品仍需提质增效。目前企业对加工适宜品种的研究不够，生产产品的品质、功能、用途优势不明确，产品缺乏竞争力。桃产业积极开展以桃花为原材料的加工品研发，初步试制了桃花冻干产品；同时开展了桃果肉冻干产品研制工作，已经根据桃成熟度完成桃冻干片产品、桃浆冻干产品试制工作，部分基地还生产了桃醋及桃碳酸饮料。

（三）不同品种进出口形势有较大差异

截至 2023 年 9 月，河北省鲜苹果出口量仅为 3886.36 吨，占全国出口总量的比重不足 2%，出口额为 515.47 万美元，主要出口越南、尼泊尔、加拿大等地。全国出口排前三的省份分别是山东、甘肃和陕西。山东省以出口鲜苹果为主，占全国出口总量的比重高达 60.93%，出口额为 25291.2 万美元，占全国出口总额的 62.18%。甘肃、陕西排在第二、第三位。出口国家主要包括越南、印度、泰国、菲律宾等地，其中越南最多。2023 年，我国鲜苹果进口市场主要包括新西兰、南非、智利、美国等地，其中新西兰苹果进口量占进口总量的 59.22%，进口额占比达到 72.75%。新西兰苹果因包装精美、耐运输储藏、果实口感好等特点，受到消费者青睐，占据我国鲜苹果进口市场主要地位。第三季度河北省鲜梨出口量呈上升趋势，出口单价呈下降趋势。河北省鲜梨主要出口印度尼西亚、越南、马来西亚等国家，超半数出口至印度尼西亚，占其他鲜梨出口量的 52.39%，鲜香梨只出口加拿大。梨加工制品中，梨罐头主要出口日本，占比达到 97.44%；梨汁主要出口美国，占比 82.83%。截至 2023 年 9 月底，河北省鲜梨出口单价呈下降趋势，梨加工品价格呈上升趋势。河北省目前没有对外进出口鲜桃，主要与河北桃上市季节有直接关系。2023 年上半年，河北省出口桃罐头 3711 吨，未从国外进口桃罐头。

（四）科技集成创新，形成了"三新"发展态势

水果产业科技力量不断发展，"新品种、新技术、新模式"得以形成并不断完善。苹果产业着重从两个方面推进科技创新工作：一是持续开展新品种培育工作，苹果新品种"玉冠"与"昌苹10号"已顺利通过植物新品种现场检测；二是持续做好基地建设推进工作，持续在各苹果基地开展果实免套袋、水肥一体化、花果管理等技术指导，并组织相关技术人员培训；三是持续推进老龄低效果园生产模式创新，对郁闭果园树体树形进行改造、对果园基础设施进行提升改造等，推动水果生产方式转型升级。

（五）区域发展集中度提高，集群发展趋势明显

河北省梨、苹果、葡萄等产业被评为国家或省级产业集群，在政策和市场的共同驱动下，主产区生产集中度逐步提高，集群式发展已成为引领全省特色水果产业发展的新方向。河北省苹果主要种植在太行山、燕山及浅山丘陵地区，近几年，随着品种、栽培模式等不断创新，加之"两山"区域气候条件适宜，生产的集中度逐步提高，产区规模化趋势日益明显，形成了青龙苹果、邢台富岗苹果、邢台浆水苹果、保定顺平苹果、承德国光苹果、石家庄平山元坊苹果、石家庄恶石苹果等众多优势区域品牌。河北省承德市平泉市、承德县，河北省青龙满族自治县，秦皇岛抚宁区被中国苹果产业协会评为苹果产业实力县域。河北省梨产业重点打造了八大梨产业集群县，将威县打造成为全国梨高效生产第一县。葡萄主产区建立标准化生产和品牌展示基地，示范展示葡萄新品种、新模式、新技术等，加速葡萄产业提质增效。

三 2023年河北省水果产业发展面临的主要问题

（一）生产要素成本尤其是人工成本总体呈上升趋势，农机农艺亟须融合

生产要素投入数量和质量是水果产量的重要保障。为追求产量，果园肥

料、农药等生产要素投入持续增加，近些年劳动力成本持续上升，超过了生产成本的 50%，生产成本的持续上升已成为河北省水果产业发展的瓶颈因素。创新与推广省力化栽培技术是降低劳动力成本的关键，但目前河北省低效果园所占比例很高，达到 40% 以上，果园郁闭程度很高，难以推广全程机械化，农机农艺融合度低，一些果园喷药、施肥等环节还不能实现机械化。示范园中，割草、施肥、喷药等作业环节机械化作业的概率较高，疏花、疏果等环节主要还是人工作业。从促进河北省水果栽培方式转型升级的角度考虑，亟须研发与推广应用省力化综合配套技术与机械装备。

（二）预警防控体系不健全，农业保险等灾后补救措施缺位

雹灾、冻灾等气象灾害对果园影响较大，水果技术体系团队与政府部门紧密协作，组织及时施救，但仍造成一定的减产，不同树种、不同区域减产情况存在差别，优质率有所下降，反映了河北省果园预警防控体系不健全。由于灾害应对措施不到位、果园基础设施差、农业保险等灾后补救措施缺位等，气候变化及其所带来的气象灾害对水果产业发展（布局、产量、质量等）的影响日趋加大。建立健全预警防控体系，完善农业保险制度等，缓解气候变化及其灾害影响应得到业界高度关注。

（三）郁闭老旧果园比例大，集成改造技术创新水平有待提高

河北省是优势水果种植区域，种植历史比较长，一些优势产区果园树龄已经有 20 年以上，果园郁闭程度很高，机械化作业难度很大，现代化的水肥一体化技术、施肥和绿色防控技术难以实施，集成改造技术创新有一定的难度，亟待提高。

四　2024 年河北省水果产业发展的思路与建议

（一）发展思路

在确保粮食安全、防止耕地"非粮化""非农化"的大背景下，水果产

业转型升级迫在眉睫。2024年，应按照"稳规模、优品质、增效益"的思路，加快推进品种培优、品质提升、品牌打造和标准化生产，构建产业链、市场链、价值链完整匹配的现代水果产业体系，推动河北省水果产业基础优势更加稳固、增长潜力充分发挥，国内市场更加强大、经济结构更加优化，创新能力显著提升、竞争优势更加突出，资源配置更加合理、生态环境持续改善，加快实现水果产业高质量发展，推动河北由水果生产大省向水果质量强省跨越。

1.加强调优"结构"

一是调整种植区域结构。统筹生态、地貌、气象等因素，按照规模化、集约化、适地适栽原则，打造水果生产的优质产区。二是优化品种品系结构。结合低效果园更新改造，发展新优品种，促进不同熟期、色系、果形、口感的品系差异化发展。三是完善产业业态结构。立足"优一产、强二产、壮三产"，提升精深加工业，大力发展以果醋、果酒为代表的水果精深加工业，充分拓展水果产业体验、休闲、文化等功能，发展农文旅结合等新业态。

2.完善现代产业体系

加快培育水果生产性服务业，有效解决劳动力不足、组织化水平不高等问题。以水果采后预冷和地头分拣为重点，大力发展产后服务业，建立专业化服务组织，提升水果采后处理和初加工能力。

3.加强产后市场建设

结合县域商业体系建设，建立产地供应体系，加快"产地供应、冷链物流、终端销售"立体布局、一体推动。建立信息化平台，引导物流企业与水果产地合作，构建信息共享、快捷顺畅、全程冷链的水果物流体系。引导产地营销企业联合培育商超、实体店等终端线下网络和线上货仓，规范零售市场，扩大消费群体。

（二）发展建议

1.推进全产业链发展，提升整体竞争实力

针对河北省水果产业发展中存在的突出问题，立足于水果市场的实际消费需求，全力推进绿色发展带动供应链升级，促进水果产业提质增效。全面推进绿色生态智慧果园建设、推广新型病虫害防治技术、选育优质抗性强的新品种、推进有机肥替代传统化肥，进而完成由传统果园向绿色智慧果园转型的过程，提高水果供给质量，提升优质水果市场占有率。全面提升产后加工能力延伸链，加强采后处理，支持果农、种植大户、家庭农场开展合作，提升水果产后清洗、打蜡、包装各流程的完善程度。以市场需求为导向，全力支持龙头企业与科研单位联合，加大精深加工品研发力度，开发更符合广大年轻消费群体的创新水果制品。完善冷链储藏能力，加强冷库等贮藏设施建设，保证新鲜水果运往市场销售。

2. 突出种植区域特色，挖掘文化价值

河北省是中国历史文化的重要发源地之一，具有深厚的历史底蕴。同时，河北省位于京津冀地区，与首都北京距离较近，具备得天独厚的地理区位优势。新时期人民群众在精神层面有更高的追求，对休闲娱乐的需求越来越大。返璞归真的生活方式和田园生活的热度不断攀升，历史悠久的苹果、桃、梨等果树品种的栽植、生长、养护等环节更是蕴含着传统而古老的农耕文明，种植果园的旅游价值和文化价值不可忽视。应深入挖掘优秀传统文化，突出每个区域的特色，推动传统果园向多元化乡村旅游新业态转变。

3. 完善销售体系，全方位开拓国际市场

搭建多层级的产地销售网络，健全县域及果品中转流通销售市场，确保果品能够从县域"走出去"，形成完整的市场销售体系。建立北京、上海等大城市大市场与源头产地的对接通道，积极拓展大城市精品超市销售渠道，设立品种专柜。从我国苹果主要出口国家来看，2023年上半年主要出口国家为越南、印度、泰国、菲律宾等东南亚国家，大多数为中低端果，出口至欧美发达国家的高端果品占比太低。要提升果品品质、重视果品的包装，争取在国外市场设立分销网点或市场开发站，全方位开拓国际市场，使河北省优势产品站上国际贸易市场的舞台。

4. 强化品牌建设，提高果品知名度

通过挖掘果树及种植园文化内涵，培育具有区域特色的果品和乡村旅游专属品牌，创新多种宣传手段和营销方式，借助互联网媒体的强大传播力量，做强电商品牌，通过"电商+直播"方式，打好"互联网+水果"特色牌，讲好水果故事。同时，采取景区宣传短视频、果园环境景色直播、游玩设施媒体宣传曝光等手段，全面提升河北省果园、果品曝光率，提高知名度和消费者认可度。

参考文献

刘宝素：《浅析河北省果品业生产发展的问题及建议》，《河北农业》2023年第1期。

李泓、刘蓓：《石家庄市果品业发展现状、存在问题与对策》，《河北果树》2019年第1期。

杨杰：《中国苹果市场近期行情分析》，《果农之友》2021年第4期。

余顺生、辛勍、刘文玫：《中国水果进口贸易现状分析》，《天津农林科技》2023年第6期。

吴中勇、李延荣、董中丹：《我国水果市场发展现状及对策研究》，《中国果菜》2023年第11期。

邓秀新：《中国水果产业供给侧改革与发展趋势》，《现代农业装备》2018年第4期。

B.6

2023~2024年河北省渔业生产
形势分析与预测

周栓林[*]

摘 要： 2023年河北省渔业经济总体保持稳定增长态势，全省水产品总产量预计达到115万吨，总产值预计达到410亿元，较2022年分别增长2.3%和2.5%。但随着城镇化、工业化进程不断加快，渔业可持续发展空间受限、产业融合发展水平不高、渔业基础设施设备老化严重、渔业法规制度体系不健全等问题依然突出，制约了渔业综合生产能力的进一步提高。针对上述问题，本报告提出了以秦唐沧三市沿海高效渔业产业带为发展主阵地，兼顾内陆渔业发展，围绕区域优势主导水产品，按照强基础、补短板、延产链、促创新的整体发展思路，积极开展池塘设施渔业养殖场、工厂化集约化设施渔业养殖场、盐碱地设施渔业养殖场、深远海大型智能化养殖渔场以及中心渔港"四场一港"建设以提升和稳定渔业生产能力；创新"休闲渔业+"发展模式，以强化融合，提升渔业经济增长水平；强化水生生物保护，提升渔业资源可持续利用水平；强化渔业装备建设，提升渔业现代化监管水平等政策措施。

关键词： 渔业生产 渔业经济 河北

2023年，河北渔业系统坚持以习近平新时代中国特色社会主义思想为指导，认真贯彻农业农村部的工作部署，立足河北发展实际，综合运用政策

---

* 周栓林，河北省农业农村厅渔业处副处长，主要研究方向为渔业资源管理、渔业行政执法、海洋牧场和休闲渔业管理。

扶持、改革创新、科技支撑等手段，推动全省渔业朝设施化、信息化、绿色化、融合化方向发展，在产业发展、资源养护、科技装备、对外合作、执法监管等方面取得显著成效。全省渔业总产值、水产品总产量、渔民人均收入实现"三连增"。

一　2023年河北省渔业生产形势分析

全省水产品产量预计达到115万吨，较2022年增长2.3%；全省渔业经济总产值预计达到410亿元，同比增长2.5%，全部完成年度任务目标。全省全年休闲渔业经济总产值达到9.9亿元，同比增长9.73%；全年接待游客达717万人次，同比增长67.09%。2023年渔业发展形势呈现以下几个特点。

（一）着力推动养殖业现代化

一是优化区域发展布局。按照"突出重点、优化布局、协调推进"的总体要求，持续优化渔业"三大产业带"区域布局。沿海高效水产养殖带，在秦唐沧3市沿海地区，围绕昌黎扇贝、北戴河新区鲆鲽、唐山对虾、乐亭海参、曹妃甸河鲀、黄骅梭子蟹等6大优势特色主导品种，全方位、全要素、全链条集中打造，进一步提升品种、品质、品牌"三品"，打造河北现代渔业发展高地、标杆；城市周边休闲型水产养殖带，在环京津、绕省会、沿渤海等大中城市周边，推动水产养殖向休闲垂钓、生态观光等业态拓展，丰富群众生活、增加渔民收益；山坝生态型水产养殖带，立足山坝区大中型水域、冷热水资源丰富的优势，重点建设了一批以虹鳟鱼、鲟鳇鱼、鲑鱼、中华鳖等名特品种为主导的高效设施渔业养殖基地。

二是加快水产养殖基础设施建设。将基础设施建设作为提升产业的有力抓手，深入开展养殖池塘、生产车间等设施改造升级，完善水处理和进排水系统，配套养殖生产装备、节能环保设施应用、水质监控等设施设备，建设精准渔业生产网络监控系统，进一步提高单位水体产出率、资源利用率以及劳动生产率。探索深远海网箱养殖，开展重力式、桁架类网箱和养殖平台建设，配备养殖自动控制和数字化管理系统、水下监视系统装备、水环境监测设备等现代设施设备，拓展水产养殖空间。近年来，全省累计改造规模化养殖场近300个、池塘5万亩、工厂化养殖水体70万立方米，建设深远海网箱105个，在黄骅、丰南、昌黎等一批重点养殖县区开展了养殖尾水集中治理试点工作。

三是夯实种业发展基础。河北省天然育种饵料资源丰富，是对虾、河鲀、扇贝等养殖优势产区，黄骅南排河、丰南黑沿子已成为北方地区重要的水产苗种集散地，中国对虾、红鳍东方鲀、半滑舌鳎等苗种育种水平全国领先。现有国家级水产原良种场5家、省级水产原良种场45家，水产苗种场近400家，其中2家被评为第一批中国水产种业育繁推一体化优势企业，5家入选国家种业阵型企业名单。"永章1号"中华鳖、"鳎优1号"半滑舌鳎、"黄海1号"中国对虾和"天正1号"红鳍东方鲀等4个新品种先后通过国家审定并公告推广。

四是扎实开展水产健康养殖示范创建。持续开展水产健康养殖示范创建活动，推广生态、健康、高效、环保的养殖模式，累计创建部级水产健康养殖示范场近200家、国家级水产健康养殖和生态养殖示范区7家、全国渔业健康养殖示范县2个。

（二）着力推动渔船管理现代化

一是构建渔船管理新格局。河北省委、省政府高度重视海洋渔船安全管理工作，省委书记倪岳峰、省长王正谱先后多次做出批示部署，在总结分析当前渔船管理中存在的难点问题的基础上，借鉴先进省份的经验做法。2023年2月，省政府办公厅印发了《关于进一步加强海洋渔业安全生产管理若干措施》，就全面落实责任、加强渔船修造管理、严格作业监管、加强渔港建设监管、提升防灾减灾能力等，提出了19条具体措施，对从渔船修造到水上渔船突发事件处置进行了全面部署，有力推动了渔船规范管理和安全生产形势好转。

二是修订《河北省渔业船舶管理条例》。着眼长远，将《河北省渔业船舶管理条例》列入 2023 年省人大立法计划，聚焦渔船、渔港和人员的全要素，从渔船制造到拆解的全周期，从渔船出港到入港的全链条，健全完善渔船管理制度，推进法制化管理。在深入调查研究、广泛征求意见的基础上，多次修改完善，形成了《河北省渔业船舶管理条例（修订草案）》。7月27日上午，河北省十四届人大常委会第四次会议全票通过了新修订的《河北省渔业船舶管理条例》，该条例于9月1日起施行。

三是全面开展涉渔"三无"船舶清理取缔。为彻底解决涉渔"三无"船舶带来的安全风险隐患和海洋渔业管理问题，河北省政府制定印发了海洋涉渔"三无"船舶整治方案，专门召开会议进行了部署，决心利用1年左右的时间，将近 1907 艘纳入地方安全监管的渔船全部清理退出，并同步开展专项执法行动，目前进展顺利、效果良好。消化存量。相关各级地方政府都成立了市长任组长的专项整治领导小组，落实渔业、乡镇、公安等部门参加的"五包一""四方包联"责任体系，对"纳管船"实现有效封控。同时，启动渔船身份核实、价值评估和公示、与船主签订退出协议等工作，截至 2023 年第三季度末，1700 多艘渔船签订退出协议，2024 年 2 月底前将全部实现退出。严打增量。根据省政府部署，省农业农村厅会同省公安厅、省交通运输厅等 6 个部门，联合制定了《河北省打击海洋涉渔"三无"船舶专项执法行动方案》，开展了为期三个月的打击海洋涉渔"三无"船舶专项执法行动，查获疑似"三无船"834 艘，全部转运至指定地点依法依规进行分类处置，取得了良好的社会反响。堵住源头。未批建造是"三无"船舶产生的主要原因，工信部门对承担的职责任务进行了全面梳理，逐项分解落实，建立渔业船舶修造账，明确检查的程序、内容和方法，做到规范统一、简便易行。还坚持属地常态化检查，每月不少于一次对全部渔业船舶企业进行常规或突击性检查，以高压态势确保企业合法经营，在近期执法检查中没有发现船厂有违规造船行为，管理效果良好。

（三）着力推动渔港管理现代化

一是开展渔港环境专项整治。将渔港港区环境治理和渔业安全生产工作一同部署开展。省政府办公厅印发《河北省人民政府办公厅关于进一步加强海洋渔业安全生产管理若干措施的通知》，提出强化渔港综合管理工作要求，两次在全省会议上明确沿海各市、县要组织力量对渔港环境脏乱差、经营管理水平低等问题进行专项治理，尽快改变渔港面貌。与省生态环境厅联合印发《河北省沿海渔港环境整治专项行动方案》，要求沿海市政府牵头，集中开展沿海渔港环境整治，规范渔港经营管理者行为，不断提高渔港环境管理水平。研究印发《河北省沿海渔港环境整治指导标准（试行）》《河北省沿海渔港环境整治设施设备配备指导标准（试行）》两套指导标准。联合省生态环境厅组成督导检查组赴沿海各地，逐县、驻港进行工作督导，确保各地按时、保质完成全省渔港整治相关工作。配合美丽乡村处，召开全省农村垃圾污水和黑臭水体集中整治暨沿海环境整治现场会，对下一步渔港环境整治工作提出要求。5月下旬至6月初，联合省生态环境厅组成省级督导组分赴沿海三市开展督导检查；5月25日召集25座渔港的经营者或管理负责人，在秦皇岛市召开现场会，以海港区卸粮口渔港为样板，针对渔港环境整治提升进行了首次拉练活动。

二是开展渔港经济区和智慧渔港建设。加强渔港经济区建设，黄骅国家级沿海渔港经济区建设项目申报成功，被农业农村部列入2023年国家级沿海渔港经济区建设试点名单。积极开展平安渔业示范县和全国文明渔港创建活动，推荐1个全国平安渔业示范县和2座全国文明渔港作为2021~2022年度平安渔业创建单位。加强智慧渔港建设，指导督导沿海各市制定智慧渔港建设方案，倒排工期，抓紧组织实施，确保9月底前完成列入全省渔港名录的25座智慧渔港建设，实现所有渔船渔港实时监控、进出港渔船身份自动识别、违法船只进出港自动报警功能。2023年5座渔港已建成智慧渔港。

（四）着力推动二三产业现代化

一是休闲渔业取得长足发展。按照"一带、三区"的优势布局，大力提升休闲渔业建设水平，推动渔业转型发展和提质增效，取得明显成效。三年组织创建省级休闲渔业示范基地82个，起到了良好的示范带动作用。受经济下行压力较大等不利影响，2023年全省休闲渔业经营主体为967家，同比下降0.41%，经济主体总数减少4家。通过几年的持续推动，休闲渔业促进渔业提质增效、转型发展的作用日益突出，不仅带动了一大批社会工商资本投入渔业领域，也促使相关企业转变经营观念，由单一生产经营向综合开发、多种经营转型，增添了发展活力与后劲，涌现出北戴河新区渔岛、曹妃甸多玛乐园等一批在全国或京津冀地区叫得响的先进典型。

二是水产品加工流通及品牌建设进一步发展。近年来，河北省加强水产品精深加工与流通体系建设，积极争取各类财政资金支持水产品加工业提升建设，实施设施设备提档升级，提升水产品加工、仓储、保鲜等能力，推进水产加工业发展，提高水产品附加值和溢价能力。2021～2023年已支持38家水产加工企业实施水产品加工设施设备提升。2022年水产冷库数量比2020年增加6.36%，水产品加工总量比2020年增加9.91%。同时拉动了水产品出口贸易，海湾扇贝柱、冻章鱼出口量居全国前列，占全国同类产品出口的70%，河鲀出口占全国总量的60%以上，河鲀鱼冷冻产品100%由河北出口。秦皇岛美烨、沧州东源公司生产的调味章鱼，占据韩国相关市场的一半。秦皇岛嘉辉、禄权、海东公司生产的海湾扇贝柱在全国同类水产品出口中占有重要位置。

三是大水面生态渔业加快发展。着力解决内陆湖库渔业发展空间受制约的问题，采用"人放天养"等健康模式，在保护水域生态环境的同时，推进大水面渔业生态绿色发展。2023年，全省湖泊、水库等大中水面增养殖面积已经达到100万亩，水产品产量达3.8万吨，占淡水产品产量的12.1%。发展生态渔业1000亩以上的水面近60处，累计建设大水面生态渔业示范基地17个，打造了"华北第一冬捕节""横山岭捕鱼节""易水湖捕鱼节"等一系列大水面渔业节庆活动，依托生态健康优势，创建了一批有机水产品品牌，河北大水面生态鱼得到了京津及周边省份的青睐。

（五）着力推动增殖渔业现代化

一是科学开展增殖放流。为改善水域生态环境，有效恢复渔业资源，持续在秦唐沧近海海域和白洋淀、衡水湖、潘大水库等内陆湖库开展水生生物增殖放流，每年放流中国对虾、褐牙鲆、三疣梭子蟹等10个品种30亿单位以上。坚持"量水配方、科学有效"原则，根据不同水域生态特点，兼顾渔业生产发展需要，合理安排增殖放流品种、数量和规格，实现生态和生产效益的最大化。调查数据显示，近年来中国对虾投入产出达到1∶20以上，淡水水生生物达到1∶8以上。先后在白洋淀、衡水湖、官厅水库、黄壁庄水库、渤海海域组织开展了同步增殖放流活动，邀请省直有关部门及社会人士共同参与，进一步增强了公众环保意识，提高了社会影响力。

二是加强海洋牧场示范区建设。全省共建成海洋牧场26家，被评为国家级海洋牧场示范区的有19家。建成养护型海洋牧场1家，为秦皇岛北戴河海域国家级海洋牧场示范区，也是全省唯一由政府投资和管理的养护型海洋牧场。建成增殖型海洋牧场25家，其中合作社经营的有2家，企业化经营的有23家。海洋牧场覆盖海域面积1.5万多公顷，累计投放人工鱼礁570余万空立方，带动全省转产转业海洋捕捞渔船700余艘，安置就业渔民4000余人，年人均增收30000元以上。

三是积极推进水产种质资源保护区建设。不断强化水产种质资源保护区建设和管理，充分发挥保护区保护重要水产品种及其栖息环境的主体作用，积极开展保护区基础设施建设、渔业资源调查、水质监测、重要品种繁育研究、人工鱼巢布设以及宣传培训等工作。将增殖放流同保护区重要品种恢复相结合，在安排保护区有关水域放流工作时，重点开展主要保护品种增殖放流；将渔政执法同主要品种保护相结合，针对特别保护期和保护区核心区加大执法检查力度，将保护区法律法规融入渔政执法宣传。全省20处国家级水产种质资源保护区管理水平得到提升，中国对虾、小黄鱼、三疣梭子蟹、褐牙鲆、石鲽等20多个本土重要水产品种得到了有效保护。

四是大力推动白洋淀生态环境保护工作。充分发挥"以鱼净水、以鱼养水"生态作用，促进白洋淀水生态环境持续改善。每年投放鲢鳙、草鱼、青虾等水生生物苗种6500万单位以上，强化白洋淀国家级水产种质资源保护区建设，持续开展水生生物日常监测。调查数据显示，淀区游泳动物已经由 2020 年的 40 种增加至 2023 年的 46 种，生物多样性显著提高，环境指示性生物中华鳑鲏分布范围持续扩大。

（六）着力推动渔政执法现代化

印发 2023 年"中国渔政亮剑"河北执法行动方案和《河北省 2023 年休禁渔管理工作方案》，组织开展伏季休渔等一系列专项执法行动。坚持渔政执法"首查安全、必查安全"原则，将日常检查与重点督导相结合，针对违法违规行为多发区域，组织开展"四不两直"明察暗访、联合检查、交叉检查、随机抽查、封港查船等执法行动。组织开展全省海陆联合执法行动 6 次。5 月 18 日，召开全省休禁渔管理工作会议，对全省海洋伏季休渔执法工作进行调度，并对渔业安全生产、打击涉渔"三无"船舶等重点工作进行再强调、再部署。各级渔政执法机构共出动执法人员 27363 人次、执法船艇 2183 艘次、执法车辆 7275 辆次，检查渔港 4929 个次、渔船 16552 艘次，行政处罚立案 153 件，罚款 147.835 万元。其中，总队查获渔船 11 艘次，直接立案查处违法案件 4 起，有效保障了渔民群众的生命财产安全。

（七）着力推动渔业科技现代化

一方面，聚焦渔业产业的难点，发挥省级特色海产品、淡水养殖 2 个现代渔业产业技术体系专家创新团队支撑作用，2022 年，引进及养殖示范半滑舌鳎、南美白对虾、虹鳟鱼等 8 个新品种，平均提高养殖效益 10% 以上，其中半滑舌鳎新品种提高养殖效益 30% 以上。集成集中连片养殖及工厂化循环水养殖尾水处理技术模式 2 项，攻克了制约产业发展的"卡脖子"技术。另一方面，挖掘渔业产业新亮点和增长点。围绕种业、加工等产业，强化科技攻关和新技术集成。集成研发出水产品加工新技术 2 项，研制出鲟鱼鱼子酱、鲟鱼片等产品 4 个。突破加州鲈反季节繁育技术，填补了河北空白。启动河鲀毒素甘油提取技术研究，制定河鲀制备工艺 2 套，获得实用新型专利 1 件，目前该研究处于国际先进水平。

二　2023年河北省渔业发展面临的主要问题

一是渔业发展空间受限。随着城镇化、工业化进程不断加快，港口、码头、风电等涉渔工程项目纷纷上马，渔业水域和滩涂被大量挤占。近年来，在北戴河临近海域以及白洋淀、潘大水库等内陆水域，实施"退养还海、还湖、还库"面积达43万亩。传统渔业水域持续减少，渔业可持续发展空间受限。

二是产业融合发展水平低。全省渔业第二、第三产业占比只有14.5%，远低于全国平均占比（48.9%）。第一产业之中上规模、上水平的主导产品少，第二、第三产业中水产品加工、冷链物流体系建设亟须完善，休闲渔业尚处于起步阶段，产业融合度不高、带动能力弱，品牌数量不多，影响不够强，参与大市场、大竞争能力不强。

三是设施装备老化程度严重。虽然近年来全省大力开展养殖基础设施改造提升，整体有了较大转变，但是改造率不高，现有渔业基础设施设备老旧、能耗高、科技含量低问题依然突出，养殖池塘老化，苗种生产车间破旧，路电网等配套设施不健全，机械化装备水平低，制约了渔业综合生产能力的提高。

四是安全监管能力尚需提升。渔港及渔港经济区规划、建设、经营许可等配套管理制度建设相对滞后，相关法规体制不健全，部分存在渔业安全责任落实不到位，安全生产监管不详细、不规范问题，特别是对渔船安全设备、救生设备和渔船通信设备的检查不严谨、执法不严、处罚不及时，需要进一步落实责任，提高监管能力。

三　2024年河北省渔业经济发展走势研判

2024年，全省渔业经济下行压力仍处高位，进口水产品将助推部分企业向高端水产养殖迈进，渔业经济平稳发展走势能够继续保持。

捕捞业：随着涉渔"三无"船舶的清理取缔工作逐步实施，渔业资源量恢复明显，渔船捕捞效益将明显提高，渔船遵守休禁渔制度自觉性将进一步提升。特许捕捞制度将进一步扩大覆盖范围，沿海部分天然名优水产品生产逐步恢复，捕捞业继续实施限产政策，产量继续保持稳中有降，但经济产值将会进一步增加。

增养殖业：随着对深远海网箱养殖、底播增殖等生态养殖模式支持力度的加大，部分传统养殖渔民会实现转型发展。水产种业创新支持力度也将会进一步加大，提升全省高值、高效、高抗水产苗种生产能力，良种覆盖率会进一步提升。在遭受了洪涝灾害后，得益于灾后重建等项目支持，冷水鱼产量产值将恢复。

融合发展：虽然暂停了休闲渔业建设扶持，但部分水产品加工出口企业由单纯加工向加工、物流、贸易融合转变，创新"休闲渔业+"发展模式，渔业生产与旅游、垂钓、露营、民宿、度假、康养等多行业跨界融合、协调发展。大水面生态渔业也将在开捕节庆、渔旅融合等形式的带动下，打造出绿色高效生产型、生态养护型大水面生态渔业示范基地。

四 2024年河北渔业发展的对策建议

2024年，全省渔业系统应坚持宜渔则渔，坚持数量和质量并重、生产和生态协调、发展和安全统筹，推动形成同市场需求相适应、同资源环境承载力相匹配的渔业生产结构和区域布局，不断提高水产品稳产保供水平，全面推进渔业高质量现代化发展。全省水产品总产量达到117万吨（不含远洋捕捞产量），渔业经济总产值达到410亿元，渔民人均纯收入达到27500元。

（一）强化渔业生产能力，提升水产品稳产保供水平

以秦唐沧3市沿海高效渔业产业带为发展主阵地，兼顾内陆渔业发展，围绕区域优势主导水产品，强基础、补短板、延产链、促创新，确保河鲀、扇贝、鲆鲽、中国对虾、海参、梭子蟹等六大优势特色品种生产规模保持全

国前列。加快渔业基础设施建设，积极开展池塘设施渔业养殖场、工厂化集约化设施渔业养殖场、盐碱地设施渔业养殖场、深远海大型智能化养殖渔场以及中心渔港"四场一港"建设，不断提高渔业设施和装备现代化水平，到2025年，全省建设现代化设施渔业养殖场16个、中心渔港2座和一级渔港1座，水产养殖设施装备化水平得到显著提高。推动海洋牧场建设与海岸带沿线的渔港、种苗繁育、流通加工、休闲旅游、配套装备等产业有机融合，形成陆海多产融合型海洋牧场产业带。重点建设都市海洋休闲、海珍品增殖开发、海岛体验度假、风电融合开发和资源养护等5个各具区域特色的海洋牧场产业区。规范巩固现有远洋渔业，激发远洋渔业企业主体活力，通过投资、兼并、合作等形式建设海外生产基地，发展水产品精深加工、贸易、冷链物流等产业，着力延伸产业链和价值链，持续增强远洋渔业市场竞争力和发展后劲。

（二）强化融合创新发展，提升渔业经济增长水平

创新"休闲渔业+"发展模式，促进休闲渔业与旅游、垂钓、露营、民宿、度假、康养等多行业跨界融合、协调发展，大力宣传渔业休闲文化，新创建省级休闲渔业示范基地20个以上。以秦皇岛、唐山市、沧州市水产品加工出口企业为基础，着重抓好河鲀、海参、扇贝、对虾、海洋调味品、冷冻食品等加工业发展，进一步培育壮大龙头企业，推动水产加工由以来料加工为主向以自有原料加工为主转变，由常规加工向精深加工转变，由单纯加工向加工、物流、贸易融合转变。大力推动大水面生态渔业发展，在重点发展区打造绿色高效生产型、在适度发展区打造生态养护型、在渔旅融合区打造开捕节庆型等省级大水面生态渔业示范基地25个，注册大水面生态渔业品牌5个以上，大水面增养殖面积达到110万亩，年生产水产品4万吨以上，推动形成环境优美、产品优质、产业融合的大水面生态渔业发展格局。

（三）强化水生生物保护，提升渔业资源可持续利用水平

抓好水生生物增殖放流工作，不断拓展海洋增殖种类，打造鱼、虾、贝

多营养层级协调发展的增殖放流新格局，增加渔业碳汇。在内陆地区大力实施重点水域、城市水系和饮用水源地"放鱼养水"工程，在提供优质水产品的同时，保障水域生物多样性和饮用水源地水质清洁。稳步扩大增殖放流规模，每年放流量不低于30亿单位。优化调整水产种质资源保护区，强化白洋淀、衡水湖等国家级水产种质资源保护区建设。有序发展滩涂和浅海贝藻类增养殖，增加渔业碳汇，实现产业发展和生态环境保护有机结合。全面开展"中国渔政亮剑"系列专项执法行动，加强与公安、海警、海事、市场监管、环保等部门的协调联动，实现执法信息共享、部门共治、联合惩戒，延伸执法链条。指导各地做好海洋涉渔"三无"船舶清理取缔工作，持续开展"三无"船舶执法检查，巩固执法成效，防止涉渔"三无"船舶反弹。

（四）强化渔业装备建设，提升渔业现代化监管水平

充分利用海域资源禀赋和现有国家级海洋牧场示范区，建设海洋牧场智能化多功能综合管护平台、试点底播增殖型海洋牧场，配套安装环境监测、实时监控设施设备及看护人员生产生活场所，提高海洋牧场综合管护水平和综合利用能力，提升海洋牧场生物多样性和信息化监测水平。加强执法船舶建造、执法基地建设，完善陆域配套设施，提升执法机动能力。推进渔船渔港监控和渔政执法指挥系统建设，实现省市县三级信息共享，切实提高渔政管理信息化水平，提升精准监管能力。

参考文献

张锦等：《河北省渔民收入状况分析及提升建议》，《河北渔业》2023年第2期。

刘晓丽、薛政、刘镇：《搭平台　补短板　助力渔业高质量发展——国家大宗淡水鱼产业技术体系石家庄综合试验站发展见闻》，《河北农业》2023年第8期。

B.7

2023～2024年河北省农产品进出口贸易形势分析与预测

邵红岭　路　剑*

摘　要： 受全球经济复苏承压、世界贸易增速放缓、国际多数大宗农产品价格下行、国内经济回升向好、国内稳外贸政策持续发力、省内农林牧渔业平稳增长等的影响，2023年1～10月河北省农产品贸易规模和进口规模出现不同程度的缩小，出口规模扩大，贸易逆差规模缩小。农产品贸易结构持续优化，但仍较集中。预计2024年河北省农产品贸易规模有望扩大，农产品贸易结构不断优化，农产品贸易新业态新模式较快发展。面对复杂严峻的国内外形势，亟须进一步优化农产品贸易结构，拓宽农产品贸易渠道，改善农产品贸易发展环境和加快农产品贸易创新发展等。

关键词： 农产品　进出口贸易　河北省

在全球经济复苏承压、世界贸易增速放缓、国际多数大宗农产品价格下行、国内经济回升向好、国内稳外贸政策持续发力、省内农林牧渔业平稳增长等的影响下，2023年1～10月河北省农产品贸易规模和进口规模出现不同程度的缩小，出口规模扩大，农产品贸易结构持续优化。但通货膨胀仍处于高位、地缘经济割裂日益加剧叠加极端天气等，国内外环境仍复杂严峻，河北省农产品贸易仍面临较大的不确定性。

---

* 邵红岭，河北农业大学经济管理学院副教授，主要研究方向为农产品国际贸易；路剑，河北农业大学文管系教授，主要研究方向农业经济与管理。

一 2023年河北省农产品进出口贸易形势与特点

（一）农产品贸易规模缩小

中国海关总署数据显示，2023年1~10月河北省农产品出口额增长，进口额和进出口总额出现不同程度的下降。其中农产品进出口总额为63.69亿美元，与2022年同期相比下降4.47%；农产品出口额为17.88亿美元，同比增长5.36%；农产品进口额为45.81亿美元，同比下降7.83%。农产品贸易为逆差，逆差额为27.93亿美元，低于2022年同期水平。分月度来看，如图1所示，2023年1~10月河北省农产品贸易均呈逆差，出口额和进口额均波动变化，且进口额波动幅度大于出口额波动幅度。出口额在10月达到研究期内的最高峰，为2.10亿美元，出口额同比增长幅度最大的是2月，达到34.78%。与2022年同期相比，2023年1月、3月和6月农产品出口额出现不同程度的下降。进口额在5月达到研究期内的最高峰，为6.87亿美元，进口额同比增长幅度最高的是2月，达到191.79%。与2022年同期相比，2023年除了2月、5月和8月农产品进口额出现不同程度的增长外，其余月均出现不同程度的下降。

（二）进出口商品结构不断优化

就出口商品结构来看，如表1所示，2023年1~10月河北省农产品出口额排前10位的农产品主要集中于蔬菜及其制品、水果和坚果及其制品、糖及糖食、水海产品等劳动密集型产品。排前10位的不同农产品出口额占河北省农产品出口总额的比重为87.51%，略高于2022年同期水平。出口额所占比重最高的是HS编码20章的蔬菜、水果、坚果或植物其他部分的制品，占比达12.91%。与2022年同期相比，2023年1~10月HS编码20章、08章、17章、15章和23章农产品出口额出现不同程度的增长，HS编码07章、03章、05章、21章和16章农产品出口额出现不同程度的下降。出口

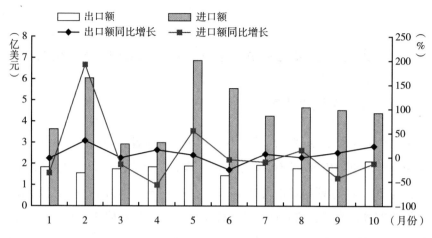

图1　2023年1~10月河北省农产品月度进出口额及同比变化情况

说明：此处农产品是指HS编码1~24章的产品，下同。

资料来源：根据中国海关数据计算所得。

额同比增长幅度最大的是HS编码15章的农产品，同比增长了88.81%，主要是由于化学改性动植物或微生物油脂等和混合制非食用油脂等的出口大幅增加。出口额同比增长幅度居于第2位的是HS编码23章的食品工业的残渣及废料和配制的动物饲料，同比增长了26.18%，主要是由于制造淀粉过程中的残渣及类似的残渣和零售包装狗食或猫食饲料的罐头出口大幅增加。出口额同比增长幅度居于第3位的是HS编码08章的食用水果及坚果、柑桔属水果或甜瓜的果皮，同比增长了19.29%，主要是由于其他柑桔和鲜苹果出口大幅增加。出口额同比降幅最大的是HS编码21章的杂项食品，其中的大部分细分产品出口额出现不同程度的下降。

就进口商品结构来看，2023年1~10月河北省农产品进口额排前10位的农产品为含油子仁及果实等（主要是大豆）、水果和坚果、动植物油脂、肉及食用杂碎、糖及糖食、水海产品、乳品、谷物、活动物等。排前10位的不同农产品进口额占河北省农产品进口总额的比重合计为96.85%，略低于2022年同期水平。进口额所占比重排第1位的是HS编码12章的含油子仁及果实，杂项子仁及果仁，工业用或药用植物和稻草、秸秆及饲料，其中主要进口的是大豆，所占比重为 71.06%，远远超过其他进口农产品。与 2022 年同期相比，2023 年 1~10 月河北省进口农产品中，HS 编码 08 章、02 章、17 章、10 章、01 章和 11 章农产品的进口出现不同程度的增长，HS 编码 12 章、15 章、03 章和 04 章农产品的进口出现不同程度的下降。进口额增长幅度居于第 1 位的是 HS 编码 08 章的食用水果及坚果、柑桔属水果或甜瓜的果皮，同比增长了 1330.12%，主要是由于进口水果和坚果的种类增加，且有些种类进口额大幅提升，如鲜榴梿、鲜或干的山竹果和鲜龙眼等。进口额增长幅度居于第 2 位的是 HS 编码 02 章的肉及食用杂碎，同比增长了 406.01%，主要是由于鲜冷冻猪肉、冻牛肉和杂碎的进口出现大幅增长。进口额增长幅度居于第 3 位的是 HS 编码 01 章的活动物，同比增长了 201.13%，主要是由于其他家牛（改良种用除外）的进口大幅增长。进口额同比降幅最大的是 HS 编码 15 章的农产品，同比下降了 28.74%，主要是由于动植物或微生物油、脂及其分离品混制的食用油脂及其制品，其他椰子油及其分离品和其他棕榈油及其分离品等的进口大幅度下降。

表 1 2023 年 1~10 月河北省进、出口额排前 10 位的农产品及占比、同比增长情况

单位：%

排名	HS 编码及对应出口农产品	出口额占比	出口额同比增长	HS 编码及对应进口农产品	进口额占比	进口额同比增长
1	20（蔬菜、水果、坚果或植物其他部分的制品）	12.91	6.68	12（含油子仁及果实；杂项子仁及果仁；工业用或药用植物；稻草、秸秆及饲料）	71.06	-17.26
2	08（食用水果及坚果；柑桔属水果或甜瓜的果皮）	11.73	19.29	08（食用水果及坚果；柑桔属水果或甜瓜的果皮）	7.47	1330.12
3	17（糖及糖食）	11.38	5.73	15（动、植物油、脂及其分解产品；精制的食用油脂；动、植物蜡）	4.95	-28.74
4	15（动、植物油、脂及其分解产品；精制的食用油脂；动、植物蜡）	10.00	88.81	02（肉及食用杂碎）	3.41	406.01
5	07（食用蔬菜、根及块茎）	8.72	-0.10	17（糖及糖食）	3.11	0.51

续表

排名	HS 编码及对应出口农产品	出口额占比	出口额同比增长	HS 编码及对应进口农产品	进口额占比	进口额同比增长
6	03（鱼、甲壳动物、软体动物及其他水生无脊椎动物）	8.07	-7.42	03（鱼、甲壳动物、软体动物及其他水生无脊椎动物）	2.79	-12.06
7	05（其他动物产品）	7.05	-13.67	04（乳品；蛋品；天然蜂蜜；其他食用动物产品）	1.27	-9.50
8	21（杂项食品）	6.22	-14.10	10（谷物）	1.02	25.47
9	23（食品工业的残渣及废料；配制的动物饲料）	6.02	26.18	01（活动物）	0.92	201.13
10	16（肉、鱼、甲壳动物、软体动物及其他水生无脊椎动物制品）	5.41	-10.81	11（制粉工业产品；麦芽；淀粉；菊粉；面筋）	0.85	65.75

资料来源：根据中国海关数据计算所得。

（三）进出口市场日趋多元化

2023 年 1~10 月河北省农产品出口市场遍及六大洲的 150 多个国家（地区），农产品进口来源地遍及六大洲的 80 多个国家（地区），农产品进出口市场日趋多元化。

从区域分布来看，如表 2 所示，2023 年 1~10 月河北省农产品进出口总额所占比重由高到低的排序为拉丁美洲、亚洲、北美洲、欧洲、大洋洲和非洲，其中与拉丁美洲、亚洲和北美洲的农产品进出口额占河北省农产品进出口总额的比重为 88.88%。与 2022 年同期相比，2023 年 1~10 月除了河北省与北美洲农产品进出口额所占比重有所下降外，与其他各洲的农产品进出口额所占比重均出现不同程度的上升。其中，出口区域中只有北美洲所占比重上升，其余均下降；进口区域中只有北美洲所占比重下降，其余均上升。此外，出口区域比重最高的仍是亚洲，达到 59.74%，但低于 2022 年同期的 63.24%，亚洲、北美洲和欧洲所占比重居于前 3 位，比重合计为 90.31%，高于 2022 年同期的 88.85%；进口区域比重最高的仍是拉丁美洲，达到

53.77%，略高于 2022 年同期的 51.38%，拉丁美洲、北美洲和亚洲所占比重居于前 3 位，比重合计为 92.01%，略低于 2022 年同期的 93.51%。

表 2 2022 年 1~10 月和 2023 年 1~10 月河北省农产品贸易区域分布

单位：%

区域	2023 年 1~10 月贸易额所占比重			2022 年 1~10 月贸易额所占比重		
	进出口	出口	进口	进出口	出口	进口
亚洲	28.75	59.74	16.66	25.34	63.24	12.35
欧洲	6.46	13.78	3.60	5.97	16.73	2.28
北美洲	20.23	16.79	21.58	24.44	8.88	29.78
拉丁美洲	39.90	4.35	53.77	39.71	5.66	51.38
非洲	1.97	2.46	1.77	1.93	2.50	1.73
大洋洲	2.70	2.89	2.62	2.61	2.99	2.48

资料来源：根据中国海关数据计算所得。

从国家（地区）分布来看，如表 3 所示，2023 年 1~10 月河北省农产品十大出口国家（地区）是东盟、美国、日本、欧盟、韩国、中国香港、中国台湾、澳大利亚、加拿大和墨西哥，河北省对其农产品出口额占河北省农产品出口总额的比重合计为 87.24%，这一比重略高于 2022 年同期水平。与 2022 年同期相比，东盟稳居河北省农产品第一大出口市场，美国由第 5 位上升到第 2 位，欧盟由第 2 位下降为第 4 位，韩国由第 4 位下降为第 5 位，其余国家（地区）的位次没有变化。2023 年 1~10 月河北省农产品十大进口来源国家（地区）是巴西、美国、东盟、印度、加拿大、欧盟、澳大利亚、阿根廷、日本和厄瓜多尔，河北省自其农产品进口额占河北省农产品进口总额的比重合计为 94.15%，略低于 2022 年同期水平。与 2022 年同期相比，四大进口来源地的排名没有变，巴西所占比重仍遥遥领先，达到 49.86%，加拿大排第 5 位、阿根廷排第 8 位、厄瓜多尔排第 10 位，这 3 个国家均为新进入前 10 位的国家，欧盟由第 7 位上升到第 6 位，澳大利亚由第 6 位下降到第 7 位，日本由第 5 位下降到第 9 位。此外，对 RCEP 成员国农产品出口 9.00 亿美元，占河北省农产品出口总额的

50.34%，自 RCEP 成员国进口农产品 7.13 亿美元，占河北省农产品进口总额的比重为 15.56%。

表3　2023年1~10月河北省农产品十大出口市场和进口来源地情况

单位：%

排名	出口市场		进口来源地	
	国家（地区）	所占比重	国家（地区）	所占比重
1	东盟	23.76	巴西	49.86
2	美国	14.77	美国	19.35
3	日本	13.99	东盟	11.21
4	欧盟	12.34	印度	3.21
5	韩国	10.08	加拿大	2.23
6	中国香港	3.43	欧盟	2.02
7	中国台湾	3.27	澳大利亚	1.88
8	澳大利亚	2.12	阿根廷	1.81
9	加拿大	2.01	日本	1.64
10	墨西哥	1.47	厄瓜多尔	0.94

资料来源：根据中国海关数据计算所得。

（四）一般贸易和加工贸易占比总体稍降

河北省农产品贸易仍以一般贸易为主，加工贸易和其他贸易为辅。如表4所示，2023年1~10月，河北省一般贸易农产品进出口额为58.70亿美元，同比下降5.09%，占河北省农产品进出口总额的比重为92.17%，较2022年同期下降了0.18个百分点。其中，一般贸易农产品出口额为16.67亿美元，同比增长5.44%，占河北省农产品出口总额的比重为93.23%，较2022年同期上升了0.72个百分点；一般贸易农产品进口额为42.03亿美元，同比下降8.71%，占河北省农产品进口总额的比重为91.75%，较2022年同期下降了0.55个百分点。加工贸易农产品进出口额为3.09亿美元，同比下降21.17%，占河北省农产品进出口总额的比重为4.85%，较2022年同期下降了1.00个百分点，且以进料加工贸易为主，进料加工贸易额占农产品加

表 4　2023 年 1～10 月河北省农产品进出口贸易方式

单位：亿美元，%

贸易方式	进出口贸易				出口贸易				进口贸易			
	进出口额	同比增长	所占比重	比重上升	出口额	同比增长	所占比重	比重上升	进口额	同比增长	所占比重	比重上升
一般贸易	58.70	-5.09	92.17	-0.18	16.67	5.44	93.23	0.72	42.03	-8.71	91.75	-0.55
加工贸易	3.09	-21.17	4.85	-1.00	1.20	-0.83	6.71	-0.36	1.89	-30.26	4.13	-1.30
来料加工贸易	0.04	-60.00	0.06	-0.08	0.03	-50.00	0.17	-0.16	0.01	-75.00	0.02	-0.06
进料加工贸易	3.05	-20.16	4.79	-0.92	1.17	1.74	6.54	-0.20	1.88	-29.59	4.10	-1.25
其他贸易	1.90	58.33	2.98	1.18	0.01	-85.71	0.06	-0.36	1.89	67.26	4.13	1.86

资料来源：根据中国海关数据计算所得。

工贸易总额的比重达98.71%。其中，加工贸易农产品出口额为1.20亿美元，同比下降0.83%，占河北省农产品出口总额的比重为6.71%，较2022年同期下降了0.36个百分点；加工贸易农产品进口额为1.89亿美元，同比下降30.26%，占河北省农产品进口总额的比重为4.13%，较2022年同期下降了1.30个百分点。在一般贸易和加工贸易农产品进出口额同比下降的同时，其他贸易农产品进出口额同比增长了58.33%，主要是海关特殊监管区域物流货物和保税监管场所进出境货物出现了较大幅度的增长。

二 影响河北省农产品贸易发展的主要因素

（一）全球经济复苏承压

全球经济从新冠疫情、俄乌冲突等负面因素中缓慢复苏，但经济增长放缓且不均衡。国际货币基金组织（IMF）2023年10月发布的《世界经济展望》报告预计2023年全球经济将增长3.0%，较2022年的3.5%有所下降，也低于3.8%的历史（2000~2019年）平均水平，其中发达经济体的经济增速将从2022年的2.6%降至2023年的1.5%，新兴市场和发展中经济体的经济增速将整体小幅放缓，从2022年的4.1%放缓至2023年的4.0%。新兴市场和发展中经济体内部各国的经济表现也不断分化。预计全球通货膨胀率将从2022年的8.7%稳步降至2023年的6.9%，全球通货膨胀虽然趋缓，但仍然处于高位。全球金融市场风险较大，债务水平居高不下，贫富差距不断扩大，加之地缘政治动荡等使得全球经济复苏承压。

（二）世界贸易增速放缓

受地缘政治紧张局势持续、通货膨胀居高不下、货币政策收紧及金融市场不确定性等的影响，2023年世界贸易增长面临多重下行风险，世界贸易组织2023年10月发布的《全球贸易展望与统计》报告预计2023年世界货物贸易量将增长0.8%，不到4月预测值1.7%的一半，更低于过去12年

2.6%的平均增长水平。全球贸易碎片化迹象已经显现，导致全球贸易增速下降，将拖累全球经济增长。贸易紧张局势仍在加剧。自世界贸易组织贸易争端解决机制陷入困境以来，贸易限制措施不断增加，全球经贸摩擦加剧。世界贸易组织相关统计显示，其成员在新冠疫情发生后共实施了454项货物贸易相关的措施（既有限制也有促进），其中有40%由G20成员实施。截至2023年5月中旬，世界贸易组织成员83%的相关措施已经取消，但仍对食品、饲料和化肥实施着63项出口限制措施。世界贸易组织秘书处的持续监测显示，截至2023年7月14日，自2022年2月下旬俄乌冲突以来，在食品、饲料和化肥方面实施的104项出口限制措施中，有59项仍在实施，覆盖约245亿美元的贸易，导致供应不确定和价格波动。贸易风险预警网《全球经贸摩擦指数（2023年上半年报告）》显示，2023年上半年，全球经贸摩擦指数各月均处于高位，总体低于2022年同期水平，进出口关税措施和贸易救济措施的运用出现新的增长。2023年7月和8月全球经贸摩擦指数分别为110和247，高于2022年同期的89和162，8月达到了1~8月的最高峰，说明全球经贸摩擦仍处于较高水平。外需减弱及贸易紧张局势对外贸的影响仍在继续。

（三）国际多数大宗农产品价格下行

受地缘冲突、极端天气及政策变化等的影响，国际大宗农产品价格剧烈波动，多数大宗农产品价格呈下行趋势。如表5所示，2023年1~10月除了食糖的价格指数波动上升、肉类价格指数先升后降，奶类、谷物和植物油的价格指数整体呈下降趋势。与2022年同期相比，2023年肉类和植物油1~10月的价格指数及平均值均出现了不同程度的下降。奶类的价格指数除了1月高于2022年同期水平，其他月份和平均值均低于2022年同期水平。谷物的价格指数除了1月和2月高于2022年同期水平，其他月份和平均值均低于2022年同期水平。食糖1~10月的价格指数及平均值均高于2022年同期水平。

表5 2023年1~10月和2022年1~10月国际部分大宗农产品价格指数

月份	肉类		奶类		谷物		植物油		食糖	
	2023年	2022年	2023年	2022年	2023年	2022年	2023年	2022年	2023年	2022年
1月	111.1	112.1	134.5	132.6	147.5	140.6	140.4	185.9	116.8	112.7
2月	113.3	113.9	129.4	141.5	146.7	145.3	135.9	201.7	125.2	110.5
3月	114.7	119.3	126.8	145.8	138.6	170.1	131.8	251.8	127.0	117.9
4月	116.8	121.9	122.6	146.7	136.1	169.7	130.0	237.5	149.4	121.5
5月	118.1	122.9	117.8	144.2	129.3	173.5	118.7	229.2	157.2	120.4
6月	119.0	125.9	116.7	150.2	126.6	166.3	115.8	211.8	152.2	117.3
7月	118.5	124.1	115.9	146.5	125.9	147.3	129.8	168.8	146.3	112.8
8月	115.2	121.1	111.2	143.4	125.0	145.6	125.8	163.3	148.2	110.5
9月	113.6	120.3	108.9	142.7	126.3	147.9	120.9	152.6	162.7	109.7
10月	112.9	118.2	111.3	139.3	125.0	152.3	120.0	151.3	159.2	108.6
平均	115.3	120.0	119.5	143.3	132.7	155.9	126.9	195.4	144.4	114.2

资料来源：联合国粮农组织。

如表6所示，2023年1~9月小麦、玉米、大豆、油料的国际价格整体呈下降趋势，稻米、棉花和食糖的国际价格整体呈上升趋势。与2022年同期相比，2023年1~9月稻米、大豆和食糖价格均值出现不同程度的上升，上升幅度分别为22.09%、1.17%和20.99%，小麦、玉米、棉花和油料价格均值出现不同程度的下降，下降幅度分别为15.58%、15.44%、25.50%和27.06%。通过比较2023年1~9月各种大宗农产品国际和国内价格均值，发现玉米、大豆、棉花和食糖的国内价格高于国际价格，存在价格倒挂现象。稻米、小麦和油料的国内价格低于国际价格。

（四）国内经济回升向好

在世界经济缓慢复苏、通胀压力仍然存在、外部环境复杂严峻的背景下，2023年我国经济社会全面恢复常态化运行，经济回升向好，增速明显快于世界主要发达经济体。国家统计局数据资料显示，2023年前三季度我国国内生产总值为913027亿元，按不变价格计算，同比增长5.2%，明显快于上年全年3%的增速，且快于2019~2022年平均4.5%的增速，也快于美国、欧元区、日本、巴西、俄罗斯、南非等经济体。具体来看，第一产业增加值为56374亿元，同比增长4.0%；第二产业增加值为353659亿元，同比增长4.4%；第三产业增加值为502993亿元，同比增长6.0%。全国居民人均可支配收入为29398元，同比名义增长6.3%，实际增长5.9%。其中，城镇居民人均可支配收入为39428元，同比名义增长5.2%，实际增长4.7%；农村居民人均可支配收入为15705元，同比名义增长7.6%，实际增长7.3%。城乡居民人均收入比为2.51，同比缩小0.02。河北省统计局数据资料显示，2023年前三季度河北省地区生产总值为31776.6亿元，同比增长5.2%，比上年同期加快1.5个百分点。其中，第一产业增加值为2588.5亿元，同比增长1.7%；第二产业增加值为12317.1亿元，同比增长5.9%；第三产业增加值为16871.0亿元，同比增长5.2%。全省居民人均可支配收入为24243元，同比增长6.4%。其中，城镇居民人均可支配收入为32080元，同比增长5.3%；农村居民人均可支配收入为15633元，同比增长7.0%。城乡居民人均收入比为2.05，同比缩小0.04。

表6 2023年1~9月部分大宗农产品国内外价格变化

农产品	价格	1月	2月	3月	4月	5月	6月	7月	8月	9月	均值
稻米 (元/斤)	2023年国内价格	2.04	2.04	2.04	2.04	2.04	2.02	2.02	2.02	2.03	2.03
	2023年国际价格	2.01	1.92	1.88	1.96	2.00	2.05	2.17	2.46	2.44	2.10
	2022年国际价格	1.59	1.63	1.63	1.69	1.89	1.83	1.69	1.72	1.78	1.72
小麦 (元/斤)	2023年国内价格	1.67	1.67	1.65	1.59	1.56	1.50	1.50	1.61	1.66	1.60
	2023年国际价格	1.74	1.78	1.72	1.74	1.71	1.68	1.66	1.55	1.58	1.68
	2022年国际价格	1.74	1.75	2.16	2.16	2.41	2.14	1.82	1.79	1.94	1.99
玉米 (元/斤)	2023年国内价格	1.52	1.49	1.47	1.44	1.36	1.36	1.41	1.46	1.48	1.44
	2023年国际价格	1.41	1.38	1.33	1.35	1.25	1.26	1.11	1.09	1.14	1.26
	2022年国际价格	1.27	1.32	1.56	1.61	1.64	1.57	1.51	1.43	1.53	1.49
大豆 (元/斤)	2023年国内价格	3.03	3.02	3.02	2.96	2.86	2.87	2.88	2.87	2.87	2.93
	2023年国际价格	2.70	2.70	2.70	2.63	2.52	2.53	2.56	2.53	2.55	2.60
	2022年国际价格	2.23	2.52	2.66	2.62	2.70	2.75	2.46	2.52	2.63	2.57
棉花 (元/吨)	2023年国内价格	15226	15712	15396	15588	16365	17266	17724	18083	18251	16623
	2023年国际价格	17158	16622	16073	16190	15936	15921	16787	17184	17608	16609
	2022年国际价格	21164	21836	21746	24236	25385	25610	19584	21049	20033	22294
油料 (元/斤)	2023年国内价格	4.61	4.68	4.44	4.27	3.81	3.72	4.06	4.22	4.25	4.23
	2023年国际价格	5.83	5.41	5.18	4.96	4.20	3.77	4.06	4.02	4.06	4.61
	2022年国际价格	5.46	6.04	6.86	7.35	7.48	6.77	5.61	5.76	5.53	6.32
食糖 (元/吨)	2023年国内价格	5605	5817	6085	6642	6959	6994	6950	7009	7376	6604
	2023年国际价格	5027	5384	5708	6139	6573	6442	6174	6166	6909	6058
	2022年国际价格	4641	4665	5080	5382	5216	5111	4980	4886	5099	5007

资料来源：中国农业农村部《2022年9月大宗农产品供需形势分析月报》和《2023年9月大宗农产品供需形势分析月报》。

（五）稳外贸政策持续发力

面对不利的国际贸易环境，中国高水平对外开放不断深入推进。2023年正值"一带一路"倡议提出10周年，"一带一路"国际合作高峰论坛成果丰硕，高标准自贸区网络建设取得新成效，国内自贸试验区示范引领作用不断增强等助力中国外贸高质量发展。国内外贸保稳提质政策措施不断出台，在促进外贸高质量发展方面持续发力。2023年以来，国家层面，国务院办公厅印发的《关于推动外贸稳规模优结构的意见》、商务部等四部门印发的《支持跨境电商海外仓发展有关举措》、海关总署推出的优化营商环境16条等一系列稳外贸政策措施出台。省级层面，《河北省推动外贸稳规模优结构的若干措施》、《河北省支持跨境电子商务发展十条政策》、《2023年河北省"金融护航"稳外贸十条政策措施》、"冀货出海"拓市场行动等相继出台和实施，聚焦企业诉求和痛点，打通外贸发展难点和堵点，助力实现外贸促稳提质目标。

（六）省内农林牧渔业平稳增长

河北省统计局数据显示，2023年前三季度，河北省农林牧渔业增加值为2778.1亿元，同比增长2.1%。农林牧渔业总产值为4622.1亿元，同比增长2.3%。具体分行业来看，农业产值为2087.3亿元，增长0.7%，占农林牧渔业总产值比重为45.2%，与2022年同期相比下降了0.3个百分点；林业产值为154.7亿元，同比增长3.5%，占农林牧渔业总产值比重为3.3%，与2022年同期持平；牧业产值为1821.5亿元，同比增长2.9%，占农林牧渔业总产值比重为39.4%，与2022年同期相比下降了0.3个百分点；渔业产值为147.7亿元，同比增长5.1%，占农林牧渔业总产值比重为3.2%，与2022年同期相比提高了0.1个百分点；农林牧渔服务业产值为411.0亿元，同比增长7.3%，占农林牧渔业总产值比重为8.9%，与2022年同期相比提高了0.5个百分点。就具体农产品产量来看，2023年前三季度，猪牛羊禽肉产量为373.4万吨，与2022年同期持平；生牛奶产量为438.9万吨，同比增长5.9%；蔬菜总产量为3342.8万吨，同比下降0.2%；

园林水果总产量为614.1万吨，同比增长0.8%。畜牧、蔬菜、果品三大支柱产业产值占农林牧渔业总产值比重为71.9%。

三 2024年河北省农产品贸易形势展望

受处于高位的通货膨胀、日益加剧的地缘经济割裂、极端天气等的影响，全球经济贸易发展仍充满挑战，复苏的步履依然艰难。国际货币基金组织2023年10月发布的《世界经济展望》报告中预测2024年全球经济增速将放缓至2.9%，较7月预计时下调了0.1个百分点。主要经济体经济增速下滑将压制外需。经济合作与发展组织预测，全球经济增速2024年将放缓至2.7%，将成为自2020年以来全球经济增速最低的自然年。世界贸易组织预计2024年世界商品贸易量的增速为3.3%，与之前的估计相比几乎没有变化，然而，供应链碎片化的迹象开始出现，这可能会对2024年相对积极的前景产生一定的影响。国际主流声音看好中国经济前景，国际货币基金组织将2024年中国GDP增速预测值从4.2%上调至4.6%。中国经济将继续企稳回升，但经济回升向好的基础仍需巩固。复杂的国内外环境使得河北省农产品贸易面临较大的不确定性。

2024年河北省农产品贸易规模有望扩大，农产品贸易结构不断优化，农产品贸易新业态新模式较快发展。河北省主要优势农产品出口仍保持增长，同时随着居民消费结构的不断升级，多样、优质、健康消费需求不断增加，将推动多元化优质农产品的进口。具体来看，随着省内蔬菜产业的不断转型升级，蔬菜品种结构和季节供应进一步调优，蔬菜贸易"大出小进"、净出口优势将继续保持。随着水果品种结构的不断优化，优质水果供给不断增加，水果出口仍将保持较快增长，同时随着居民水果消费需求的增加和升级，高价值水果进口可能也将保持较快增长。日本是河北省第一大水产品进口来源国，受日本核污水排海、中国全面暂停进口日本水产品的影响，河北省水产品进口规模或将缩小，但水产品贸易顺差仍将持续。随着大豆食用需求及养殖业饲料原料需求的逐渐增加，大豆进口规模或将有所扩大。随着肉类供给能力的不断提升和肉类消费量的平稳增长，肉类的进口量或将缓慢增长。

四 河北省农产品贸易发展的对策建议

面对复杂的国际国内环境，需坚持"走出去"和"引进来"相结合，统筹利用国际国内"两个市场""两种资源"，多措并举推动国内国际双循环相互促进，推动河北省农产品贸易高质量发展。

（一）优化农产品贸易结构

一是要优化农产品贸易商品结构。就出口来说，既要不断丰富出口农产品种类，又要不断提升出口农产品质量和附加值，这就需要提升农产品精深加工能力，不断扩大高附加值农产品出口；挖掘文化内涵，加强农产品品牌建设；组织符合条件的基地申报国家级农业国际贸易高质量发展基地和申报粤港澳大湾区菜篮子生产基地认证，并对标国家级农业国际贸易高质量发展基地建设标准，着力打造一批省级农业国际贸易高质量发展基地，引领农产品出口贸易转型升级。就进口来说，同样既要不断丰富进口农产品种类，也要扩大优质农产品的进口，以满足多样化和消费升级的需求。同时，要密切关注国际大宗农产品（如大豆）及其替代品的供需及价格变化，结合省内自给程度，适度调整进口规模。二是要优化农产品贸易市场结构。虽然河北省农产品进出口市场日趋多元，但仍较集中，仍需实施农产品进出口市场多元化战略。在深耕美欧日韩等传统市场的基础上，大力开拓周边和"一带一路"共建国家市场，充分利用国家自由贸易区网络开拓和培育新兴市场，提高自贸伙伴、新兴市场和其他发展中经济体在河北省农产品贸易中所占的比重。三是要优化农产品贸易方式结构。在做强一般贸易的同时，用好用足政策红利，引进国内外先进加工保鲜技术，不断增强农产品加工业竞争力，促进农产品加工贸易升级发展。

（二）拓宽农产品贸易渠道

为提高河北省农产品国际知名度和影响力，扩大农产品贸易规模，需加强农业对外合作工作部门联动，积极拓宽农产品贸易渠道，帮助进出口企业寻找市场和出路。一是通过举办河北省优势农产品出口产销招商对接大会和积极争取国家级国际性农业盛会落户河北，搭建省内和境外农产品企业对接、交流合作平台，推动农产品购销协议落地。二是组织农产品贸易企业参加农业国际性展会，如中国国际农产品交易会、中国国际渔业博览会、中国国际食品及配料博览会、中国—东盟农业国际合作展等，整合境内外展会资源，开展贸易对接、政策培训，加快河北省特色优势农产品"走出去"步伐。三是在境外举办中国河北省特色优势农产品全球品鉴活动，利用当地媒体加大宣传力度，并邀请国外驻华使领馆工作人员、海外友人等为河北省特色优势农产品代言。四是搭建"网络节+云展会"线上线下农产品交流平台，使河北省特色优势农产品"走出去"，使更多国外优势农产品"走进来"。

（三）改善农产品贸易发展环境

农产品贸易企业重点关注的是降成本、增便利，因此改善和优化农产品贸易发展环境尤为重要。一是持续提升农产品贸易便利化水平。大力推动AEO（经认证的经营者）便利措施落实，设立鲜活农产品查验绿色通道，确保即到即查，提高农产品查验处置效率，实现快速通关。建立健全海关和交通运输等部门合作机制，推动运输和通关一体化，提高运输效率、降低成本。二是立足本省农业发展实际，完善农产品贸易公共服务平台建设，加强与农业贸易发展基地及贸易企业的沟通交流，了解并协调解决其困难，为全省农产品贸易企业提供贸易促进服务，激发其活力。三是加大财税金融支持力度，尤其加大对中小微外贸企业的融资支持力度，并充分发挥出口信用保险的作用，强化农产品贸易发展政策保障。

（四）加快农产品贸易创新发展

加快培育农产品贸易新业态新模式，推动农产品贸易创新发展。一是依托数字化打造跨境电商完整产业链和生态圈。指导和支持跨境电子商务综合试验区汇聚龙头企业、电商平台、仓储物流、金融风控等各类企业或机构，发展和完善其服务功能，带动产业链上下游企业触网上线，同时鼓励企业完善海外仓配套服务，为跨境电商发展营造良好的环境。二是积极发展"跨境电商+产业带"模式，依托跨境电子商务综合试验区，结合河北省农业产业禀赋和区位优势，组织跨境电商平台与产业带、农业国际贸易高质量发展基地对接会，并加快海外仓、产品分拨中心布局，推动更多特色、优势农产品更好地进入国际市场。三是加快市场采购贸易方式试点建设，扩大其集聚效应，不断提升其影响力和辐射带动力。四是探索与重点贸易对象国的数字农业合作，如在农产品加工、农场管理、精准农业、智慧农业、农产品电子商务等方面的合作，开辟农业合作新空间。

参考文献

"World Economic Outlook," International Monetary Fund, https：//www. imf. org/en/Publications/WEO/Issues/2023/10/10/world-economic-outlook-october-2023？cid=ca-com-compd-pubs_belt。

"Trade Growth to Slow Sharply in 2023 as Global Economy Faces Strong Headwinds," World Trade Organization, https：//www. wto. org/english/news_e/pres22_e/pr909_e. htm。

《中国对外贸易形势报告（2023年秋季）》，魔方文库网，2023年11月22日，https：//www. mofile. net/item/a5be798dd2fd4d4c906af72fba3c68dc. html。

《2023年前三季度河北省经济形势新闻发布稿》，河北省统计局网站，2023年10月24日，http：//www. hetj. cn/cms/preview/hetj/xwfb/101695692809565. html。

农业农村部市场预警专家委员会：《中国农业展望报告（2023—2032）》，中国农业科学技术出版社，2023。

《农业贸易百问丨河北采取哪些措施促进农产品贸易增长？》，中国农业外经外贸信息网，http：//www. mczx. agri. cn/mybw/202310/t20231030_8044918. htm。

《河北省人民政府办公厅关于印发河北省推动外贸稳规模优结构若干措施的通知》，河北省人民政府办公厅网站，2023年9月29日，http：//info. hebei. gov. cn/hbszfxxgk/6898876/7026469/7026511/7026506/7074951/index. html。

B.8
2023~2024年河北省农产品价格形势分析与预测

乔笑令[*]

摘　要： 价格是市场供求的信号，开展农产品价格调查可以全面收集农产品价格资料，客观反映全省农产品价格水平和结构变动情况，为各级地方政府制定农业保护与农产品流通政策提供决策依据。本报告根据全省43个县（市、区）主要农产品价格调查数据，对2023年河北省农产品价格指数整体运行和结构性变化形势进行描述，针对主要农产品品种价格指数变化情况做出原因分析和2024年价格形势预测，并提出要稳定生猪市场，助力养殖户渡过难关，加强市场监管，稳定农资及粮食价格，提高种粮补贴，保障种粮收益。

关键词： 农产品　价格　河北省

据国家统计局河北调查总队对全省43个县（市、区）主要农产品价格调查，2023年河北省农业、畜禽业产品价格变动幅度较大，主要农产品价格呈现明显回落态势。

一　总体运行情况

2023年全省主要农产品价格呈现下降态势，全年主要农产品价格指

---

* 乔笑令，国家统计局河北调查总队农业调查处科员，主要研究方向为农产品价格。

数为95.53，同比下降4.47%。较上年同期相比，增速下降7.95个百分点（见图1）。①

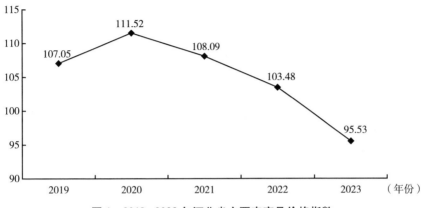

图 1　2019~2023 年河北省主要农产品价格指数

资料来源：国家统计局河北调查总队。

二　结构变化情况

2023年河北省主要农产品多数品类价格呈现下降态势。其中，第3季度受水果和活猪价格快速下降影响，价格指数同比降幅最大，达到了8.22%。第4季度，受畜牧业产品价格大幅下降20.06%的影响，价格指数同比降幅达到6.43%。

从农业、林业、畜牧业、渔业四大板块来看，全年价格指数"1涨3降"，渔业同比上涨6.63%，农业、林业、畜牧业价格指数均呈现下降态势，分别下降了3.40%、0.41%、7.39%（见图2）。一是农业产品价格同比回落。2023年农业产品价格指数同比下降了3.40%，增速比上年同期回落9.36个百分点。价格降幅明显的品种主要为小麦、豆类、棉花、蔬菜、食用坚果和香料原料等，其同比降幅在6%~17%；涨幅较大的品种为油料

---

① 本报告数据来源于国家统计局河北调查总队。

类作物，同比上涨 17.14%。其中，大白菜全年价格同比降幅达到 32.43%，为 2023 年所有农业产品价格降幅最大的品种；结球甘蓝全年价格同比涨幅为 20.66%，为 2023 年涨幅最大的品种。二是林业产品价格同比微降。2023 年林业产品价格指数同比下降了 0.41%，出售类别仅有松树树苗。三是畜牧业产品价格同比下降明显。2023 年畜牧业产品价格指数同比下降 7.39%。单从第 4 季度来看，畜牧业产品价格降幅大多在 4%~17%，其中生猪价格降幅最大，达到 34.81%，畜牧业产品价格下跌 20.06%。四是渔业产品价格同比上涨。2023 年渔业产品价格指数同比上涨 6.63%。出售类别仅有鲤鱼、草鱼两个品种。其中，第 4 季度草鱼、鲤鱼价格双涨，渔业产品价格指数上涨 13.74%。

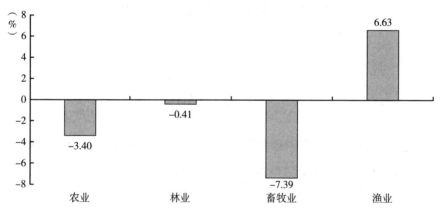

图 2　2023 年河北省农业、林业、畜牧业、渔业产品价格指数涨跌情况

资料来源：国家统计局河北调查总队。

三　主要品种情况

（一）小麦玉米一跌一涨

全年小麦价格为 2.83 元/公斤，同比下降 5.06%，第 4 季度小麦价格为 2.87 元/公斤，同比下降 2.2%。玉米全年价格达到 2.56 元/公斤，同比上

涨1.88%，第4季度价格为2.52元/公斤，同比上涨3.72%。

河北省小麦价格从2022年初开始走高，3月首破3元/公斤大关，2023年第1季度价格达到3.13元/公斤，之后从4月才逐步回归合理区间。2023年小麦价格开始走低的原因主要是：国家收储政策持续发力，以及河北省粮食连年丰产，库存量与市场供应量持续增加。

玉米价格上涨的原因：一是受国际复杂政治局势影响，国际粮价上涨趋势明显，部分国家限制粮食出口，市场供应偏紧。二是2023年河北省玉米在生长期遭遇气候灾害，造成部分耕地的玉米减产甚至绝收。三是玉米市场价格还未达到种植户预期，很多种植户存在惜售心理，将玉米暂时储存，减少含水量并等待合适的出售时机。

（二）蔬菜价格降幅明显

2023年蔬菜价格同比下降9.19%。7个蔬菜小类中，同比价格"3涨4降"，其中，甘蓝类、根茎类、豆类涨幅分别为20.66%、2.71%、7.20%；叶菜类、瓜菜类、茄果类、葱蒜类分别下降18.45%、3.29%、16.41%、21.46%。

菜价下降主要原因：一是上年蔬菜基期价格偏高。2022年河北省长时间受疫情影响，肥料等农耕物资运输受阻，菜品市场供应量缩减，造成菜价高企。二是受到大白菜、大葱、芹菜和茄子价格大幅下跌影响。其中，2023年秋季天气整体偏暖，适宜大白菜生长，加之水灾地区多补种大白菜，市场上供大于求，致使同比价格大幅下降；大葱上年价格较高，2023年种植面积增加，总产量同比有所提高，且大葱不易储存，需求量未明显增长，导致大葱价格下降；芹菜在2023年各季度价格指数中的最低值达到30.25，茄子在2023年各季度价格指数中的最低值达到65.08，两者对蔬菜整体价格指数下降存在较大的影响。

（三）苹果上涨梨下跌

2023年水果价格同比下降1.28%。主要品种为苹果和梨，其中苹果上涨 6.54%,梨下降 7.82%。造成全年果价同比回落的主要原因是河北 2023 年秋季天气整体偏暖,本地水果产量较大,第 3 季度水果价格同比降幅达到 20.82%,拉动全年水果价格同比下降。

(四)活猪价格先扬后抑

2023 年活猪平均价格为 15.42 元/公斤,同比下降 15.56%。逐季来看,2023 年第 1 季度活猪价格同比增长 11.82%,第 2 季度开始增速放缓,第 3 季度活猪价格同比降幅达到 25.2%,第 4 季度活猪价格同比降幅达到 34.81%,当前活猪价格已经为近 5 年来较低水平,全年价格维持在 15 元/公斤上下。

2022 年全省活猪价格前抑后扬,上半年,活猪价格同比下跌 30%～50%,第 3 季度,活猪价格回升,突破 20 元/公斤,达到 21.9 元/公斤,同比上涨 60%。当养殖户看到高位运行的活猪价格,纷纷开始扩大养殖规模,又会使得活猪价格开始走低,导致 2023 年活猪价格呈现先扬后抑的趋势。

第 4 季度活猪价格依旧低迷的主要原因,一是天气变冷,气温下降,动物疫病进入高发期,部分养殖场户信心不足,为规避风险,加快出栏节奏,在一定程度上增加市场供应。二是饲用玉米价格持续下跌,养殖成本有所下降,难以对活猪价格起到支撑作用。

(五)活牛活羊价格同比双降

2023 年活牛价格为 31.57 元/公斤,同比下降 4.63%。活羊价格为 26.34 元/公斤,同比下降 8.28%。活牛、活羊价格下跌,主要是前两年牛、羊价格上涨较快,农民养殖收益增加、积极性高涨,农户养殖规模无序扩大,市场供应明显增加,价格随之开始回落;另外,受到活猪价格下降的影响,消费者有机会选择猪肉产品作为替代,无形中缩减了牛、羊肉产品的消费量,导致牛、羊肉产品价格出现下降。

（六）禽价涨蛋价跌

2023 年肉鸡价格为 9.75 元/公斤，较上年同期上涨 0.75%。2022 年第 3 季度至 2023 年第 3 季度肉鸡价格保持在高价位区间，养殖户看到肉鸡价格上涨后，养殖积极性较高，肉鸡市场供应量剧增，价格随之下降，2023 年第 4 季度肉鸡价格回归到了 8~9 元/公斤的合理区间。

2023 年鸡蛋价格为 8.96 元/公斤，较上年同期下降 1.89%。主要原因是 2022 年鸡蛋价格整体上涨较快，2022 年第 4 季度鸡蛋价格突破 10 元/公斤的高位。2023 年前三季度鸡蛋市场行情较好，蛋鸡存栏量增加，导致鸡蛋市场供应量剧增，逐步出现供大于求的局面，鸡蛋价格开始走低。

四　后市研判

（一）粮食价格易跌难涨

短期来看，以下三点原因推动粮食价格易跌难涨：一是河北省粮食连年丰收，玉米在 2023 年收割结束后大量上市，粮食市场供应端较为宽松；二是实施大豆玉米复合种植后，大豆增产速度较快，进口量也在持续增长，供应量相对充足；三是玉米市场价格未达到种植户预期，很多种植户存在惜售心理，将玉米暂时储存，预计将在春节前后迎来一波出售高峰，玉米市场供应将继续保持宽松态势。

（二）水果价格小幅上涨

水果价格的变化主要受季节性影响，预计 2024 年上半年水果的价格会因为季节原因供应减少，呈现小幅上涨趋势。

（三）活猪价格有望迎来上行区间

预计河北省活猪价格短期内低位徘徊，但从长期来看价格看涨。据现场调研情况来看,部分养殖户对活猪市场仍缺乏信心,补栏并不积极,预计2024年上半年会出现活猪供应不足的情况,推动活猪价格上涨;随着元旦、春节临近,消费进入旺季,需求增加,活猪价格有望进入上行区间。

(四)牛、羊价格易涨难跌

天气逐渐变冷,临近春节,牛、羊肉需求增加,2024年第1季度活牛、活羊的价格有望出现一波上涨行情;同时,活猪价格重回高位时,居民日常生活采购,会更倾向于用牛、羊肉产品替代猪肉产品,这也是推动牛、羊价格上涨的重要因素。

(五)鸡蛋价格企稳

一方面,接近9元/公斤的鸡蛋价格,仍处于历史高位,后期还有较大下降空间,继续上涨的支撑力度不大;另一方面,元旦、春节双节临近,消费旺季到来,对鸡蛋需求量增加,将支撑鸡蛋价格保持稳定。综合这两个因素,在2024年第1季度结束之前,鸡蛋价格出现大幅波动的可能性不大。

五 需要关注的问题

(一)稳定生猪市场,助力养殖户渡过难关

稳定生猪市场既关系生猪生产,又与群众生活密切相关。第4季度年底消费旺季来临,生猪价格却依旧低迷,因此,需要助力养殖户平稳渡过困难阶段。第一,有关部门应继续健全完善产能调控机制,做好生猪市场的监测预警,及时监控、发布生猪市场信息,引导养殖户根据市场供需动态调整出栏规模,避免盲目压栏、出栏等非理性行为。第二,要缓解养殖户流动资金困难,加大对生猪养殖、生产、加工、储运、销售等全产业链的信贷投放力度,实施差异化信贷支持。第三,要持续完善生猪疫病防控机制,扎实做好非洲猪瘟常态化防控工作,加强对生猪养殖、出栏、运输、屠宰和无害化处理等各个关键环节的监管和检疫。

（二）加强市场监管，稳定农资及粮食价格，提高种粮补贴，保障种粮收益

建议完善粮食最低收购价政策，稳定农民收入预期，相关单位加强市场监管，把农资价格控制在合理范围内，严格把控农资质量，加大农资直补力度，增强农民种粮积极性。同时，加大对农业的扶持力度，出台相关政策调控平抑农资价格，提高粮食售价，保护农民利益，落实好各项惠农政策，特别是要落实好各项粮食补贴政策，缓解成本上升造成的农户种植利润收窄的压力，提振种植信心。

参考文献

林桐：《经济政策不确定性对农产品价格的非对称性影响》，《统计与决策》2023年第4期。

杜颖：《简析我国重要农产品调控的几个主要方面》，《现代农机》2023年第3期。

B.9
2023~2024年河北省农村居民收入形势分析与预测

李彩芳*

摘　要： 2023年，河北省委、省政府全面贯彻落实党的二十大精神，坚持稳中求进工作总基调，有效应对洪涝灾害影响，着力稳住农业基本盘，全省农村居民收入保持平稳增长。本报告认为，2023年，经济回升向好，基础仍需巩固，各方面因素给农村居民增收带来不确定性影响。各级地方政府需关注农村居民收入，强化技能培训和劳务输出，发展乡村富民产业，强化兜底保障政策，推动农村居民收入增长。

关键词： 农村居民　可支配收入　河北

2023年以来，河北省委、省政府全面贯彻落实党的二十大精神，坚持稳中求进工作总基调，全力抓好农业生产，有效应对洪涝灾害影响，着力稳住农业基本盘，持续加大就业帮扶和权益保障力度，全省农村居民收入保持平稳增长。国家统计局河北调查总队住户收支与生活状况调查资料显示，2023年，河北农村居民人均可支配收入为20688元，比上年同期增加1324元，同比增长6.8%，比同期城镇居民收入增速快1.1个百分点。①

---

* 李彩芳，国家统计局河北调查总队居民收支调查处三级主任科员，主要研究方向为农村居民收入。
① 本报告数据来源于国家统计局河北调查总队。

一 2023年河北省农村居民收入增长特征

2023年，河北农村居民人均可支配收入为20688元，比上年增长6.8%，增速较2022年提高0.3个百分点。扣除价格因素，实际增长6.4%，快于河北省地区生产总值增速0.9个百分点。

（一）四项收入全面增长

1. 工资性收入快速增长

2023年，河北农村居民人均工资性收入为11015元，比上年增长9.0%，占农村居民人均可支配收入的比重为53.2%（见表1），较上年增加1.0个百分点，拉动收入增长4.7个百分点，对收入增长的贡献率为68.5%，依旧是拉动农村居民增收的主动力。各级政府部门通过出台促就业、上调最低工资标准等政策，推动农民工工资水平稳步提升。

表1 2023年河北农村居民人均可支配收入及构成

单位：元，%

指标名称	金额	增量	增速	占比
可支配收入	20688	1324	6.8	100.0
一、工资性收入	11015	907	9.0	53.2
二、经营净收入	6749	346	5.4	32.6
三、财产净收入	446	30	7.1	2.2
四、转移净收入	2479	42	1.7	12.0

注：因四舍五入，存在误差。

资料来源：国家统计局河北调查总队。

2. 经营净收入稳步提升

2023年，河北农村居民人均经营净收入为6749元，比上年增长5.4%，占农村居民人均可支配收入的比重为32.6%，拉动收入增长1.8个百分点，对收入增长的贡献率为26.1%。部分地区受7月底连续强降雨和上游洪水过境影响，第一产业经营净收入同比仅增长 2.0%，较上年增速降低 4.5 个百分点。第三产业经营净收入同比增长 16.1%，成为农民增收的重要力量。

3. 财产净收入持续增加

2023 年，河北农村居民人均财产净收入为 446 元，比上年增长 7.1%，占农村居民人均可支配收入的比重为 2.2%，拉动收入增长 0.2 个百分点，对收入增长的贡献率为 2.2%。各级人民政府加强农村集体资产、资金、资源的监督管理，组织盘活利用集体土地、房屋、设施等资源资产，鼓励农村集体经济组织通过土地流转、土地托管等多种形式取得收益。

4. 转移净收入稳定增长

2023 年，河北农村居民人均转移净收入为 2479 元，比上年增长 1.7%，占农村居民人均可支配收入的比重为 12.0%，拉动收入增长 0.2 个百分点，对收入增长的贡献率为 3.2%。转移性支出增速为 15.6%，快于转移性收入增速 11 个百分点，拉低转移净收入增速。

（二）农村居民收入增速快于城镇，城乡差距逐步缩小

分季度看，2023 年以来农村居民收入增速均快于城镇，城乡差距进一步缩小。第一季度，农村居民人均可支配收入同比增长 5.8%，比城镇快 1.9 个百分点；上半年，农村居民人均可支配收入同比增长 7.6%，比城镇快 2.1 个百分点；前三季度，农村居民人均可支配收入同比增长 7.0%，比城镇快 1.7 个百分点；全年农村居民人均可支配收入同比增长 6.8%，比城镇快 1.1 个百分点。2023 年，城乡居民收入比（以农村居民收入为 1 计算）为 2.11，比上年缩小 0.02。

（三）收入水平低于全国，增速慢于全国

从水平看，河北农村居民人均可支配收入在全国范围内仍处于较低水平，比全国平均水平低 1003 元，在各省份中排第 17 位。从增速看，低于全国 0.9 个百分点，居第 28 位，从京津冀三地对比情况看，北京、天津农村居民人均可支配收入分别是河北的 1.81 倍、1.49 倍。

二 2023年全年形势分析与2024年预测

2023年，全省扎实推进乡村发展、乡村建设、乡村治理等重点工作，粮食等重要农产品综合生产能力稳步提升，农业质量效益和竞争力不断提升，农村生产生活条件显著改善。同时，外部不稳定、不确定因素依然较多，国内需求仍显不足，经济回升向好基础仍需巩固，各方面因素给农村居民增收带来不确定性影响。

（一）有利因素

1.工资性收入增长措施足

一是农村劳动力外出务工规模稳定，转移就业形势向好。2023年，河北农民工（全年从业6个月以上的农村劳动力）总量为1573万人，比上年增加11万人，增长0.7%。二是全省固定资产投资稳定增长，大项目投资发挥支撑作用，雄安新区项目建设稳步推进，为增加居民就业岗位、提高工资性收入提供了良好的基础条件。三是特色就业扶持政策成效显现。省就业工作领导小组印发《关于优化调整稳就业政策全力促发展惠民生的十七条措施》，强力推进稳就业、惠民生；开展雄安新区大型人力资源招聘会、秋季大型人才招聘会、冀才高校行等活动，促进重点人群，特别是应届毕业生就业。

2.经营净收入稳定增长

一是粮食生产能力居全国上游水平。全省各级地方政府高度重视粮食安全，严格落实耕地保护制度，持续加强科技推广对粮食生产的支撑作用，加大政策补贴力度，充分调动农户生产积极性，粮食生产能力在稳固的基础上再有新提升，2023年河北粮食播种面积继续增长，与全国各粮食生产区域比较，播种面积、粮食产量均居上游水平。二是抢抓京津冀协同发展机遇，深入开展农业投资项目提升年活动，招商引资力度不断加大，项目建设成效明显。截至11月底，全省共签约农业招商项目662个，签约引资额1847.7

亿元。

3.各项惠民政策落地见效

一是城乡居民基础养老金标准提高，养老金收入预计稳步提升。二是稳经济各项举措进一步落实，将带动就业需求扩大，增加就业岗位。预计农村外出务工人员数量增加，务工时间延长，会促进寄带回收入增长。

（二）不利因素

1.收入差距仍然存在

一是城乡差距较大。2023年，全省城乡居民收入比为2.11，虽然相对差距有所缩小，但农村居民收入水平不及城镇居民收入水平的一半，差距依然较大。二是区域差距较大。唐山市农村居民人均可支配收入水平领跑全省，为26050元。承德市农村居民人均可支配收入水平最低，为17116元，不到唐山市农村居民人均可支配收入水平的七成，地区收入差异仍较大。

2.收入途径单一且不稳定

受文化程度和劳动技能缺乏限制，农村居民收入渠道较为单一，主要经济来源为种植收益和务工收益。其中，传统农业生产的"靠天吃饭"种植模式影响了农村居民收入的稳定性；而务工收入会受到市场需求、劳动力供给等因素影响，工资性收入持续增加的难度加大。农民收入增加潜力不足，同时，农民务工因时间不够充分和岗位不稳定，往往质量较低。自然环境和市场因素双重影响导致农村居民家庭收入稳定性较差。

3.经营净收入增长空间被压缩

受洪涝灾害影响，秋粮单产、总产量小幅减产，加之受国际形势变化等影响，原油、煤炭价格居高不下，叠加运输成本和企业用工成本上涨，化肥、农药、饲料等农资价格高位运行，农资价格上涨导致农业投入成本上升幅度大于农产品价格上涨幅度，进而压缩了农村居民经营净收入增长空间，不利于农村居民持续增收。

4.财产净收入偏低

2023年，全省农村居民人均财产净收入占农村居民人均可支配收入比重仅为2.2%，对农村居民人均可支配收入增长的贡献率也较低，也为2.2%。且农村居民获取财产性收入的渠道较为单一，主要为土地经营权租金，财产净收入短期内难以对农村居民增收形成有效支撑。

三 对策建议

（一）强化技能培训和劳务输出，增加农村居民工资性收入

目前农民的收入来源主要是工资性收入，占河北农村居民人均可支配收入的比重高达53.2%，其对农民增收的贡献率达到68.5%。因此，要多途径增加农民工资性收入，充分发挥开发区、工业园区、城镇、现代农业产业园的吸纳功能，持续开拓增加农民收入的渠道，提高农民综合发展能力以使其适应更多的就业岗位。

（二）发展乡村富民产业，促进农民经营性收入快速增长

经营净收入的占比和对农民增收的贡献率仅次于工资性收入，要稳定并提高经营净收入所占比重及其对农民增收的贡献率。为农民提供多种生产物资，全力支持农民发展特色种植、养殖产业；加速发展高效的生态现代农业，深入发展农业农村经济产业深度融合的现代农业园区、不断优化农业农村经济产业结构，在发展特色农业产业、传统经典农业产业的过程中，培育农村新兴经济产业主体，以产业兴旺带动农民收入增长。

（三）拓宽农民财产性收入渠道

农民可获得的财产性收入不足，已成为城乡居民收入来源的显著性差异。2023年，农村居民财产净收入占比低于同时期城镇居民财产净收入占比7.5个百分点，除去城镇居民的房屋虚拟租金，农村居民财产净收入仅为城镇居民财产净收入的24.3%。为此，要支持群众通过土地、资源、房产

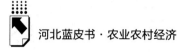

等要素的使用权、收益权提升直接收益和股权收益，进一步提高财产净收入所占比重及其对农民增收的贡献率。

（四）强化兜底保障，提高农民转移性收入

相关部门要确保耕地地力保护补贴、农机具购置补贴等惠农补贴足额精准发放；稳步提高农村居民基础养老金标准和医保报销比例，不断减轻农村居民养老、看病、就业等后顾之忧；加大对低收入群体的转移支付力度，充分依靠政策落实提高转移性收入。

参考文献

满国辉：《拓宽农民增收渠道推进农村经济快速发展》，《山西农经》2023年第13期。

赵小钥、周羿、韦英：《乡村振兴背景下实现共同富裕的路径分析》，《南方农机》2023年第15期。

B.10
2023～2024年河北省农村居民生活消费形势分析与预测

范　旻[*]

摘　要：　2023年，河北省农村居民消费支出增速放缓，消费八大项全面增长，教育文化娱乐支出增长最快。随着经济的逐步恢复，消费市场逐步活跃，2024年，河北省农村居民消费将会继续稳步增长。为促进消费、提振农村居民消费信心，要持续拓宽农村居民增收渠道，进一步促进农村居民就业，加强流通基础设施建设，全面推进乡村振兴。

关键词：　农村居民　生活消费　河北省

2023年，河北省全面贯彻落实党的二十大精神，坚持稳中求进工作总基调，持续加大就业帮扶和权益保障力度，出台一系列促消费政策，激发居民消费热情，活跃消费市场，农村居民消费支出继续保持增长。

一　2023年河北省农村居民生活消费的主要特点

2023年，随着各项消费政策落地见效，全省消费市场逐步活跃，商超经营稳定有序，民生类商品供应充足、基础稳固，全省农村居民消费支出稳定增长，预计全年农村居民消费支出同比增速仍会保持稳定增长。

---

* 范旻，国家统计局河北调查总队居民收支调查处四级主任科员，主要研究方向为农村居民消费。

（一）农村居民消费支出稳定增长，城乡消费差距扩大

2023 年，河北农村居民人均消费支出为 17244 元，比上年同期增长 6.0%，增速较上年同期增长 0.3 个百分点。河北城镇居民人均消费支出为 27906 元，同比增长 11.3%，城乡消费比为 1.62，较上年同期的 1.54 上升 0.08。从绝对差值看，城乡居民生活消费绝对差值从上年同期的 8800 元增长到 10662 元，相对比例及绝对差值均有扩大。[①]

（二）消费八大项"七增长一持平"，教育文化娱乐支出增长最快

2023 年，河北农村居民人均消费支出八大项呈现"七增长一持平"态势，其中教育文化娱乐支出为 1858 元，医疗保健类支出为 1760 元，生活用品及服务支出为 1018 元，食品烟酒支出为 5582 元，衣着支出为 1091 元，交通通信支出为 2489 元，居住支出为 3081 元，其他用品和服务支出为 364 元，同比增速在 0~25.5% 的区间内（见表 1）。

表 1　2023 年河北省农村居民人均消费支出情况

单位：元，%

指标	支出	同比增长
农村居民人均消费支出	17244	6.0
食品烟酒	5582	6.1
衣着	1091	5.9
居住	3081	0.0
生活用品及服务	1018	4.8
交通通信	2489	0.8
教育文化娱乐	1858	25.5
医疗保健	1760	5.9
其他用品和服务	364	15.2

注：因四舍五入，存在误差。

资料来源：国家统计局河北调查总队。

[①]　本报告数据来源于国家统计局河北调查总队。

（三）商品性和服务性消费支出均增长

2023 年，河北农村居民人均服务性消费支出为 6116 元，同比增长 9.7%；商品性消费支出为 11128 元，同比增长 4.0%。其中，服务性消费增速较第一季度、上半年、前三季度分别提高 4.9 个、3.0 个和 4.4 个百分点，明显加快。

（四）消费提振，教育文化娱乐消费增速加快

农村居民消费开始恢复，消费市场逐渐活跃。2023 年，河北农村居民人均教育文化娱乐支出同比增长 25.5%，增速较上年同期提高 29.4 个百分点，较前三季度提高 8.0 个百分点。其中，教育支出增长 25.0%，文化娱乐支出增长 28.0%。

（五）生活消费支出增速低于全国，水平低于京津地区

2023 年，河北农村居民人均消费支出为 17244 元，低于全国 931 元，居第 15 位；河北农村居民人均消费支出增速为 6.0%，低于全国 3.3 个百分点。和周边省市相比，2023 年河北农村居民人均消费支出增速远低于北京的 10.7% 与天津的 13.8%；从水平上看，北京市农村居民人均消费支出高于河北 9033 元，是河北的 1.52 倍；天津市农村居民人均消费支出高于河北 4309 元，是河北的 1.25 倍，绝对差值依旧较大。

二 2023年河北省农村居民生活消费影响因素分析

（一）有利因素

1. 政府促进消费的政策支持

省政府印发的《关于推动文化和旅游市场恢复振兴的若干措施》，加快促进了全省文化和旅游市场恢复振兴，文化娱乐、旅馆住宿恢复较快。

2.积极打造消费亮点场景

各地区充分挖掘和梳理本地区经济资源、城市文化元素，以城区为主、特色商业街区和商业圈建设为带动，坚持主题化引领、品牌化发展，打造了一批具有地域特色和独特标识、多业态融合发展的消费场景，形成集"食、游、购、娱、宿、展、演、读"等多业态于一体的消费体系。

3.加强消费配套设施建设

各地区坚持从加强基础设施建设、提高公共服务水平、完善消费场景配套方面下功夫，补齐农村商业基础设施短板，完善基层物流配送体系，健全物流配送网络，贯通城乡农产品流通体系和特色农产品流通渠道，推进乡村基础设施提档升级。

4.健全完善乡村振兴促进政策

出台《河北省乡村振兴促进条例》，并于2023年1月1日起施行。该条例在脱贫巩固、产业发展、生态宜居、文化繁荣、乡村治理、城乡融合、人才支撑等方面做了明确规定，既系统全面，又兼具地方特色。明确将严格落实粮食安全责任制，实施藏粮于地、藏粮于技战略，建立健全多元粮食储备体系和农民种粮收益保障机制，落实最严格的耕地保护制度。编制实施现代种业发展规划，发挥龙头企业示范引领作用，提高产品附加值和综合效益，推进产业融合，发展乡村新产业新业态，推进新型农业经营主体与农民建立利益联结机制，促进农民增收。

（二）不利因素

1.收入水平依旧较低

与京津相比，河北省农村居民收入水平依旧较低。2023年，河北省农村居民人均可支配收入仅为北京的65.6%、天津的80.0%。分城乡看，城乡绝对差值仍比较大。2023年，河北省农村居民人均可支配收入与城镇居民人均可支配收入绝对差值为22943元，农村居民人均可支配收入仅为城镇居民人均可支配收入的47.4%。从地区看，农村居民人均可支配收入最高的唐山市比最低的承德市高8934元，发展不平衡问题较突出。

2. 居民消费信心仍显不足

居民对收入稳定增长仍存担忧，对加大消费力度持谨慎态度，消费意愿偏低，存款储蓄意识较强。8月末，全省本外币住户存款余额较年初增长5.2%。同时前三季度农村居民居住支出同比变化不大，远低于第一季度的10.1%。提振居民消费信心，释放消费潜能，仍是当前地方各级党委、政府的重点工作。

3. 农村消费群体存量有限

随着城镇化进程的加快，农村人口尤其是青壮年劳动力不断流入城市，导致许多农村出现"中空现象"。留守在农村的大多数为老弱妇孺，日常消费多为生活必需品，对汽车、家具等大宗商品的消费有限。农村居民消费观念相对保守，对网购技能掌握不够熟练，在一定程度上制约了农村消费市场的发展。

三 提高河北省农村居民生活消费的对策

提振消费需要培育新的增长点、改善农村消费环境，更重要的是稳定就业和居民收入，只有居民就业明显改善和收入明显提高，消费增长才会释放出更大的空间。

（一）拓宽农村居民增收渠道

一要进一步加快构建现代农业产业体系，大力发展乡村特色产业、农村电商等新产业新业态，着力推进农村一二三产业融合发展；二要进一步完善农业生产信息监测、预警机制，提升农业生产应急处理能力，确保农业稳定增收；三要进一步推动乡村振兴各项政策落地见效，完善农村配套设施，美化村居环境，吸引投资创业，切实提升乡村持续稳定的"造血"功能。

（二）进一步促进农村居民就业

工资性收入是居民收入的主要来源，而稳定就业是提升工资性收入的重要保障。一要持续加强政策扶持，拓宽农村居民就业渠道。在原有政策的基础上抓好落实，切实保障农村居民就业需求。二要持续强化技能培训，提升农村居民就业能力。可通过创建统一服务平台、开展入村集中培训等方式，提升农村居民专业技能，使其更好地适应职业需要。三要持续完善相关政策，保障农村居民就业权益。进一步规范就业市场，完善并落实就业补贴、失业保险等政策，保障就业人员权益。

（三）加强流通基础设施建设

加强农村流通基础设施，尤其是数字化新基础设施建设，完善农村物流网点和信息平台建设，提高农村互联网普及率。创建农产品电商销售平台，鼓励农民入驻销售农产品，提高农户收入，引导农村居民进行线上消费，拓宽农村居民多元化消费渠道，在促进城乡协调发展和实现共同富裕的道路上不断提升我国农村居民生活水平。

（四）全面推进乡村振兴

继续贯彻实施《河北省乡村振兴促进条例》，全面推进乡村振兴、加快农业农村现代化，不断提升农村居民收入水平。加大投资力度，优化乡村产业结构及农业资源配置，建立现代农业生产与经营体系，提高农业生产效率，从产业层面不断深化供给侧改革，大力发展农村信息服务业、养老服务业、现代金融业和教育培训业等新兴行业，从供给端发力带动农村经济体系变革。完善农村消费市场机制，加大农村消费市场监管力度，净化农村消费市场环境，提高农村居民消费质量。

参考文献

王笑颜、高跃：《乡村振兴背景下产业结构升级对农村居民消费的影响》，《商业经济研究》2023 年第 13 期。

王箐、赵大伟、李浩然：《共同富裕视阈下农村居民消费支出的影响因素分析》，《商业经济研究》2023年第15期。

江美霖：《城乡不平衡发展下居民收入差距对消费结构的影响分析》，《中国集体经济》2023年第23期。

B.11
2023~2024年河北省农民工
就业形势分析与预测

李　波*

摘　要： 2023年，河北农民工就业形势稳中向好，农村非农劳动力总量持续增长，外出务工农村劳动力就业地区以县（市）城区为主，从事行业以第二产业为主，月均收入和月均生活消费支出均持续增长，月均收入在5000元及以上的外出务工农村劳动力占比持续提升。2024年，河北省将继续推进乡村产业振兴，强化公共就业服务，推进职业技能培训，强化创业、就业扶持，加强农民工保障体系建设，促进农村劳动力转移就业和高质量就业。

关键词： 农民工　就业　收入

一　农民工的概念

"农民工"是中国经济社会转型时期的特殊概念，是我国在特殊历史时期出现的一个特殊的社会群体。根据《国务院关于进一步做好为农民工服务工作的意见》（国发〔2014〕40号）要求，国家统计局2008年建立农民工监测调查制度，在农民工输出地开展监测调查。调查范围为全国31个省（自治区、直辖市）的农村地域。国家统计局制定的农民工监测调查方案对农民工有明确的口径定义。农民工即户口登记地类型为村委会且在

---

* 李波，国家统计局河北调查总队住户监测处副处长，主要研究方向为农民工监测调查。

本年度的从业状况属于以下几种情况：外出农民工，即在户籍所在乡镇地域外从业6个月及以上的农村劳动力；本地农民工，即在户籍所在乡镇地域以内从事本地非农活动（包括本地非农务工和本地非农自营活动）6个月及以上的农村劳动力；期末举家外出的农村劳动力。本报告从统计角度出发，研究范围为河北省4290个农村调查户，调查时间为2023年第一季度、第二季度、第三季度、全年，本报告季度数据统计使用"劳动力"口径，年度数据统计使用"农民工"口径。

二 就业稳中向好，总量实现新高

国家统计局河北调查总队农民工监测调查显示：河北各项稳增长、保民生、促发展政策举措持续发力，全省经济保持平稳增长、稳中向好态势。2023年前三季度，河北农民工就业形势向好，农民工总量稳定增长，收入持续增长。

（一）河北农民工总量稳定增长

2023年第一季度末，河北非农从业劳动力总量为1777万人，[①] 同比增长0.8%。其中，外出从业劳动力总量为744万人，同比增长1.3%；本地非农从业劳动力总量为1033万人，同比增长0.4%。第二季度末，河北农村非农从业劳动力总量为1808万人，同比增长1.6%。其中，外出从业劳动力总量为761万人，同比增长3.5%；本地非农从业劳动力总量为1047万人，同比增长0.2%。第三季度末，河北农村非农从业劳动力总量为1839万人，比上年同期增长0.8%。其中，外出从业劳动力总量为754万人，同比增长1.5%；本地非农从业劳动力总量为1085万人，同比增长0.3%。[②] 2023年，河北农民工（全年从业6个月以上的农村劳动力）总量为1573万人，比上

---

① 数据因四舍五入，存在总计与分项合计不等的情况。
② 本报告数据来源于国家统计局河北调查总队。

年增加 11 万人，同比增长 0.7%。其中，外出农民工为 710 万人，比上年增加 12 万人，比上年增长 1.7%；本地农民工为 863 万人，与上年基本持平。

2018~2019 年，河北非农从业劳动力总量总体呈现稳步增长态势。2020 年第一季度，总量出现断崖式下跌，同比减少 50.2%；第二季度河北非农从业劳动力总量继续下滑，从业流向出现波动，本地和外出从业劳动力总量差距收窄。随着对疫情防控政策的适应和防疫政策的不断优化，2021 年第一季度总量恢复，同比增长 104.4%；2022 年非农从业劳动力总量继续恢复性增长。2023 年以来，河北非农从业劳动力总量持续增长，第二季度非农从业劳动力总量突破 1800 万人关口，第三季度非农从业劳动力总量继续小幅增长，全年农民工总量稳定增长。

（二）全年农民工就业特征

1. 收入持续增长

2023 年，河北农民工月均收入为 5357 元，比上年同期增长 4.7%。其中，本地农民工月均收入为 5251 元，同比增长 5.7%；外出农民工月均收入为 5520 元，同比增长 3.2%。

2. 省内从业比重增加

2023 年，河北农民工流向县外省内的占 14.8%，比上年增加 5.5 个百分点；流向乡内的占 60.5%，比上年减少 2.3 个百分点；流向乡外县内的占 14.3%，比上年增加 0.9 个百分点；流向省外的占 10.4%，比上年下降 4.1 个百分点。

3. 第三产业比重继续回升

2023 年，河北农民工从事第三产业的占 52.4%，比上年增加 0.8 个百分点；从事第二产业的占 47.4%，比上年下降 0.5 个百分点；从事第一产业的占 0.2%，比上年下降 0.3 个百分点。

（三）季度外出就业特征

1. 外出从业以县（市）城区为主

2023 年第一季度，河北外出务工农村劳动力就业地区以县（市）城区为主，占45.8%，比上年同期提高5.5个百分点；地级市占16.3%，比上年同期下降1.2个百分点；直辖市占12.5%，比上年同期下降3.8个百分点；省会城市占9.6%，比上年同期下降1.6个百分点；建制镇占10.1%，比上年同期提高0.2个百分点；村委会占5.1%，比上年同期提高0.6个百分点；其他地区占0.5%，比上年同期提高0.2个百分点。第二季度，河北外出务工农村劳动力就业地区以县（市）城区为主，占44.0%，比上年同期提高4.1个百分点；建制镇占12.2%，比上年同期提高2.7个百分点；村委会占6.0%，比上年同期提高0.7个百分点；其他地区占0.7%，比上年同期提高0.1个百分点；地级市占15.0%，比上年同期下降1.8个百分点；直辖市占12.0%，比上年同期下降4.0个百分点；省会城市占10.0%，比上年同期下降1.8个百分点。第三季度，河北外出务工农村劳动力就业地区以县（市）城区为主，占46.2%，比上年同期提高6.9个百分点；建制镇占13.2%，比上年同期提高2.0个百分点；村委会占5.7%，比上年同期提高1.8个百分点；地级市占13.6%，比上年同期下降3.9个百分点；直辖市占10.4%，比上年同期下降5.5个百分点；省会城市占10.6%，比上年同期下降1.1个百分点；其他地区占0.3%，比上年同期下降0.3个百分点。

2. 外出从事行业以第二产业为主

2023年第一季度，河北外出务工农村劳动力以从事第二产业为主，占50.2%，比上年同期提高2.2个百分点；从事第三产业的占48.8%，比上年同期下降2.2个百分点；从事第一产业的占1.0%，比上年同期下降0.1个百分点。第二季度，河北外出务工农村劳动力从事第三产业的占49.4%，比上年同期下降0.6个百分点；从事第二产业的占49.3%，比上年同期提高0.8个百分点；从事第一产业的占1.3%，比上年同期下降0.2个百分点。第三季度，河北外出务工农村劳动力从事第二产业的占49.6%，比上年同期提高0.7个百分点；从事第三产业的占49.2%，比上年同期下降0.3个百分点；从事第一产业的占1.2%，比上年同期下降0.4个百分点。河北外出务工农村劳动力中，从事制造业和采矿业的人员带动从事第二产业的占比增加，第一季度开始明显增加，第二季度小幅下降后，第三季度反弹回升。

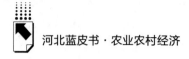

3. 外出月均收入持续增长

2023年第一季度，河北外出务工农村劳动力月均收入为4207元，比上年同期增长0.9%；月均生活消费支出为809元，比上年同期增长2.7%。第二季度，河北外出务工农村劳动力月均收入为4690元，比上年同期增长12.3%；月均生活消费支出为915元，比上年同期增长17.1%；外出从业时间为76天，比上年同期增长6.1%。第三季度，河北外出务工农村劳动力月均收入为4725元，比上年同期增长3.1%；月均生活消费支出为875元，比上年同期增长4.3%；月均外出从业时间为25天，比上年同期减少0.9%。2023年以来，河北外出务工农村劳动力月均收入段以5000元及以上为主，该收入段外出务工农村劳动力所占比重接近五成，且该比重呈持续增高态势。

三 稳岗促就业建议

（一）继续推进乡村产业振兴，促进城乡融合发展

在巩固拓展脱贫攻坚成果同乡村振兴有效衔接的背景下，乡村就业发展空间拓宽，农民工就地就近就业有较大发展空间。2023年以来，河北农村富余劳动力外出就业地区为县（市）城区、建制镇和村委会的比例均有所上升。因此，要继续全面推进乡村产业振兴，抓住产业振兴这一关键点，形成县域特色突出、效益凸显的产业项目，将乡村生态优势更好地转化为经济优势，为乡村振兴提供新动能，拓宽农民工就业渠道，增加就业机会、创造就业岗位，引导农村富余劳动力"家门口"就业，实现就地就近稳岗就业增收，推进县域农民工市民化，进一步促进城乡融合发展。

（二）继续强化公共就业服务，促进稳岗就业

大力发展公共就业服务体系和信息渠道，充分借力京津冀协同发展优势，发挥政府职能部门引导作用，充分利用线上、线下各类渠道，加快劳务

市场协同，加强宣传引导，提供政策咨询和适时就业信息，及时搭建人岗对接平台，建立长期稳定的劳务合作机制，帮助农民工等求职群体与用人单位有效对接，稳住河北农村富余劳动力转移就业增长趋势，更有效地促进劳动力转移就业。

（三）继续推进职业技能培训，促进高质量就业

加强农村劳动力文化素质培训，持续深入推进职业技能培训，提升农村劳动力应对就业环境的能力，有助于推动河北农村富余劳动力转移就业总量持续增加。各地应充分发挥就业服务信息渠道功效，有机结合本地产业发展和劳动者需求，推进开展更具针对性的职业技能培训，助力农村劳动力高质量就业。

（四）继续强化扶持创业、就业，开发就业岗位

充分落实就业创业优惠政策，加大对个体工商户、劳动密集型小微企业的扶持力度，帮助符合条件的企业、工商户解决实际困难，积极引导、扶持中小企业和微型企业的发展，鼓励、扶持有条件的农民工自主创业，开发更多的就业岗位，扩大农民工就业机会，带动更多人员就业。

（五）继续加强农民工保障体系建设，持续维护劳动权益

工资性收入是河北农村居民可支配收入的重要支撑点，因此，外出务工农村劳动力收入持续增长是农村居民增收的一大关键。人社部2023年发布全国各省（自治区、直辖市）最低工资标准，有关部门要加强落实最低工资标准，确保全日制就业劳动者的月最低工资标准和非全日制就业劳动者的小时最低工资标准执行到位，保障农民工劳有所得。建设农民工保障体系，加强农民工劳动权益保护，引导和促进形成稳定和谐的劳资关系，维护农民工合法劳动权益，夯实农村居民增收着力点。

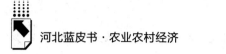
参考文献

邢玉莹、贾广宇、周瑾：《乡村振兴背景下促进新生代农民工返乡创业策略研究》，《邢台职业技术学院学报》2023年第2期。

樊红敏、孙振、常久君：《农民工转移就业和就近就业现状、调查及发展趋势研究》，《山西农经》2023年第6期。

专题篇

B.12

河北省农业生产效率分析及高质量
发展对策研究

唐丙元[*]

摘　要： 农业生产效率高低直接影响区域农业发展速度与质量，提高农业生产效率和资源利用效率是促进农业增产、农民增收和农村稳定的重要手段，也是推进乡村全面振兴的重要内容。近年来，河北省主要农产品产量保持平稳增长，农业综合产出水平和生产效益较高，农业劳动生产率、土地产出率稳定上升，农业全要素生产率保持在较高水平。但河北农业发展仍然不充分、不平衡，农业投入产出率增长缓慢，农业资源配置效率仍有待进一步提升。当前，河北省要提升农业综合生产能力，强化农业科技和装备支撑，推进农业基础设施提档升级，培育壮大新型农业经营主体，健全农业支持保护体系，不断提高农业发展质量和效率。

关键词： 农业生产效率　全要素生产率　高质量发展

* 唐丙元，河北省社会科学院农村经济研究所研究员，主要研究方向为宏观经济、开放经济。

强国必先强农，农强方能国强。我国是人口大国，也是粮食消耗大国，粮食和重要农产品供给安全事关国运民生。提高农业生产效率和资源利用效率是促进农业增产、农民增收和农村稳定的重要手段，也是推进乡村全面振兴的重要内容。河北是我国粮食主产省之一，承担着保障国家粮食安全的重要使命，推动农业高质高效发展，是一项长期的重大战略任务。

一 河北省农业生产效率分析

农业生产效率是农业综合生产能力的一种反映，农业生产效率高低直接影响区域农业发展速度与质量。一般情况下，可以用一定区域的农业综合产出量、耕地产出率、农业劳动生产率、农业投入产出率等指标进行衡量。总体来看，近年来河北省农业生产效率持续提升。

（一）农业综合产出保持在较高水平

河北省历来高度重视"三农"工作，自觉遵循习近平总书记重要指示精神和党中央各项决策部署，深入实施乡村振兴战略，加快建设农业强省，全省粮食等重要农产品生产保持稳定。2022 年，河北省粮食总产量为3865.1 万吨，较 2013 年粮食总产量增加 280.2 万吨，增长 7.8%。2023 年，尽管河北省遭受严重干旱和暴雨洪水双重灾害影响，秋粮作物大面积减产甚至绝收，但全省粮食总产量仍达到 3810 万吨，连续 11 年保持在 3500 万吨以上。2022 年，河北省肉类产量为 475.4 万吨，较 2013 年增产 16.6 万吨，增长 3.6%；水产品产量为 108.2 万吨，较 2013 年增产 2.2 万吨，增长2.1%。蔬菜、园林水果、牛奶和禽蛋产量增长较快，市场占有率持续提升。2022 年，河北省蔬菜产量为 5406.8 万吨，较 2013 年增产 583.0 万吨，增长12.1%；园林水果产量为 1139.7 万吨，较 2013 年增产 207.9 万吨，增长22.3%；牛奶产量为 546.7 万吨，较 2013 年增产 165.8 万吨，增长 43.5%；禽蛋产量为 398.4 万吨，较 2013 年增产 48.0 万吨，增长 13.7%（见表1）。

表1 2013~2022年河北省主要农产品产量

单位：万吨

农产品	2013年	2014年	2015年	2016年	2017年	2018年	2019年	2020年	2021年	2022年
粮食	3584.9	3569.0	3602.2	3783.0	3829.2	3700.9	3739.2	3795.9	3825.1	3865.1
蔬菜	4823.8	4965.1	5022.2	5038.9	5058.5	5154.5	5093.1	5198.2	5284.2	5406.8
园林水果	931.8	941.1	948.6	942.8	969.9	957.0	1004.4	1031.4	1058.5	1139.7
肉类	458.8	481.1	477.5	472.1	472.3	466.7	433.4	419.2	464.3	475.4
牛奶	380.9	405.7	393.5	366.4	381.0	384.8	428.7	483.4	498.4	546.7
禽蛋	350.4	368.0	379.7	395.6	383.7	378.0	385.9	389.7	389.6	398.4
水产品	106.0	109.7	112.9	119.4	116.5	109.6	99.9	100.3	108.1	108.2

资料来源：历年《河北农村统计年鉴》。

从农业生产效益看，河北省农林牧渔业总产值和增加值均整体呈增长态势。河北省农林牧渔业总产值由2013年的5284.4亿元增长到2022年的7667.4亿元，按当年价格计算增长45.1%，按可比价计算增长39.9%，全省农林牧渔业总产值指数保持在101.9~107.1。河北省农林牧渔业增加值由2013年的3260.8亿元增长到2022年的4410.3亿元，按当年价格计算增长35.3%，按可比价计算增长39.0%，全省农林牧渔业增加值指数保持在102.1~106.4（见表2）。河北省历年农林牧渔业增加值占总产值的比重稳定在60%左右，中间消耗与总产值保持线性关系。

表2 2013~2022年河北省农林牧渔业总产值、增加值及其指数

单位：亿元

指标	2013年	2014年	2015年	2016年	2017年	2018年	2019年	2020年	2021年	2022年
农林牧渔业总产值	5284.4	5373.8	5291.7	5299.7	5373.4	5707.0	6061.5	6742.5	7018.7	7667.4
农林牧渔业总产值指数（以上年为100）	—	104.1	102.7	103.5	104.0	103.0	101.9	103.5	107.1	104.6
农林牧渔业增加值	3260.8	3294.3	3240.3	3236.1	3298.3	3522.3	3727.5	4113.2	4286.3	4410.3

指标	2013 年	2014 年	2015 年	2016 年	2017 年	2018 年	2019 年	2020 年	2021 年	2022 年
农林牧渔业增加值指数（以上年为100）	—	103.8	102.7	103.7	104.0	103.2	102.1	103.5	106.4	104.2

资料来源：历年《河北农村统计年鉴》。

（二）农业生产效率波动提升

河北省农业劳动生产率、土地产出率总体保持较高水平，呈现波动增长态势。2013~2017 年全省劳动生产率、土地产出率增长较为缓慢，2018~2022 年全省劳动生产率、土地产出率增长较快。2022 年，河北省每一位农村农林牧渔业从业人员创造的农林牧渔业总产值为 58782 元，较 2013 年增加 21277 元，增长 56.7%；每一位农村农林牧渔业从业人员创造的农林牧渔业增加值为 33812 元，较 2013 年增加 10673 元，增长 46.1%。2022 年，河北省每公顷耕地创造的农林牧渔业总产值为 127066 元，较 2013 年增加 46403 元，增长 57.5%；每公顷耕地创造的农林牧渔业增加值为 73089 元，较 2013 年增加 23323 元，增长 46.9%。河北省农业投入产出率变化不大，2021 年全省农业投入产出率为 156.9%，较 2013 年下降了 4.2 个百分点。2022 年，河北省农业固定资产投资增长较快，高于全国平均水平 17.6 个百分点，受当期农业投入快速增加的影响，全省农业投入产出率下降至 135.4%（见表 3）。

表 3 2013~2022 年河北省农业劳动生产率、土地产出率、投入产出率

单位：元，%

指标	2013 年	2014 年	2015 年	2016 年	2017 年	2018 年	2019 年	2020 年	2021 年	2022 年
每一位农村农林牧渔业从业人员创造的农林牧渔业总产值	37505	38577	38346	38684	39452	42133	45027	50780	53809	58782

续表

指标	2013 年	2014 年	2015 年	2016 年	2017 年	2018 年	2019 年	2020 年	2021 年	2022 年
每一位农村农林牧渔业从业人员创造的农林牧渔业增加值	23139	23645	23476	23610	24213	25999	27689	30977	32861	33812
每公顷耕地创造的农林牧渔业总产值	80663	82196	81093	81278	82428	87483	100452	112163	117591	127066
每公顷耕地创造的农林牧渔业增加值	49766	50380	49648	49606	50588	53984	61772	68421	71811	73089
农业投入产出率	161.1	158.3	157.9	156.6	158.9	161.2	159.7	156.4	156.9	135.4

资料来源：历年《河北农村统计年鉴》。

（三）农业全要素生产率较高

农业全要素生产率即农业总产出与总投入之比，是衡量农业生产系统总体效率的重要指标之一。农业全要素生产率越高，表明农业生产对种子、农药、化肥、农膜、劳动力等资源要素的依赖性越小，农业生产科技含量越高、竞争力越强。基于投入要素生产效率变化的 DEA-Malmquist 方法，对 2000~2021 年河北省农业全要素生产率进行测度。以河北省第一产业增加值为期望产出指标 1，以农林牧渔业总产值为期望产出指标 2，以机械总动力、农业生产化肥施用量作为资本要素投入，以农作物灌溉面积作为土地要素投入，以第一产业就业人数作为劳动要素投入。经 DEAP2.1 软件计算可得，2000~2021 年河北省农业全要素生产率保持在 1.01~1.21，总休呈现上升趋势，农业资源配置效率有所提升。

二 影响河北省农业生产效率的主要因素

农业生产过程中，农民直接掌控的生产要素主要包括耕地、化肥、农药、机械、劳动力等，产业政策、市场环境、科技进步、自然环境等外在因素往往会影响农民直接掌控生产要素的投入效果，进而影响农业生产效率。目前，河北省农业发展仍然不充分、不平衡，农业科技支撑不足、农业基础设施不完善、新型农业经营主体竞争力不强等问题集中表现为农业资源配置效率有待进一步提升。

（一）农业科技支撑不足

随着经济社会加速转型升级，农业发展的科技含量越来越高，科技对现代农业的发展起着决定性作用。河北省农业科技创新取得阶段性成效，但仍难以满足产业发展需求。一是科技创新主体创新能力不足。河北省涉农大专院校、科研机构和涉农企业数量虽然不少，但具有原创性的农业科技创新成果数量不多、层次不高，农业科技创新能力明显不足。目前，河北省农业科技人才引进较难，省内原有的高端人才外流严重，高端科技创新人才和团队较为短缺。农业科技企业数量较少、规模不大、水平不高，企业创新的主体地位不突出，农业科技创新内生动力有待提高。基层农业科技人员年龄结构、专业结构不甚合理，农业科技创新与产业化推广明显脱节。二是农业科技成果转化率不高，重学术、轻应用现象仍然存在。河北省涉农科研院所每年产生大量科技成果，但成果推广应用率不高，多数成果被束之高阁，同时得到推广应用的科技成果也仅有一小部分得到普及，大部分已经转化的成果并没有真正付诸农业生产实践。三是农业科技创新服务平台缺乏。河北省农业科技创新服务平台以农业技术推广部门为主，竞争性、市场化的农业科技服务平台数量不足，现有的农技推广人员难以适应当前农村产业对技术的迫切需求。

（二）农业基础设施不完善

基础设施是全面推进农业农村现代化的重要基础。河北省农田水利基础设施总体较好，但旱涝保收农田水利设施建设任务仍然较重，部分地区还存在耕地整体质量不高、灌溉设施不健全、建设用地与耕地保护矛盾突出等问题。河北省大中型水库、闸涵枢纽等水利骨干工程大多建于20世纪50~70年代，许多已接近或达到设计使用年限，隐患问题多、运行效率低、维修加固任务重、应急抵御能力不足。2023年夏季，河北省遭受罕见特大暴雨洪水灾害，作物成灾面积达286.9万亩，水利等抵御自然灾害的基础设施和监测预警系统亟待加强。同时，部分农田缺乏完善的灌溉、排涝等设施，农田抗旱排涝能力不足。河北省部分乡村道路老化，受雨水冲击损毁严重，田间道路土路多、硬化路少，并且道路较窄，不利于农产品集中化、机械化生产。河北省农产品冷藏保鲜设施发展不平衡、不充分，跨季节、跨区域调节农产品供需能力不足，农产品产后损失和流通浪费较多。

（三）新型农业经营主体竞争力不强

河北省各类新型农业经营主体数量较多，但多数新型农业经营主体规模不大、竞争力不强。河北省市场监管部门数据显示，2022年底全省农民合作社成员数量为109.17万户，其中企业单位成员为0.48万个，仅占农民合作社成员数量的0.4%，绝大多数成员为普通农户；农民合作社主要从事种植业和畜牧养殖业，从事种养结合、农文旅结合、农产品加工、托管服务等行业的主体偏少，多数主体经营状况不佳、效益不高，服务带动能力明显不足。由于多数新型农业经营主体实力不强，难以吸引高素质人才进行专业化经营服务，多数经营主体带头人文化程度低，创新意识弱，缺乏现代经营管理能力，仍处于依靠经验从事农业生产的阶段。同时，新型农业经营主体发展资金较为短缺，加之农业生产周期长、季节性强、风险大，农业生产经营融资困难、成本偏高。

三 推动河北省农业高质量发展的对策建议

河北省要以建设农业强省为目标，提升农业综合生产能力，强化农业科技和装备支撑，推进农业基础设施提档升级，培育壮大新型农业经营主体，健全农业支持保护体系，不断提高农业发展质量和效率。

（一）着力提升农业综合生产能力

河北省要在稳定粮食播种面积的基础上，不断提升粮食单产，并进一步优化粮食品种结构和区域布局，发展优质、专用粮食，建设优质粮食产业带。加快推进高品质蔬菜、畜牧、林果示范区、示范带建设，保障肉蛋奶菜等重要农产品稳产供给。加快构建多元化食物供给体系，充分利用太行山、燕山气候特点和原料优势，发展壮大食用菌、中药材等林下经济；科学发展深水网箱等现代设施，强化海洋牧场立体生态养殖；加大设施农业建设力度，推广立体种植、立体养殖等模式，集约拓展利用地、温、光、水、肥、饲等生产条件，提升农产品生产效率；积极发展生物科技、生物产业，加快植物、动物、微生物等生物资源的食物化开发。推进大宗、特色农产品生产基地建设，新建改扩建一批蔬菜、果品、畜禽种养设施，示范推广优质种子种苗和畜禽良种，大力发展农产品精深加工业，全面扩大产业规模和提升产品品质。推进农业绿色生产，加快缓释肥、水溶肥、低毒低残留农药、全生物可降解地膜等示范推广，积极发展节水灌溉、绿色健康养殖，推进畜禽粪污等农业废弃物资源化利用，促进农业生产可持续发展。健全农地流转服务体系，建立合理的土地流转价格形成机制，引导小农户以土地经营权、林权等入股新型农业经营主体，开展适度规模经营。健全农产品质量安全保障体系，全面推行食用农产品承诺达标合格证制度，推动重点产地、重点品种、重点领域全程追溯管理。

（二）强化农业科技和装备支撑

围绕科技赋能、创新驱动，优化农业科技创新体系，大力推动生物技术、信息技术、工程装备技术等与农业深度融合，促进农业生产向绿色精准高效方向转变。加强农业关键核心技术攻关，聚焦产业发展瓶颈，组织实施农业科技创新专项，围绕核心种源、智能农机、生物制造、地力提升、节水农业等重点领域，建设一批国家级创新基地，培育一批行业领军企业，研发一批关键核心技术和重大战略产品，提高农业技术创新能力。推进种业振兴，加强现代种业科技创新团队和创新育种平台建设，推进特色作物育种联合攻关。加快现代育种技术研发应用，推动种业企业强强联合、优势互补，建设一批商业化育种中心和创新联合体，完善育种生产加工等配套设施，不断提高企业育种效率和供种能力。加强种质资源保存利用，建设一批省级农作物生物育种种质库，加大节水高产小麦新品种、耐盐大豆新品种、杂交谷子、高油酸花生等推广力度，提升种源自主产品市场占有率。开展先进农机装备研发攻关，加快大马力高端智能农机、丘陵山区微小型多功能农机、设施农业机械等研发，提高农机装备研发应用水平。加强机耕道、场库棚、烘干机塔等配套设施建设，推进种植模式、作物品种宜机化。

（三）推进农业基础设施提档升级

加强农村路网建设，推进连乡通村道路提级改造和窄路基路面拓宽改造，重点提升粮食生产功能区、重要农产品生产保护区、特色农产品优势区之间支线道路的畅通能力。强化农村公路与干线公路、城市道路以及其他运输方式的衔接，畅通县际、县乡间运输通道，构建干线支线无缝衔接、便捷高效的高等级交通网络体系，提高农村地区交通通达水平。持续实施石津灌区等大中型灌区续建配套与现代化改造，开展骨干渠道疏浚清淤、渠段维修加固和衬砌防渗、桥闸涵等渠系建筑物维修配套，增加有效灌溉面积。加快雄安新区防洪工程和大陆泽、宁晋泊、献县泛区等蓄滞洪区建设，全面提升水旱灾害防御能力。推进高标准农田建设，完善节水灌溉配套设备和田间管网建设，开展田间道路改造和农田输配电建设，推进田块整治和土壤改良、地力培肥，加强农田防护和生态环境建设，保护提升耕地质量，增强农田防灾、抗灾、减灾能力。完善产地烘干仓储、冷链物流等配套设施建设，降低粮食等重要产品的产后流通损失。

（四）培育壮大新型农业经营主体

新型农业经营主体是保障农民稳定增收、农产品有效供给、农业转型升级的重要力量，对提升农业发展质量和效率具有重要意义。河北省要完善保障激励措施，优化创新创业环境，持续培育壮大新型农业经营主体。一是提升家庭农场、农民合作社等经营主体竞争力。支持各类人才创办家庭农场，加强家庭农场培训和规范管理，引导家庭农场开展绿色食品、有机食品、地理标志农产品认证和品牌建设，支持家庭农场组建农民合作社。开展各级示范家庭农场创建，构建省市县三级联建、梯次跟进的发展格局。鼓励发展土地、手工业、休闲农业等新型农民合作社，引导农民合作社采取入股、收购、出资新设等形式创办公司。二是加强职业农民培训。重点对本地专业大户、家庭农场、农民合作社等新型农业经营主体带头人进行轮训，支持农民合作社聘请职业经理人，提升农业产业化经营能力。引导各类农业经营主体合作建立农业供应链体系，开发特色化、多样化产品，打造共性技术研发平台和创新联合体，提高供给质量和效率。三是加快发展代管代收、土地托管等多种农业社会化服务。积极推动粮棉油菜等种植业社会化服务向动物防疫、林果、渔业等行业拓展，由传统耕种收向农田灌溉、施肥喷药、秸秆利用、产后处理、产品营销等农业生产全过程延伸。创新农业社会化服务模式，积极推广菜单式托管、全产业链托管、专业化托管、股份托管等模式，进一步提升服务质量。加强农业社会化服务规范管理，推广使用托管服务合同示范文本，维护服务双方合法权益。

（五）持续健全农业支持保护体系

充分发挥政策引导作用，加快营造现代农业高质量发展的稳定、公平、透明、可预期的营商环境。加强财税金融支持，用好一般性转移支付资金和农业发展补助资金，重点支持粮食、蔬菜、畜牧规模化、产业化发展，以及现代种养设施、公共基础设施建设。发挥财政投入引领作用，综合运用"政银保担企"合作、供应链金融等方式，积极对接重点农业项目融资需求，撬动金融资本、社会力量参与现代农业建设。完善农业保险政策，推动"安责险"落地实施，加快农业保险扩面提标。健全产业发展政策，加强农业品牌建设，完善农产品市场体系，引导企业通过兼并、重组、收购等方式打造农业龙头企业。推动农业企业加强同"一带一路"共建国家等重点国家和地区的合作，提高农业国际合作水平。

参考文献

田莉、何思夷：《河北省新型农业经营主体发展情况》，《中国农民合作社》2023 年第 11 期。

李胜：《乡村振兴战略背景下农村共享模式研究和思考》，《当代农村财经》2022 年第 9 期。

房雨露：《新时代农业强国建设的生成逻辑、基本内涵与实践路径》，《甘肃理论学刊》2023 年第 3 期。

徐兴利、黄家伟：《"血管"承载有温度的循环 探索冷链物流"十四五"发展路径》，《食品界》2022 年第 2 期。

B.13
河北省种业振兴实施进展、
制约因素与推进路径研究

陈建伟*

摘　要： 全面建设社会主义现代化强国的根基是农业，农业现代化建设和保障粮食安全的核心是种业。当前，河北省种业振兴面临国际竞争日趋激烈、育种技术日新月异、国家高度重视、各省份竞相发展的宏观形势。河北省委、省政府高度重视种业振兴工作，按照党中央、国务院的战略部署，统筹推进种业振兴，强化种质资源保护，搭建种业创新平台，组建种业创新团队，育种技术快速突破，创制优异特色种质，选育标志性品种，培育种业龙头企业，种业振兴行动取得显著进展，但也存在市场化机制不健全、育种条件手段落后、种业企业竞争力弱等问题。进一步推进种业振兴，应加大种业资源配置力度，提升种业科技创新能力，培育新型种业龙头企业，数字赋能种业振兴，优化种业发展政策环境，全力推动河北种业高质量发展，支撑建设农业强省。

关键词： 种业振兴　产业升级　河北省

党的二十大对全面建成社会主义现代化强国进行了战略部署，农业强国是社会主义现代化强国的根基。农业要强，种业必须强。种业是建设农业强国的战略性产业和基础性产业。《种业振兴行动方案》提出了"一年开好头、三年打基础、五年见成效、十年实现重大突破"总体安排。2023 年是

---

* 陈建伟，河北省社会科学院农村经济研究所研究员，主要研究方向技术经济和区域发展。

种业振兴打基础之年，也是承上启下的关键之年，河北省按照中央安排部署，落实 2023 年中央一号文件部署，判形势，出政策，强团队，育龙头，全面推进河北种业振兴，为建设河北农业强省打牢基础，为现代农业建设提供科技支撑。

一 宏观形势

（一）国际竞争日趋激烈

谁占领了种业创新高地，谁就掌握了世界农业竞争的主动权，也就从源头上守住了国家粮食安全底线。在育种技术领域，世界各国争抢育种科技制高点，前瞻布局高端育种技术。处于世界领先水平的美国，制定了"植物育种路线图"，规划了植物育种领域未来 5~10 年的优先领域及其研究方向。美国农业部农业研究局（ARS）制订了植物基因资源、基因组学及遗传改良行动计划，美国国家科学基金会（NSF）制订了美国植物基因组计划，成立了可编程植物系统研究中心（CROPPS），开展智能育种研究；荷兰是世界种业强国，荷兰科学研究组织（NWO）实施了人工智能育种计划 Plant-XR，将植物生物学、计算模型和人工智能整合入"智能育种方法"；日本将数据驱动的智能育种列入战略性创新推进计划，开发基因编辑和数据驱动育种的基础技术。在种业产业领域，世界种业加速向优势企业集中，种业市场集中度持续上升，世界种业已经被集科研、生产、加工、销售、技术服务于一体的现代化种业集团垄断，排前三位的种业龙头企业基本垄断了世界种子行业的大部分市场。例如，拜耳（德国）公司 2022 年种子业务销售额为 97.71 亿美元，科迪华（美国）公司 2022 年种子业务销售额为 89.79 亿美元，两家公司的销售额占了世界种业市场的一半。在美国，前三家种子企业占了美国国内种子市场的 70%。

（二）育种技术日新月异

育种技术是种业发展的关键。随着世界技术发展，育种技术也经历了驯化选择育种（1.0时代）、杂交育种（2.0时代）、分子育种（3.0时代）三个阶段。当前，随着以纳米技术、信息技术和生物技术为核心的第四次科技浪潮，世界育种技术高速发展，基因编辑、合成生物和人工智能等技术快速向传统育种领域融合，不断创新育种技术。全基因组选择育种技术在全基因组水平上，通过计算生物学模型和高通量基因型分析，筛选集合优良基因型，改良品种性状，推动育种向精准化和高效化发展。基因编辑育种技术通过对基因组的精确修饰（替换、插入或缺失等），改良品种性状，打破了传统育种生殖隔离、连锁累赘等因素的限制，可实现目标性状的快速精准改良，显著提高育种效率和精准度。合成生物育种技术利用工程学模块化和系统化理念，改造优化现有自然生物体系，构建新型生物系统或制造生物产物。世界种业正在进入现代生物技术、信息技术、人工智能和常规育种融合发展的智能育种时代（4.0时代）。

（三）国家高度重视种业

种业是农业的"芯片"，随着全球多边主义和单边主义不断碰撞，国际环境错综复杂，我国种源安全问题凸显。党中央、国务院高度重视种业发展问题，习近平总书记多次强调种业的重要性，"农业现代化，种子是基础，必须把民族种业搞上去""只有用自己的手攥紧中国种子，才能端稳中国饭碗，才能实现粮食安全"。[①] 党的二十大提出要深入实施种业振兴行动，2021年中央一号文件明确提出要打好种业翻身仗，2022年中央一号文件强调全面实施

[①] 《习近平主持召开中央全面深化改革委员会第二十次会议强调 统筹指导构建新发展格局 推进种业振兴 推动青藏高原生态环境保护和可持续发展》，新华网，2021年7月9日，http://www.xinhuanet.com/politics/leaders/2021-07/09/c_1127640160.htm；《习近平：只有攥紧中国种子，才能端稳 中国饭碗》，"新华网"百家号，2022年4月11日，https://baijiahao.baidu.com/s? id=1729787931330146506&wfr=spider&for=pc。

《种业振兴行动方案》，2023 年中央一号文件再次强调深入实施种业振兴行动。按照党中央和国务院部署，我国出台了《种业振兴行动方案》《中华人民共和国种子法》《"十四五"现代种业提升工程建设规划》《农作物种子生产经营许可管理办法》《农业农村部关于加快推进种业基地现代化建设的指导意见》《农作物种质资源共享利用办法（试行）》等一批政策文件，推进种业领域国家重大创新平台建设和种业核心技术攻关，持续强化种业知识产权保护，培育创新型种业龙头企业。在国家政策的引导激励下，种业企业兼并重组步伐加快，育种技术加速迭代，我国种业逐步向种源自主化、企业集团化、产品高端化、服务链条化发展，进入了快速发展阶段。

二　实施进展

（一）统筹推进种业振兴

河北省委、省政府高度重视种业振兴，贯彻落实党中央和国务院战略安排，制定了《种业振兴行动实施方案》《河北省"十四五"现代种业发展规划》《河北省人民政府办公厅关于加强农业种质资源保护与利用的实施意见》《2022—2023 年河北省种业市场监管工作方案》等一系列政策文件，明确了全省种业振兴的总体目标、重点任务、工作抓手和扶持政策。特别是，2023 年河北省委一号文件《关于做好 2023 年全面推进乡村振兴重点工作的实施意见》对种质资源普查、种质资源共享利用、特色作物育种联合攻关、现代种业科技创新团队建设、种质资源精准鉴定与创制、新品种选育及繁育、生物育种产业化试点、标志性新品种推广应用等工作做了具体部署。为统筹推进种业振兴行动，成立了种业振兴工作专班，统筹资金和项目，全力推进种业振兴。

（二）强化种质资源保护

河北省自然资源丰富，气候条件多样，积淀了丰富的农业种质资源，是我国农业种质资源较为丰富的省份之一。河北省委、省政府高度重视种质资源保护工作，制定出台了《河北省人民政府办公厅关于加强农业种质资源保护与利用的实施意见》，明确提出到2025年，初步建成系统完整、科学高效的农业种质资源保护与利用体系，资源创新利用能力达到全国先进行列。通过开展第三次全国农作物种质资源普查收集行动，共收集种质资源6991份，挽救了一大批优异资源，极大地丰富了遗传多样性。其中，野豌豆、野韭菜、野芝麻、黄秋葵等72份材料鉴定为稀有种质资源，赤城黑软谷被评为全国十大优异农作物种质资源。目前，省级保存农作物种质资源总量达到7.2万份，保存特优农作物种质资源240份，初步建成省农作物、果树种质资源共享服务平台。全省建有种畜禽场327家，其中国家畜禽核心育种场10家、良种扩繁推广基地5家，省级原种场40家，初步形成了纯种选育、良种扩繁及商品化生产梯次推进的良种繁育体系。渤海驴、太行鸡等河北特色畜禽保种场保种群不断扩大。特别是，早在1983年，河北省依托河北省农林科学院粮油作物研究所建设了作物种质资源库，2017年建成了库容量为20万份的河北省农业生物资源保存中心，2023年收集保存了粮食作物、经济作物、蔬菜等种质材料78854份，包括优质的玉米地方品种白马牙等河北省古老的地方品种和珍稀资源20334份。

（三）搭建种业创新平台

河北省高度重视种质资源创新利用平台建设，建有华北作物改良与调控国家重点实验室，国家谷子、梨改良中心，国家棉花、大豆、小麦、高粱、玉米、苹果改良中心分中心，建立了河北省作物杂种优势研究与利用、河北省作物遗传育种、河北省特色园艺种质挖掘与创新利用、河北省特色动物种质资源挖掘与创新、河北省林木种质资源与森林保护等省级种业领域重点实验室8个，建立了河北省杂交谷子、河北省玉米单倍体育种、河北省蛋鸡育种、河北省奶牛良种繁育、河北省萝卜育种、河北省酸枣资源开发等种业领域技术创新中心20个，建立了河北省粮食及食品产业、油料产业、薯类产业、蔬菜产业、畜牧水产产业、林果产业、食用菌产业等产业技术研究院，国家河北省玉米区域技术创新中心1个，海南新品种繁育基地，为开展种业基础性、前瞻性、战略性研究奠定了坚实的基础。

（四）组建种业创新团队

河北省委、省政府高度重视种业人才培养和创新团队建设，立足河北种质资源优势和农业特色产业，统筹全省39家科研院所、12家高校、43家种业企业优势种业创新资源，组建了小麦、玉米、果菜、马铃薯、杂交及优质谷子、特色水产、食用菌、中药材、梨苹果等20个高水平种业创新团队，引进了中国农业科学院、中国农业大学等12家省外优势单位及41名国家高层次育种人才，建立了首席专家负责制和联合大攻关机制，稳定支持河北种业创新，打好种业创新"翻身仗"。为有效提升河北省农业科技创新能力，加快农业强省建设步伐，聚焦全省农业优势特色产业发展需求，制定了《河北省现代农业产业技术体系创新团队建设方案（2023—2027年）》，组建了30个现代农业产业技术体系创新团队，设置了种质资源创新和品种选育岗位，有力支撑了种业振兴。依托创新团队，培育了杂交谷育种专家赵治海、节水麦育种专家郭进考、棉花育种专家马崎英、大豆育种专家张孟臣等一批国内外知名种业领军人才。

（五）育种技术快速突破

针对育种技术落后、育种效率低等问题，鼓励种业创新团队综合应用全基因组选择、分子设计、基因编辑等新技术，突破育种"卡脖子"技术，推动传统技术与现代技术融合。2021～2023年，研发各类育种技术50余项，在小麦育种领域，发明了一种利用盐池筛选优良耐盐株系的小麦育种方法和一种中强筋优质小麦育种方法，建立了小麦产量性状全基因组选择模型；在玉米育种领域，开发了高通量种质资源精准鉴定技术，发明了一种鲜食玉米选育方法、一种单倍体玉米加倍的组合物和单倍体玉米加倍方法；在棉花育种领域，创立了基于基因表达快速鉴定棉花黄萎病抗性等重要性状遗传基础的育种方法；在蔬菜育种领域，构建了国内首张基于简化基因组测序的高密度茄子遗传连锁图谱；在花生育种领域，开发了花生外显子捕获液相芯片。

（六）创制优异特色种质

优异特色种质资源是培育优良品种的前提。2021～2023 年，贯彻落实《河北省人民政府办公厅关于加强农业种质资源保护与利用的实施意见》文件精神，统筹河北优势科技创新资源，加大种质资源的收集与创制力度，收集特色种质资源 14400 份，开展了资源精准鉴定评价、优异基因挖掘与利用，创制优异种质资源 1333 份，筛选创制了一批综合农艺性状优的新材料，丰富了遗传基础，为选育新品种奠定了坚实的基础。

（七）选育标志性新品种

从中国种业大数据平台检索，全国农作物审定品种 35961 个，其中，河北省审定品种 1573 个，居全国第 6 位。全国审定玉米品种 14972 个，其中，河北省审定品种 915 个，居全国第 5 位；全国审定小麦品种 4015 个，其中，河北省审定品种 297 个，居全国第 2 位；全国审定棉花品种 1973 个，其中，河北省审定品种 229 个，居全国第 2 位；全国审定大豆品种 2807 个，其中，河北省审定品种 74 个，居全国第 11 位。特别是河北选育了一批标志性特色优势新品种。选育出的"马兰 1 号"小麦品种，高产攻关田亩产达 863.76 公斤，刷新河北小麦亩产最高纪录；选育出的高抗锈病耐涝品种"沃玉 3 号"玉米品种，适合推广区域 2 亿亩，2022 年种植面积达到 1000 万亩；选育出的"张杂谷"系列谷子品种，产量高、品质好，亩产最高达 800 公斤；选育出的"昆优 2 号""昆优 3 号"樱桃萝卜填补了国内空白，打破了欧洲国家的垄断格局；选育出的"京张薯 3 号"逆转了市场畅销的马铃薯品种中国外引进的黄皮黄肉品种占主导地位的困局；选育出的"多维 462"多倍体白菜、"捷甘 250"甘蓝、抗除草剂高油高蛋白大豆、高油酸花生、抗除草剂谷子等品种达到世界领先水平；选育出的优质早熟梨品种"冀秀"，以

1000万元转让费刷新河北水果品种转让费纪录；选育出的"冀花521"花生品种以460万元的转让价格，创下我国花生品种转让费最高纪录。

（八）培育种业龙头企业

截至2023年底，河北省拥有生产经营许可证的种子企业共501家，其中河北巡天农业科技有限公司（以下简称"河北巡天"）、河北沃土种业股份有限公司（以下简称"河北沃土"）、三北种业有限公司（以下简称"三北种业"）、雪川农业集团股份有限公司（以下简称"雪川农业"）4家企业进入全国种业100强，三北种业和河北沃土商品种子销售总额进入全国20强，分别居第19位和第20位；三北种业和河北沃土进入全国杂交玉米10强，分别居第7位和第8位；河间市国欣农村技术服务总会的国欣棉花进入全国棉花种业10强，居全国第2位；雪川农业的马铃薯品种进入全国10强，居全国第4位。雪川农业、国欣农研会等8家育繁推一体化种子企业，三北种业、河间市国欣农村技术服务总会、河北巡天、邯郸市禾下土种业有限公司、河北冶海农业科技有限公司、河北众人信农业科技股份有限公司、河北乐源牧业有限公司、唐山海都水产食品有限公司、唐山市维卓水产养殖有限公司、唐山市曹妃甸区会达水产养殖有限公司、黄骅海水原良繁育中心、昌黎县振利水产养殖有限公司等12家企业入选国家种业阵型企业，成为国家种业振兴骨干力量。

三 存在的问题

（一）市场化机制不健全

现行新品种审定和保护制度、育繁推衔接和产学研协同机制不适应新形势下种业产业升级和种业振兴。一是由于现行新品种审定标准不高，新品种审定数量快速增长，2023年河北省第六十次品种审定会议审定通过玉米品种188个，河北省农作物品种审定委员会第六十一次会议审定通过小麦品种

62个，这些审定品种虽然解决了市场"缺品种"的问题，但也带来了品种杂乱、同质化严重、生命周期短等问题，推广面积大、竞争力强的标志性品种短缺，品种更新换代慢。二是由于品种知识产权保护程序复杂、难度大，一些企业更热衷于"短平快"的模仿育种，市场上假冒伪劣、套牌侵权等违法行为时有发生，严重挫伤了种业创新积极性，特别是对高投入、高风险的高新技术育种影响巨大。三是产学研协同机制不健全，育繁推衔接不畅，种质资源、育种技术、品种选育资源主要集中在高校和科研院所，根据中国种业大数据，河北选育小麦和大豆品种最多的单位都是高校和科研院所。而繁育加工、营销服务等资源却主要集中在企业，再加上高校、科研院所和企业追求目标不同，育繁推一体的商业化育种体系不完善，制约了种业振兴。

（二）育种条件手段落后

面对国际日趋激烈的种业竞争和国内种业龙头崛起，河北育种条件和手段仍较落后。一是资金投入不足。政府层面虽然成立了种业创新团队，并设立了专项资金，但支持力度不大，每个参与单位平均经费每年不足15万元。再加上种业企业规模小、利润率低，企业投入的种业创新经费也较少，种业创新资金投入不足。二是高端种业创新平台少，虽然河北建立了重点实验室、技术创新中心、产业研究院等一批创新平台，但国家级创新平台少，生物育种、智能育种等代表育种方向的创新平台更少。三是育种手段落后。目前，世界育种技术正在进入4.0时代，而河北省仍滞后于以生物育种为标志的3.0时代，生物育种平台少，设备现代化程度低，生物育种人才短缺，分子标记开发与辅助选择和基因编辑与分子育种等先进技术应用较少，分子育种中高通量分子标记检测、评价、鉴定等仪器设备和设施不完善，代表育种方向的智慧育种技术仍没有正式起步。

（三）种业企业竞争力弱

企业是种业振兴的市场主体，但河北种业企业人才短缺、育种条件较差、市场影响力较弱，难以承担市场主体责任。一是种业企业育种人才少，河北种业创新团队 20 位首席专家，来自企业的寥寥无几，育种团队人员 80% 以上来自高校和科研院所。现代农业产业体系育种岗位专家也均来自高校和科研院所。二是育种条件较差，由于种业企业起步晚、规模小、利润率低，企业种质资源储备少，缺乏先进的选育、培育设备，无法与国际种业巨头竞争，难以支撑其参与国内国际市场竞争。三是企业市场影响力较弱。为强化种业企业创新主体地位，加快形成优势种业企业集群，农业农村部办公厅印发了《农业农村部办公厅关于扶持国家种业阵型企业发展的通知》，从全国 3 万余家种业企业中遴选出了 276 家种业企业机构，加快打造种业振兴骨干力量。河北入选企业数量不多，好多矩阵企业都是空白。在农作物种业领域，破难题矩阵企业 0 家，补短板矩阵企业 5 家，强优势矩阵企业 1 家，专业化平台 0 家；在畜禽种业领域，破难题矩阵企业 0 家，补短板矩阵企业 1 家，强优势矩阵企业 0 家，专业化平台 0 家；在水产种业领域，破难题矩阵企业 1 家，补短板矩阵企业 2 家，强优势矩阵企业 0 家，专业化平台 0 家。

四　推进路径

（一）加大种业资源配置力度

资源高效配置是种业振兴的基础，推进种业振兴，一是建立河北省种业振兴行动协调机制和制度，统筹全省涉农资源，聚焦《种业振兴行动实施方案》《河北省"十四五"现代种业发展规划》目标和重点任务，加大资源配置力度，提高配置效率，合力推动种业振兴。二是建立育繁推一体化发展机制，统筹优势资源向种业产业链薄弱环节配置，整合种业产业链上中下游力量，补短板，强优势，提升种业产业整体竞争力。三是构建产学研用协作机制，统筹产学研用资源，理顺公益性研究与商业化育种的关系，明确高校、科研院所和种业企业的功能定位，逐步形成以种业企业为主体，以高校和科研院所为依托，以政府管理部门为保障的育种体系。四是营造有利于激发市场投入的制度环境，探索建立市场信息反馈机制，构建商业化育种体系，通过市场机制优化种业资源配置，提升资源利用效率。五是打造种业全产业链服务平台，构建多主体联动协同保障机制，通过中介服务和机制创新，打通种业产业一体化发展堵点，衔接种业上中下游产业。

（二）提升种业创新能力

种业创新能力是种业振兴的核心，推进种业振兴，一是提升种业创新平台能级。立足区域优势特色种质资源和优势产业，强化种业创新平台条件建设，引进培养高端人才，打造国家一流的育种研发平台，为种业振兴提供基础条件支撑。二是强化种质资源收集鉴定与利用。充分利用河北省农作物种质资源库、品种改良中心等平台，借助第三次全国农作物种质资源普查契机，收集区域优势特色种质资源，搭建种质资源精准鉴定平台，建设农业种质资源大数据平台和共享利用交易平台，推进农作物种质资源的开发利用。三是加快布局种业前沿技术研究。瞄准国际育种技术发展前沿，加大种业原始创新投入力度，加快布局基因编辑育种、合成生物育种和人工智能育种等核心技术研究，构建生物技术与现代信息技术交叉融合的新一代育种技术体系，推动育种向智能化、精准化、高效化发展。四是持续推进团队建设和高端人才培养。借助种业创新团队和现代农业产业体系创新团队平台，加大高层次人才的引进力度，注重青年科技人才培养，聚力培养全国知名的种业科技创新领军人才和创新团队。五是创新种业创新经费投入机制，建立"稳定支持"与"揭榜挂帅"等竞争性投入相结合的经费投入机制，针对种业创新的连续性、公益性特点，采用"稳定支持"方式强化种业创新团队建设；针对种业创新的战略性、市场性特点，采用"揭榜挂帅"等方式突破一批"卡脖子"关键技术。

（三）培育新型种业龙头企业

种业龙头企业是种业振兴的核心力量，推进种业振兴，一是加大新型种业龙头企业培育力度。借鉴国家种业阵型企业培育方法，聚焦优势领域，遴选一批破难题矩阵企业、补短板矩阵企业和强优势矩阵企业，强化政策扶持，加大资金支持力度，促进强强联合、优势互补，加快培养种业振兴骨干力量，打造河北种业领军企业。二是强化企业创新主体地位。充分发挥企业接近市场的优势，构建种业企业牵头、政府支撑、社会各界参与、产学研深度融合的协同创新联合体，推动种业创新供给和市场需求对接互动，提高创新效率，选育市场认可度高的突破性新品种。三是发挥市场资源配置作用。强化政府政策引导作用，充分发挥市场在资源配置中的决定性作用，引导资源、技术、人才、信息、资本等要素向优势种业企业集聚，鼓励大型优势种企兼并重组，培优扶强种业旗舰企业。四是加强种业企业基地建设。支持种业企业建设加强良繁，提升良繁基地设施水平和标准化生产水平，提高供种数量和质量，建设种业强省。发挥好国家南繁科研育种基地作用，激发种业企业投资热情，提升企业南繁育种能力。五是提升种业企业服务水平。技术服务和售后服务水平是未来种业企业竞争的关键，支持种业企业搭建服务平台，完善网络，组建技术服务团队，提升服务质量。

（四）数字赋能种业振兴行动

数字是现代生产要素，数字化水平决定了种业发展水平，推进种业振兴，一是强化物联网、大数据、区块链、人工智能等现代信息技术在种业创新和产业培育中的作用，以数字技术赋能种业产业链，打破种业数据壁垒、信息壁垒，构建种质资源、品种选育、良种生产、物流配送、技术服务全产业链种业振兴体系，实现全产业链互联互通。二是推动信息技术与传统育种技术、数字经济与传统种业深度融合，以数字技术重塑育种创新方式和产业发展方式，形成种业发展新业态新模式。三是探索建立以数据为核心的新型种业供应链和协作网络，形成"研—产—供—销—服"数据链条，挖掘数据市场价值，构建种业新型价值链体系。

（五）优化种业发展政策环境

政策环境是种业振兴的重要保障，推进种业振兴，一是优化品种审定制度。加快建立品种DNA指纹库，强化新品种审定和登记中的"特异性、一致性、稳定性"测试，高度重视品种田间表现，提高审定标准和品种质量，推动品种由"多乱杂"向"专优精"转变。二是完善种业知识产权保护体系。提升《中华人民共和国植物新品种保护条例》法律位阶，建立知识产权参与利益分配的新机制，激发种业创新活力。针对种业侵权案件追溯难、取证难、查处难、震慑弱等问题，建立健全信息共享机制，简化种业维权程序和环节，打通知识产权保护通道，培育知识产权保护的良好环境。严厉打击假冒伪劣、套牌侵权等违法行为，全面净化种业市场，有效激励原始创新，为种业振兴营造良好的环境。三是加强种业振兴要素保障。将推动现代种业发展纳入财政资金重点支持领域，加大财政资金支持力度，引导社会各界投资现代种业发展，为种业振兴提供资金保障。各类人才引进培养计划向种业领域倾斜，对接京津，引进高端创新人才，吸引优秀高校毕业生来冀就业创业，加大种业人才继续教育和培训力度，为种业振兴提供人才保障。对种业企业、研发机构的建设用地和设施农用地优先审批，对重大种业产业项目用地实行"一事一议""一企一策"，最大限度地保障种业产业发展用地。

参考文献

解伟、刘春明：《生物育种产业化面临的机遇与政策保障》，《生物技术通报》2023年第1期。

曲树丰：《生物育种时代中国种业即将发生的五大变化》，《中国种业》2022年第5期。

黄耀辉等：《生物育种对种业科技创新的影响》，《南京农业大学学报》2022年第3期。

马晓丽：《2019年河北省农作物种业发展报告》，《中国种业》2020年第5期。

张圣国等：《河北种业现状及创新发展建议》，《中国种业》2023年第5期。

滑留帅、卢清侠、田云峰：《河南省主要农作物种业发展建议》，《农业科技管理》2023年第2期。

迟培娟等：《我国生物种业发展现状与问题》，《中国科学院院刊》2023年第6期。

B.14
河北省盐碱地综合开发及旱碱麦
全产业链发展研究

魏宣利*

摘　要： 　河北省盐碱地面积较大，全面摸清盐碱地开发利用情况，总结开发利用成效、开发利用方式，对于河北推进稳粮保供、生态保护和高质量发展具有十分重要的战略意义和现实意义。本报告系统梳理河北盐碱地开发历程，在剖析盐碱地开发利用难点、堵点的基础上围绕旱碱麦全产业链开发提出加强顶层设计强化制度支撑、对标产业链补齐创新链引领全产业链发展、建设高标准盐碱耕地、"五化"同步稳定建立效益性产业和以金融保险政策优化稳定农民收入等发展对策，助推河北省盐碱地特色农业做大做强。

关键词： 　盐碱地　旱碱麦　产业链　综合开发

河北省盐碱地面积较大，类型多样，治理潜力巨大，盐碱地的综合利用成果初步显现。深化落实"开展盐碱地综合利用"，需要以地适种与以种适地相结合，加强现有盐碱耕地改造提升，以旱碱麦全产业链发展为抓手，稳步拓展粮食生产空间，挖掘粮食增产潜力。

一　河北省盐碱地成因及分布

盐碱地是一种重要的土地资源，受地形、气候、地表水、地下水、地质

---

* 魏宣利，河北省社会科学院农村经济研究所研究员，主要研究方向农业与农村问题。

活动及人为活动等多种因素影响，盐碱地成因区域差别明显。河北省盐碱地受地形、气候、土壤母质、地下水位、地表水（海水）及人为活动等因素影响明显，主要分为冀西北坝上高原盐碱区、黑龙港流域盐碱区、滨海盐碱区。

冀西北坝上高原盐碱区：主要集中在坝上河、湖（淖）等集水洼地的边岸区域。该区域降雨量小、蒸发量大，土壤母质以栗钙土为主，富含碳酸钙、氯化钠和硫酸钠等，是盐渍化的主要原因。大面积开垦耕地、过度放牧、地下水超采和不合理灌溉等人为活动对于次生盐碱化具有显著影响。

黑龙港流域盐碱区：覆盖河北省沧州、衡水全域及邢台、邯郸、保定的部分区域，共50个县（市、区），土地面积3.82万平方公里，也是河北省的主要粮食产区，耕地面积210万平方公里。该区域地势平坦，河道洼淀众多，地表水下泄不利，盐碱土分布较普遍。盐碱化多与洪涝灾害相伴生，1913年、1917年和1930年等年份多期洪水，导致盐碱化面积较大。19世纪70年代，盐碱地治理效果显著，盐碱地面积大幅减少。近年，地下水超采打破了盐分向下输送通道，盐分滞留于表层土壤，长年的积累使得表层土壤盐分含量持续增加，部分地区不合理灌溉导致土壤次生盐碱化。

滨海盐碱区：主要分布于河北省冀东沿海地区。其土壤和地下水中的盐分主要来源于海水，由于盐渍淤泥发育，周年间形成季节性积盐与脱盐过程，土壤盐分和地下水矿化度与海岸线平行呈带状分布。近年，受地下水超采、海岸工程等因素影响，局部海水与淡水之间的水动力平衡被破坏，海水入侵深浅层淡水区，出现盐碱化面积扩大和盐碱化程度加重现象。

二 河北省盐碱地开发历程

新中国成立以来，河北省盐碱地开发大致经历了试点探索、旱涝盐碱协同综合治理、改造提升、高质量发展四个阶段。

试点探索阶段（1951~1972年）：新中国成立初期，为解决盐碱地生产力低下、农业产出低等问题，以黑龙港流域盐碱化最严重的沧县地区为试点开展盐碱地改造利用。这一时期，在沧县水月寺、徐官屯、刘表庄进行了盐碱地改良试验，利用稻田长期淹水，以淡压盐，使水稻根层土壤处于脱盐状态，从而保证水稻的正常生长。这种做法被认为是盐碱区适应性农业开发最成功的经验。1959 年，配合小型水利设施建设，水稻种植经验在全省盐碱区大面积推广。但由于平原区水利设施不足，灌排工程配套措施不全，无计划大面积种植水稻及缺乏肥料等原因，大面积以种植水稻实现盐碱地开发利用的推广计划失败，全省盐碱地面积有所发展，且盐碱程度加重。1961 年的统计资料显示，这一时期盐碱地面积约达 2300 万亩，较 1957 年增加了近 800 万亩。① 为了解决前一阶段工作中存在的问题，1962 年河北省农林厅在全省不同类型盐碱地低产地区建立 13 个盐碱地改造实验基地，从不同区域盐碱化规律、耐盐品种、耕作技术、机械化配套及根治措施等五个方面予以实验示范。在全省各地立足实验站积极探索因地制宜推进盐碱地治理的基础上与"根治海河运动"相协同，针对洪涝灾害后盐碱地水盐状况发生的变化，1963 年河北省农林厅提出"发展台田是低洼地区实现稳产高产的基本途径"的"台田经验"并全省推广。针对 20 世纪 60 年代后期华北平原降水量大幅减少等气候因素影响，河北省将打井抗旱与治理盐碱相结合，提出"防止盐碱化的关键是要控制地下水位，必须以开发浅层地下水为中心，发展井渠结合、井灌井排，以井保丰、以河补源"的"打井治碱"治理方案。

旱涝盐碱协同综合治理阶段（1973~2010 年）：以 1973 年开展的由农业部主持，中国科学院、水利部、林业部，以及冀、鲁、豫、皖、苏五省参加的"全国盐碱地改良利用及防治次生盐碱化"项目为标志，在初步摸清洪、涝、旱、瘠、碱的内在联系的基础上，在黑龙港流域设立 9 个综合试验站，多部门协同推动系统化、综合化治碱科技攻关。历经近 20 年的综合治理攻关，基本实现了对黑龙港流域平原盐碱土的治理，盐碱面积大幅缩减、盐碱程度大幅下降，曲周等试验区粮食亩产由治理前的 30~70 公斤，提高到 1989 年的 425~900 公斤，农民人均收入增加两倍，黑龙港流域平原地区结束了自给不足吃救济粮的历史，成为商品粮输出产区，为解决我国粮食安

---

① 河北省计划委员会：《河北省盐碱地分布情况及初步治理意见》（1962 年 9 月 1 日）。

全问题做出了重大贡献。1988年时任国务院总理李鹏视察曲周试验区，对攻关试验区的盐碱地治理给予了高度评价。随后农业部将黄淮海平原黑龙港流域作为以改造中低产田、增加粮食产量为主要目标的农业综合开发重点区域。经过近20年的改造，农业综合开发不断发展，取得了显著的综合效益，改造后的项目区田成方、树成行、路相通，井渠管道连成网，成为高产稳产、旱涝保收、节水增效的高标准农田。

改造提升阶段（2011~2022年）：2011年农业部在全国范围内开展盐碱地治理调查。为进一步补充耕地资源、缓解人地矛盾、保障国家粮食安全，2013年国家启动重大科技支撑计划项目"渤海粮仓科技示范工程"，河北省是"渤海粮仓"工程核心技术的发源地，也是推广应用的主战场，科技示范工程涉及3000多万亩中低产田和1000多万亩盐碱荒地，其中60%在河北。河北省以"渤海粮仓科技示范工程"为抓手，以《关于加强盐碱地治理的指导意见》（发改农经〔2014〕594号）为保障，扎实推进治理科研、实施示范推广、合理利用水资源、提高市场化程度等盐碱地治理措施落地见效。2013~2018年，在河北累计示范推广5197万亩，实现增粮47.6亿公斤，带动河北省农民增收109亿元。

高质量发展阶段（2023年以来）：在资源硬约束下，河北省深刻领会习近平总书记关于做好盐碱地特色农业这篇大文章的重要指示，[①] 结合土壤第三次普查在全面摸清盐碱地家底的基础上，统筹谋篇布局盐碱地综合利用和改造提升工作，把盐碱地综合利用作为挖掘粮食增产潜力的战略举措，全力推进盐碱地改造提升和综合利用。立足农业关键核心技术攻关和盐碱地综合治理工作实际，梯次推进招聘遴选旱碱麦农业产业技术体系创新团队岗位专家、制定盐碱地高标准农田建设技术标准和专项方案、完善盐碱地排水工程体系等。同时发挥沧州市盐碱地地块相对集中、有淡水资源、开发潜能大等优势，积极争取全国盐碱地等耕地后备资源综合利用

试点项目，突出解决产业发展核心技术问题，推进盐碱地产业高质量发展。

三 河北省盐碱地开发现状

盐碱地是潜力土地资源，因地制宜推进盐碱地开发对于补充耕地资源、缓解人地矛盾、保障国家粮食安全意义重大。河北省盐碱地资源相对丰富，以提高盐碱地综合效益为目标，着力推进盐碱地开发。

1. 以技术改造为支撑，盐碱化程度大幅降低

河北省非常重视盐碱地资源的开发和利用，以技术改造为支撑，持续推进盐碱地改良。总结出利用2~4g/l微咸水浇灌法，颠覆了"只有淡水才能浇庄稼"的认知；以"高浓度的咸水先融化、入渗，后融化的微咸水和淡水使土壤表层脱盐"为思路的咸水结冰法，改写了淡水洗盐的盐碱地改造老路。在轻中度盐碱地上，集成优化并示范应用灌溉压碱、挖沟排盐、抽咸补淡、覆膜穴播、农牧轮作、农机具配套等技术模式；在中重度盐碱地上，研究集成设施栽培、暗管排盐、客土置换、营养基质栽培等技术模式，全省盐碱地面积缩小、盐碱化程度大幅降低。

2. 以种业选育为突破口，确保盐碱地应种尽种

在技术排盐治理盐碱地的同时，以种业选育为突破口，筛选推广一批适宜的耐盐碱作物品种，分作物配套集成盐碱地适生种养技术，加强盐碱地的利用。沽源县与中国农科院分子植物科学卓越创新中心等科研院所合作，设立14个藜麦种植基地、2个藜麦育种基地，选育适宜坝上地区种植的藜麦优质品种20多个，目前14个乡镇的藜麦种植面积达4.5万亩；沧州中捷友谊农场农科所育成旱薄盐碱地"冀麦32""捷麦19""捷麦20"3个优质小麦自主研发品种，"捷麦19"年推广种植面积在150万亩以上；河北农林科学院棉花研究所研发的适宜在中度、轻度盐碱地大面积推广的"冀棉18""冀棉958""冀棉516""冀优861""冀棉2016"等棉花品种，有效保障了棉花生产能力。

3. 推行适宜性开发，实现盐碱地产出稳中有升

河北省在盐碱地利用中，坚持宜粮则粮、宜菜则菜、宜草则草、宜林则林、粮草轮作、农牧结合，高效利用盐碱地，实现经济效益、社会效益和生态效益的多赢。沧州市依托盐碱地发展牧草产业，现有苜蓿生产企业 180 多家，从业人员 3000 多人，年加工生产优质苜蓿近 150 万吨，年产值超 5 亿元，形成了盐碱地上的苜蓿产业带。唐山发展起多样化的"盐碱稻+"特色农业，远海盐碱耕地实施"豆-稻""稻-麦"轮作；近海盐碱滩涂推广"稻+渔"混养，阶梯状的种养体系和完整的产业链条实现了盐碱滩涂的综合高效利用。黄骅市在桃园、梨园、苹果园进行林间覆膜套种高油酸花生，在促进作物协调生长的同时，增加了土地收益。

4. 重视品牌化建设，低产高效开辟新天地

河北省高度重视品牌化建设，助力农产品品牌和企业品牌培树。一方面积极引导新型农业经营主体积极开展农产品商标注册，大力发展绿色农产品、有机农产品认证。另一方面，加强地理标志性农产品的申报认定。河北黄骅旱碱麦龙头企业金麦面业、帝鉴面花 3 个产品获绿色食品认证；黄骅市天宝面业"誉天宝"被授予 4A 级河北优品牌，黄骅旱碱麦区域公共品牌正式发布。2020 年，海兴碱梨通过了有机产品认证，还申请了"海兴碱梨"地理标志产品认证。品牌建设为盐碱地农产品走向市场的身价"加码"，实现了农业增效、农民增收。

5. 政策引导，护航粮食安全新作为

早在 2013 年，为保障国家粮食安全，提升盐碱荒地和中低产田粮食生产能力，科技部、中国科学院联合环渤海（市）河北、山东、辽宁、天津 4 省市以"土、肥、水、种"等关键技术为着力点，启动"渤海粮仓科技示范工程"。河北省作为"渤海粮仓科技示范工程"的主战场，为保证任务的顺利实施，河北省编制了《河北省渤海粮仓科技示范工程项目管理办法》《河北省渤海粮仓科技示范工程行动方案（2014—2017 年）》等落实性文件，并纳入2014~2015 年政府工作报告和 2015 年省委、省政府一号文件扎实推进，在各项政策的推动下，河北省中低产田和盐碱荒地改造稳步推进，粮食生产能力大幅提升。2023 年习近平总书记到河北考察旱碱地麦田，开启了以盐碱地综合利用为着力点挖掘粮食增产潜力的新篇章。河北省落实习近平总书记的指示，有序推进盐碱地资源状况调查、耐盐碱品种选育攻关、适应性优良品种推广等一系列战略举措，把盐碱地综合利用作为挖掘粮食增产潜力的战略举措，以构建种子、种植、加工、销售一体化的产业链，全力推动盐碱地特色农业做大做强。

四 河北省旱碱麦产业链发展现状及存在的问题

粮食安全是"国之大者"，盐碱地综合改造利用是耕地保护和改良的重要方面。旱碱麦是盐碱耕地上的适生粮食作物。由于其特殊的生长环境，旱碱麦微量元素、蛋白质含量、湿面筋含量等指标较其他小麦均具有显性优势。河北省立足自身资源禀赋和种植基础把发展旱碱麦产业作为推进盐碱地综合利用的主要措施，着力发展盐碱地特色农业，夯实粮食安全基础。

（一）发展现状

1. 育优种，强品质

河北省充分发挥"渤海粮仓科技示范工程"的示范带动作用，不断深化与中国农业科学院等高校院所的对接合作，开展小麦育种技术联合攻关。培育出了"捷麦19""捷麦20"等耐盐碱、抗病性强的小麦品种，该系列品种具有抗旱、耐盐碱的特性，麦粒矿物质含量丰富，光泽透明、出粉率高，加工后面粉不粘手、韧性强、耐蒸煮，制成食品颜色白净、口味香甜、筋力大、风味独特。耐碱小麦品种目前除在河北沧州运东大面积种植外，已推广至山东滨州、天津滨海新区等滨海潮土区域。

2. 建基地，促增产

为发展壮大旱碱麦这一独特的品种，河北省在黄骅建立了旱碱麦研究推广中心，聘请了中国科学院刘小京研究员等 8 名专家为顾问，对旱碱麦种植土地整治、新品种应用选择、生物有机肥施用、机械化收获等全过程生产技术标准进行了研究，制定了《黄骅旱碱麦生产技术规程》，为全省旱碱麦产业发展推广提供了技术支撑。在黄骅市建设了优质旱碱麦生产示范基地近20万亩，全面推行了统一标准、统一供种、统一播种、统一管理、统一收获、统一销售的"六统一"管理模式，确保了旱碱麦的品质，目前规模化种植经营主体已发展到40余家。

3. 强龙头，延链条

在大力发展旱碱麦规模化种植的同时，把延长旱碱麦产业链条作为主攻方向，大力发展旱碱麦深加工，提升旱碱麦附加值。目前，河北省旱碱麦主产区沧州市拥有市级以上龙头企业13家，其中省级龙头企业2家、市级龙头企业11家，已经形成颗粒面粉、黄骅面花等一系列产品，特别是黄骅面花已被列为省级非物质文化遗产，赋予了旱碱麦产品文化价值，有效提升了旱碱麦产业的附加值。目前，旱碱麦面粉在京津市场销售价格每斤可达6~8元，高于普通小麦30%以上，亩均收入增加600元以上。

4. 树品牌，创特色

坚持把品牌建设作为推动旱碱麦产业高质量发展的重要抓手，在天宝面业的"誉天宝"、振学面业的"振学"牌面粉已获评4A级河北优品牌，JM牌"高筋小麦粉"荣获第十七届中国绿色食品博览会金奖、"颗粒小麦粉"荣获第十八届中国绿色食品博览会金奖，"帝鉴面花"荣获第二十届中国绿色食品博览会金奖的基础上，目前，"黄骅旱碱麦"地理标志证明商标申请已获国家知识产权局受理；5个新增旱碱麦产品绿色食品已通过现场检查，正向中国绿色食品中心申报，通过后将有11个旱碱麦产品成为国家绿色食品。

（二）存在的问题

1. 种业研发基础薄弱

河北省立足盐碱地综合利用先后建立起省节水农业重点实验室、省土壤生态学重点实验室、省农作物抗旱研究重点实验室、省农作物耐盐碱评价与遗传改良重点实验室、省盐碱地绿化技术创新中心、省盐碱农田土壤微生态修复技术创新中心等科研平台，培养出沧州临港经济技术开发区农科所、沧州市农林科学院两家旱碱麦品种繁育单位，先后培育出抗旱耐盐碱的"冀麦32"（1992年，沧州临港经济技术开发区农科所）、"沧麦6002"（2007年，沧州市农林科学院）、"沧麦6005"（2010年，沧州市农林科学院）和"捷麦19"（2015年，沧州临港经济技术开发区农科所）等一系列小麦品种，但总体科研实力不强，种业研发基础薄弱。

2. 旱碱麦农田建设标准低

农田质量是影响粮食产出的重要因素，高标准农田是粮食安全的载体。虽然河北省高标准农田建设已取得重要进展，但现有的高标准农田建设质量参差不齐，耕地质量仍然总体偏低。旱碱麦主产区沧州市运东六县（市）永久基本农田有436.31万亩，其中高标准农田有256.6万亩，尚有近半数的农田未达到高标准农田的标准，现行高标准农田建设亩均投入太低，也达不到"高标准"要求。

3. 组织化、规模化、标准化水平不高

围绕集成推广旱碱麦新技术，除黄骅市建设的20万亩的优质旱碱麦生产示范基地按照"六统一"（统一标准、统一供种、统一播种、统一管理、统一收获、统一销售）管理外，其余大部分还保留着一家一户分散种植模式，缺乏规模化、产业化经营主体，旱碱麦种植、加工、产品质量等相关标准也未建立，旱碱麦规范化种植、标准化生产、产业化经营远未成型。

4. 产业发展链条不完善

虽然旱碱麦主产区已培育起年加工能力达到20万吨以上的旱碱麦专业加工企业6家，但仅限于加工小麦粉等初级产品，营养面条、烘焙类、速冻类、特色风味类等中高端面制产品及小麦淀粉、小麦蛋白等精深加工产品很少，龙头企业辐射带动不强，"产、储、加、销"服务体系不健全，缺乏拳头产品，未形成以旱碱麦为中心的发展理念和全链条发展模式。

五 建链、补链、强链推动旱碱麦全产业链发展的几点建议

进一步依托"开展盐碱地综合利用、端牢中国饭碗"这一国家战略需

求政策利好，加快推动政策链、创新链、产业链、金融链"四链融合"，延伸价值链，做大做强旱碱麦产业。

1. 强化顶层设计，系统化推进旱碱麦全产业链发展

加快建立健全旱碱麦全产业链标准体系。围绕旱碱麦产业的全过程、全要素、各类主体等，立足《黄骅旱碱麦生产技术规程》建立健全贯穿旱碱麦相关种植、加工、产品质量、包装、物流等从田间到餐桌的全产业链一体化的标准体系，为旱碱麦品牌培育壮大奠定基础。加快健全旱碱麦全产业链政策支持体系。结合沧州市出台的《旱碱麦产业高质量发展推进方案（2021—2025年）》实施效果，立足旱碱麦产业发展前景及当前发展瓶颈，建立省级层面的全链条政策支持体系。统筹现有支持政策，在农田水利、科技创新、农技推广服务、农业机械化、防灾减灾、生态环境建设、粮食加工、人才、营销等方面一体化布局，进一步加大扶持力度，充分调动各方积极性，全面激发主体、要素和市场的活力，合力推进。

2. 强化科技支撑，围绕旱碱麦全产业链开展技术攻关

立足河北省现有的旱碱麦种业研发平台和盐碱地综合利用省级实验室，发挥国家科研机构、大专院校、种子企业的协同创新作用，实施全产业链协同攻关，为盐碱地产能提升提供良好的科技支撑。加大科技投入，强化基础性公益性种业研究，重点开展种质资源收集、保护、鉴定、育种材料的改良和创制；鼓励"育繁推一体化"种子企业整合现有育种力量和资源，充分利用公益性研究成果，按照市场化、产业化育种模式开展品种研发，逐步建立以企业为主体的商业化育种新机制。做好耐盐碱品种选育示范区域（基地）布局，重点突破"土、肥、水、种"等关键技术，加快选育耐盐碱特色品种，依托"研发中心—中试基地—产业园"全链条科技成果转移转化体系，"以种适地"同"以地适种"相结合，有效拓展适宜作物播种面积。围绕加工增值环节，在补齐烘干、储藏、脱壳、去杂、磨制等初加工短板的基础上，积极创建国家级、省级旱碱麦加工重点实验室和国家旱碱麦加工产业技术创新中心等科研平台，引进顶尖的专业科研团队，改进工艺装备，攻坚旱碱麦加工副产物精深加工高值化利用技术环节，发展专用粉、全麦粉等新型健康产品，丰富加工即食产品品类。支持大型农业企业和农业科技型企业，创新超临界萃取、超微粉碎、蛋白质改性等技术，挖掘旱碱麦多种功能价值，提取营养因子、功能成分和活性物质，开发营养均衡、养生保健、食药同源的加工食品和质优价廉、物美实用的非食用加工产品。创新旱碱麦产品销售模式，基于习近平总书记亲临考察的口碑溢出作用，发挥全媒体的绿色传播功能，网络市场与传统市场相互链接，提高市场占有率。

3. 提高农田建设投入标准，分级分类推进盐碱耕地改造

健全盐碱耕地数量、质量、生态"三位一体"保护制度体系，整合财政、农业、国土、水利等相关部门项目资金，协调路、林、渠、土、电等行业项目资金，多方协同增加盐碱耕地建设投入，有效提升旱碱麦主产区农田建设标准。健全建后管护经费保障机制，提高高标准农田"最后一公里"项目管护经费保障水平，确保建成的高标准农田长效运行。深化第三次全国土壤普查成果应用，摸清不同区域盐碱分布及修复潜力，开展盐碱地开垦潜力评估，有序开发盐碱地。科学合理地设计高标准农田建设的内容，分级分类配套盐碱化耕地灌排渠系，建立完善的水盐运行体系，降低土壤含盐量，配套农艺改良措施，提高盐碱耕地产出。

4. 着力推进规模化、标准化、产业化、品牌化和生态化，建设效益型旱碱麦产业

整合旱碱麦主产区合作社、家庭农场、承包大户等新型农业经营主体，加快建立旱碱麦产业联合体，提升旱碱麦产业集聚度。培育壮大旱碱麦龙头企业，依托黄骅旱碱麦主产区推进规模化种植基地建设，在用地、规划、技术、信息和销售等方面做好指导和服务。良种良技良法良机相结合，着力推进"六统一"（统一标准、统一供种、统一播种、统一管理、统一收获、统一销售）管理模式，为农户提供从小麦种植到销售的全过程服务，推动品种培优、品质提升、品牌打造和标准化生产，形成种子原种化、种植订单化、生产标准化、营销品牌化的旱碱麦产业化经营格局，提升旱碱麦产业在市场中的竞争力和知名度，促进全产业链发展和全价值链提升。充分发挥旱碱麦品质优、化学品低投入的特性，品牌化与生态化相结合对接消费新阶

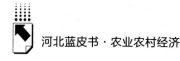

段，以黄骅旱碱麦区域公用品牌为支撑打造一系列高端旱碱麦产品。

5. 完善金融保险支持政策，保障农民收入

加强系统上下协调，明确政策导向，鼓励旱碱麦主产区因地制宜推动农业保险扩面增品提标，提升农险服务能力。推行完全成本保险等创新险种，在完全成本保险的基础上，开展收入保险试点，继续提升农业保险保障水平。探索旱碱麦全产业链保险，根据旱碱麦全产业链各环节风险点制定包括品种选育环节的制种育种险、规模化生产环节的土地流转履约险、生产环节的种植险、销售环节的质量险等一揽子保险险种，通过"1+N"菜单式承保方式（"1"为旱碱麦生产环节主险；"N"为全产业链其他环节风险），引导投保人根据风险管理需求参保，从而为旱碱麦全产业链发展所特有的自然灾害风险、法律风险、责任风险及市场风险等提供全方位风险保障服务，稳定旱碱麦生产、增加农民稳定收入，促进盐碱地特色农业可持续发展。

参考文献

牛犇：《黑龙港流域盐碱地治理与农业环境变迁研究》，硕士学位论文，河北师范大学，2014。

谢小丁、邵秋玲：《东营盐碱地种业创新现状与对策》，《滨州学院学报》2021年第6期。

杨久涛等：《山东盐碱地农业综合开发利用现状与展望》，《中国农业综合开发》2023年第6期。

董红云等：《山东省盐碱地分布、改良利用现状与治理成效潜力分析》，《山东农业科学》2017年第5期。

冯伟等：《河北省盐碱地分布　成因及改良利用技术研究》，《河北农业科学》2015年第1期。

河北省"谁来种地"现状、
影响因素与政策建议

伍建光 李景锋 靖海峰*

摘 要： 解决好"谁来种地"问题是河北加快建设农业强省的重要根基。河北省耕地分布以平原区为主，机械化程度和社会化服务水平较高，但"谁来种地"问题仍面临诸多制约，农业生产比较效益偏低，农业农村生产生活条件有待改善，新型农业经营主体和社会化服务发展不充分，农业产供储加销链条有待健全，农业专业人才供需不匹配，农村金融服务供给不足。加快构建现代农业经营体系，实现小农户与现代农业有机衔接，需要上下级、内外部政策协调联动、配套集成，在巩固完善农村基本经营制度、调整优化财政支农投入机制、建立完善激励约束政策、创新优化农业金融服务供给等方面综合施策。

关键词： 小农户 农业生产 经营主体

　　党的二十大报告明确提出："巩固和完善农村基本经营制度，发展新型农村集体经济，发展新型农业经营主体和社会化服务，发展农业适度规模经营。"随着人口老龄化进程加速以及城镇化、工业化的纵深推进，农业特别是粮食生产的从业人员数量减少、比较收益降低，传统的小农经营方式面临深度转型，解决好"谁来种地"问题是关系农业现代化的关键问题。河北

---

* 伍建光，河北省委农办秘书处处长，主要研究方向为农业农村经济；李景锋，河北省农村改革中心主任，主要研究方向为农业农村改革；靖海峰，河北省农经站农艺师，主要研究方向为农业经济。

是农业大省，也是国家重要粮食主产省，解决好"谁来种地"问题、更好保障种粮农民的收益，是加快建设农业强省的重要根基。对此，河北省委农办课题组对全省农业经营主体情况进行系统分析，选择邢台市威县、邯郸市魏县开展集中调研，聚焦重点问题深入梳理，研究提出政策建议。

一 河北省土地耕种及农业从业人员状况分析

（一）全省土地耕种情况

河北省耕地总面积为9029.241万亩，其中地面坡度在15°以下的耕地为8927.462万亩，占比98.87%。复种指数为1.32（中南部平原地区一年两熟，张承和山区一年一熟）。

2022年，全省农作物播种面积为1.3亿亩，其中：粮食播种面积为9665.7万亩，单产为399.9公斤/亩，总产量为773.06亿斤；蔬菜播种面积为1257.99万亩，总产量为5406.8万吨；油料播种面积为501.9万亩，总产量为23.1亿斤；棉花播种面积为174.2万亩，总产量为13.9万吨；糖料播种面积为19.98万亩，总产量为70.23万吨；水果种植面积为710.6万亩，总产量为1139.7万吨。

河北省高度重视耕地撂荒问题，健全完善撂荒地常态化监测摸排机制，坚持随排查、随复种，利用一块、销账一块。同时，全省耕地分布以平原区为主，机械化程度和社会化服务水平较高，土地流转或代耕代种方便，且近年来粮食种植收益较为稳定，土地流转费用逐年提高，农民普遍没有撂荒土地的想法。

（二）农业从业人员状况

1. 小农户在绝对数量上仍为农业从业人员主体，经营形式以兼业为主

全省家庭承包经营的农户总数为1314万户，其中流转出承包耕地的有513.38万户（全部流转的有209.2525万户、部分流转的有304.1275万户）。

从经营规模上看，经营耕地在 10 亩以下的有 1068.4573 万户，占 81.31%；经营耕地为 10~30 亩的有 233.4345 万户，占 17.77%；经营耕地为 30~50 亩的有 96519 户，占 0.73%；经营耕地为 50~100 亩的有 22183 户，占 0.17%；经营耕地为 100 亩以上的有 2412 户，占 0.02%。

调研组分别选定威县（种植大县）的 3 个村、魏县（劳务输出大县）的 3 个村，进行了全面摸底。

威县：贺营镇红龙集村，总户数 395 户，实际种地农户 165 户，纯农业户 20 户、兼业户 145 户；方营镇孙家寨村，总户数 420 户，实际种地农户 360 户，纯农业户 70 户、兼业户 290 户；赵村镇大张山村，总户数 598 户，村内土地全部流转给君乐宝乳业，从事第一产业的 21 人均已成为君乐宝乳业产业工人。

魏县：牙里镇牙西村，总户数 622 户，实际种地农户 400 户，均为兼业户；前大磨乡和顺会村，总户数 362 户，实际种地农户 280 户，纯农业户 64 户，兼业户 216 户；北皋镇杨柴曲村，总户数 485 户，实际种地 265 户，均为兼业户。

从调研走访来看，纯农业户主要有三种类型：一是从事设施农业和林果种植的专业户；二是从事粮食生产的家庭农场或种植大户；三是年龄在 60 岁以上、不再外出务工且具有劳动能力的老年人，这部分人种地除了灌溉外其他环节基本交给社会化服务组织负责，主要是在种地机会成本为零的情况下，自己种比流转出去每亩多挣 300~400 元。

2. 内生型的新型农业经营主体快速发展，在粮食等大田作物领域正在逐步承担起生产经营的主休行为

全省家庭农场共 84029 个，经营土地面积 1477.51 万亩。农民合作社数量为 11.11 万家。农业社会化服务组织数量为 6.55 万个，服务对象数量为 985.86 万个，其中服务小农户 899.58 万户。全省农业生产托管服务面积为 2.266 亿亩次，其中服务粮食作物面积 1.67 亿亩次。

从生产经营领域看，家庭农场从事种植业的占 59.2%，从事畜牧业的占 30.4%，种养结合的占 6.4%，从事渔业的占 1.6%，从事林业的占

0.2%。农民合作社从事种植业及相关产业的占56.9%，从事畜牧业及相关产业的占13.84%，从事林业及相关产业的占5.81%，从事渔业及相关产业的占0.5%，从事服务业的占4.64%。

从盈利水平看，正常营业的主体中，8.94%的主体亏损，28.92%的主体收支基本持平，20.66%的主体盈利在10万元以下，28.54%的主体盈利为10万～30万元，7.08%的主体盈利为30万～50万元，5.86%的主体盈利在50万元以上。

从领办人年龄分布看，30岁以下的占1.09%，30～39岁的占15.02%，40～49岁的占37.01%，50～59岁的占38.69%，60岁及以上的占8.19%。

从领办人文化程度看，小学及以下学历占比为1.56%，初中学历占比为32.42%，高中学历占比为28.54%，中专或大专学历占比为33.18%，大学本科学历占比为4.13%，硕士及以上学历占比为0.17%。

另外，从调研访谈来看，从事粮食种植的家庭农场和农民合作社，很多在自己直接经营土地、种植粮食的同时，面向小农户提供社会化服务，收取服务费用。这样安排，一是因为直接经营土地投入较多且面临的风险和不确定性较大，对直接经营规模有一定的控制；二是所拥有的农机设备在满足自己经营的前提下还有剩余服务能力，两者兼具能够在把经营风险控制在可承受范围内的前提下，实现经营主体的收益最大化。

（三）适度规模经营情况分析

全省农村土地经营权流转面积为3349万亩，占家庭承包耕地面积的41.5%。其中，50亩以上的适度规模经营面积为2292万亩，占流转总面积的68.4%。

从流转方式上看，以出租和入股两种形式为主，其中以出租形式流转2869万亩，占85.7%；以入股形式流转221万亩，占6.6%，其中入股合作社和家庭农场的占75.8%。

从流转期限上看，流转期为1～5年（含5年）的有1684万亩，占50.3%；流转期为5～10年（含10年）的有1051.9万亩，占31.4%；流转期为 10 年以上的有 613.1 万亩，占 18.3%。

从流转去向上看，流转入农户的有 1378 万亩，占 41.1%；流转入家庭农场和合作社的有 1382 万亩，占 41.3%；流转入企业的有 376 万亩，占 11.2%。

从流转用途上看，用于种植粮食和重要农产品生产的有 2328 万亩，占 69.5%。

从流转价格上看，全省土地流转平均价格为每亩一年 857.89 元。调研发现，一般农户流转土地用于粮食生产比较多，基本以每亩 800 斤粮食的价格为一年的流转租金，每年在 950 元左右。因为 2022 年小麦、玉米单产和价格提高，粮食种植单位收益相应增加，推动土地流转价格呈上涨趋势，一些好地块达到每亩一年 1400~1500 元，且新型农业经营主体反映，流转价格上涨容易、下调较难。

二　影响"谁来种地"的相关因素分析

从入户访谈情况来看，农民种地意愿总体不强，且在年龄群体上差异性较为明显，50 岁以下的普遍不愿种地；50~60 岁的偶尔还下地劳动，还有随着岁数增加、不再外出打工的情况下接着种地的想法；60 岁以上还有劳动能力的，对土地还有很深的感情，普遍有种地的意愿。但后两个年龄段的种地意愿，都是在社会化服务普遍覆盖，对种地的体力要求偏低的情况下的表达。在影响农民种地意愿的因素中，最为突出的是种地的机会成本，农民按照收益水平决定种地还是不种地，作为微观主体的经济理性特征明显。这也给通过激励机制的政策设计改变农民种地收益预期，进而改变其行为选择留下了较大的政策空间。

（一）农业生产比较效益偏低

这是影响农民种地与否的最关键因素，主要表现在以下两个方面。一方面，种地特别是种粮的收益水平偏低。一般农户小麦种植收益：2022 年亩均总收入为 1371 元，较上年增加 288 元；亩均总成本为 685 元，较上年增加 140 元；亩均净利润为 686 元，较上年增加 148 元。新型农业经营主体小麦种植收益：亩均总收入为 1371 元，较上年增加 288 元；亩均总成本为 1050 元（含土地流转费用），较上年增加 125 元；亩均净利润为 321 元，较上年增加 163 元。一般农户玉米种植效益：亩均总收入为 1297 元，较上年增加 59 元；亩均总成本为 672 元，较上年增加 45 元；亩均净利润为 625 元，较上年增加 14 元。新型农业经营主体玉米种植收益：亩均总收入为 1297 元，较上年增加 59 元；亩均总成本为 1048 元（含土地流转费用），较上年增加 29 元；亩均净利润为 249 元，较上年增加 30 元。一般农户水稻种植效益：亩均总收入为 1960 元，较上年增加 205 元；亩均总成本为 1139 元，较上年增加 97 元；亩均净利润为 821 元，较上年增加 108 元。新型农业经营主体水稻种植收益：亩均总收入为 1960 元，较上年增加 205 元；亩均总成本为 1720 元（含土地流转费用），较上年增加 55 元；亩均净利润为 240 元，较上年增加 150 元。2022 年，一般农户每亩地净挣 1000 元左右，规模经营主体每亩地净挣 500 元左右。访谈中，新型农业经营主体普遍反映，2022 年风调雨顺，小麦、玉米单产创近年新高，且市场价格上涨，种粮收益每亩高于往年 100~200 元。

另一方面，种地的机会成本偏高。对中青年农民来说，在家种地在一定程度上就是放弃了外出打工。从实地调研看，魏县、威县两县县内打工每天收入约为 150 元，外出打工每天收入约为 200~300 元。访谈中农户普遍反映，辛辛苦苦种地一年，还不如外出打一个月工。即使是规模经营的家庭农场，以魏县唯美家庭农场为例，夫妻两人加上父母帮忙一家种 300 亩地，一年下来也就是挣 9~10 万元，也不如打工挣得多。同时，河北就近转移就业门槛较低、较为方便，全省 1282.5 万农村劳动力实现就业创业，其中县内就业占 72.9%，生活成本较低，且能够同时照顾家庭，进一步提高了种地的机会成本。

（二）农业农村生产生活条件有待改善

一是土地的碎片化问题。全省零碎地块较多的现象较为普遍。从一般农户来看，全省平均每户 4 块地，每块地 1~2 亩。从新型农业经营主体来看，成方连片流转土地难度较大，仍然以一家一户自然流转为主，碎片化问题也相当突出。实地调研中发现，魏县海建合作社流转土地 1000 多亩，地块有 400 多块；唯美家庭农场流转 300 亩地，地块有 80 多块；杨军家庭农场流转 300 亩地，地块有 60 多块。碎片化问题严重制约了机械化作业和社会化服务的开展，进一步提高了种地成本。二是机械化程度问题。河北省机械化作业水平较高，全省耕种收机械化率达 85.46%，特别是粮食作物，小麦、玉米耕种收机械化率分别达 99.94%、93.49%，基本实现了全程机械化，可以说"机代人"是粮食生产领域规模化经营的关键因素。但大豆、棉花等作物机械化水平偏低，分别只有 69.44%、71.55%，且缺乏适宜山区、丘陵地区作业的农机装备，导致机械化水平区域差异明显，这在一定程度上影响了农民的种地意愿。三是灌溉条件问题。全省 9029.41 万亩耕地中，具备灌溉条件的有 5940.73 万亩。已建成的 5232 万亩高标准农田中，配套高效节水灌溉设施的仅占 30%。调研访谈中，农民和新型农业经营主体普遍反映，粮食种植过程中，浇水灌溉已经成为主要用工环节，社会化服务组织受限于农田基础条件很难进行覆盖，这在很大程度上增加了种地的劳动强度和生产成本。四是生活服务配套问题。目前来看，城乡差距在基础设施和公共服务水平方面表现最为突出。与老一代农民相比，农村年轻人对生活环境、子女教育问题越来越重视。入户访谈中，很多农民谈到之所以离开农村到县城居住，就是因为村里学校办学水平低，怕耽误了孩子，千方百计把孩子送到县城学校上学，为了照顾孩子自己也跟着搬到县城打工生活。

（三）新型农业经营主体和社会化服务发展面临较多制约

一是土地规模流转难问题。新型农业经营主体希望村级组织在引导和组织土地流转中发挥更大作用，有效解决土地碎片化问题以及和一家一户难以打交道的问题。二是农机购置补贴标准偏低问题。近年来，新型农业经营主体和社会化服务组织经营规模水平提升，其对购置应用大型农机的需要越来越迫切，但国家对大型农机的补贴标准却有所下降，如 200 马力以上的拖拉机每台购置补贴额比以前减少 1 万元左右。三是粮食完全成本保额偏低问题。目前河北省小麦、玉米每亩保险金额分别为 950 元、800 元,新型农业经营主体生产成本(包括土地流转费用)分别为 1050 元、1048 元,保额不能完全覆盖生产成本。四是设施用地难问题。目前建设农机停放和粮食晾晒、烘干等设施场所,已经成为新型农业经营主体的普遍性要求,但因为用地政策要求设施用地严禁占用永久基本农田,只允许占用一般耕地且必须进出平衡,目前平原地区农业县基本农田占耕地比重普遍高于 90% 以上,且粮食经营主体流转的土地均为永久基本农田,设施用地难问题日益突出。调研访谈中,魏县玉悦种养殖家庭农场反映,原来的粮食晾晒和烘干场地因被认定为建在基本农田上,2023 年 4 月已拆除,但其种植的 1000 亩玉米 2023 年秋收后无处晾晒成了头等难题。五是流转土地中坟头和线杆问题。实地调研发现,魏县展翔种植家庭农场经营的 1000 亩地中有 120 多个坟头,爱耕合作社经营的一块 100 亩的地片中有 32 个坟头;同时,农田中电力、通信线杆数量众多,且线路高度一般只有 2~3 米。这两件事看起来不是大事,却是影响农机作业开展和新型农业经营主体规模化经营的现实问题。

(四)农业产供储加销链条有待健全完善

一是农产品加工水平偏低。全省农产品加工业产值与农业总产值比为 2.05∶1,低于全国 2.5∶1 的平均水平,与山东、河南等先进省份相比差距明显。根据抽样调研数据,村或乡(镇)附近建有冷库和农产品加工企业的比例仅为 35.47%。二是集散分销优势不突出。虽然各设区市都建立了物流化网络和农产品产地集散分销基地,但突出产销优势、辐射京津区域的产地、销地以及集散市场建设需要加强,改造产地冷链集配中心、集散中心,提升集中采购和跨区域配送能力方面仍然存在不足。

(五)农业专业人才供需不匹配

一是高素质农民培训的数量和质量还有待提升。2013~2022 年,全省累计培训了 31 万名高素质农民,但数量还是偏低,仅占农业生产经营人员的

1.03%。培训内容上，政策性内容较多，根据产业细分的专业培训较少，且培训方式较为单一，大多以课堂讲授为主，辅助以田间地头的教学、实践基地的参观等形式，受农民欢迎的培训如手把手示范教学和生产现场技术指导等方式较为缺乏。二是涉农院校专业毕业生到农业一线创业就业动力不足。随着现代信息技术发展，以生态绿色农业、观光休闲农业、高科技现代农业为标志，以农业高科技武装的园艺化、设施化、工厂化生产为主要手段的现代农业对人才需求增大，设施农业、智慧农业、动物医学、病虫害防治、人工智能、电气自动化和物联网专业人才需求缺口较大。省内涉农院校有河北农业大学、河北工程大学、河北科技师范学院、河北北方学院、河北农业大学现代科技学院，涉农专业有60个，2022年培养涉农专业毕业生3654人。为调整优化学科专业间存量规模、招生结构，2022~2023年，省教育厅安排涉农类本科招生计划7715人。涉农院校专业毕业生多来自农村，但一般都选择在城市就业生活，即使到农村基层也是在行政事业单位工作，发挥所学专长、进行创业发展的人数不多。

（六）农村金融服务供给不足

从服务对象上，金融机构涉农贷款发放以农业龙头企业为主，而对于家庭农场、农民合作社等中小经营主体的金融支持很少；从有效抵押物看，县级金融机构普遍没有将土地经营权、农业设施设备等纳入有效抵押物范围，农村内生型经营主体获得贷款的难度较大；从贷款期限上，银行基于流动性和收益率考虑，目前对经营主体贷款多为1年以内的短期贷款，而农业项目普遍建设周期较长，与贷款期限错配问题较为突出。

（七）农业发展激励政策有待进一步优化

一是耕地地力保护补贴和实际种粮农民一次性补贴政策效能偏低。补贴发放对象为拥有土地承包权的农民，但随着土地流转，承包权与经营权大量分离，补贴与农民种粮行为关联度很小，实际已经成为农民的现金性收入补贴，补贴引导农户保护耕地、改善地力、从事种粮的政策效果打了很大折扣。二是农机购置应用试点补贴额度不高,且时间跨度较长。试点补贴时间跨度为 4 年,前两年分别按照 90%、10% 予以补助,达到作业标准后,第三年、第四年各奖励 8%。省内 5 个试点县部分购机者反映,重新购置新机具的补贴带来的经济效益可能超过应用试点补贴,也有部分购机者担心参与试点后机具性能下降导致后续年度无法正常作业,达不到作业面积标准,从而无法得到后续补贴。三是对粮食主产区激励不足。全省产粮大县大部分是农业县,经济基础薄弱,同时面临地下水超采治理和"两区"功能性定位政策约束,县域经济发展受限,粮食大县工业弱县财政穷县现象普遍。2022年,86 个产粮大县人均一般公共预算收入和支出分别为 3241 元、8053 元,分别低于全省平均水平 41%、36%,上级转移支付和专项补助总量仍然偏少,只能部分缓解相关县财政困难,还不能从根本上解决产粮大县面临的"粮财倒挂""高产穷县"困境。

三 河北省解决"谁来种地"问题的经验做法

河北省加快培育新型农业经营主体,发展农业社会化服务,推动适度规模经营,现代农业经营水平稳步提升。

(一)突出抓好家庭农场和农民合作社两类新型农业经营主体,构建现代农业经营体系

一是实施家庭农场培育计划。支持有创业愿望和能力,扎根农村、服务农业、带动农民的各类人才创办家庭农场,同时引导小农户逐步发展为经营规模适度的家庭农场。近年来,全省家庭农场保持较快增速,2022 年注册登记数量比 2017 年增长 156%。望都县润泽家庭农场流转土地 1500 余亩,以种植粮食为主,通过远程监测、智慧农机、水肥一体化等技术,仅依靠家庭成员 3 人和长期雇工 2 人管理,在农忙季节临时用工,实现了规模化、集约化生产经营,2021 年总产值为 391.5 万元,收益达 59.79 万元。二是开展农民合作社规范提升行动。支持龙头加工企业、基层供销社、农村集体经

济组织等各类主体创建农民合作社,通过丰富合作方式培育发展一批新产业、新业态、新模式的合作社,通过同业、同域、同链方式组建一批联合社;指导农民合作社切实内强素质、外强能力,深入开展示范社"四级联创",建立健全"空壳社"常态化治理机制,推动全省农民合作社高质量发展。农民合作社辐射带动全省 68.5% 的农户,覆盖 94% 的行政村。隆化县山湾乡在全乡 11 个行政村建立"两委"领办"新型共享式农民互助合作社",并组建 1 个乡级联社,合作社实行"生产在家、合作在社"方式,为农户提供从种到收的"统一技术培训、统一机械化作业、统一质量标准、统一生产资料采购、统一品牌打造"等全程化服务,也可选择某些环节由合作社托管。合作社通过合作服务、生产托管、盈余返还等方式,与农户建立密切利益联结机制,解决了农村"70 后"不愿种地、"80 后"不会种地、"90 后"不谈种地的问题。山湾乡皮匠营村合作社托管土地 5800 亩,为农户分红 16.8 万元。三是着力发展农业产业化联合体。创建省级示范农业产业化联合体 266 个,总产值达 3580.69 亿元,带动 434 万农户分享全产业链增值收益。创建国家级农民合作社示范社 367 家、省级示范社 1788 家、省级示范家庭农场 1749 家,有力带动了小农户发展。

(二)加快发展专业化社会化服务,着力破解小农户生产难题

一是支持农村集体经济组织参与社会化服务。引导支持农村集体经济组织开展托管服务,大力推行"农户+农村集体经济组织+服务组织+金融保险机构"形式开展社会化服务,鼓励股份合作、保底分红模式,推动形成"风险共担、利益共享"的联合体,合理兼顾服务组织、农村集体经济组织、农户三者利益,实现多方受益。农村集体经济组织在领办托管组织、提供居间服务等方面效果明显,提供居间服务的村级集体经济组织每年每亩土地能够有 30~70 元的管理费收入,开展自营的能够达到 100 元以上。如定兴县南蔡村集体经济组织将农户原有的 2800 亩土地集中起来,统一购买农资,开展种植作业、秸秆回收,实现村集体增收 60 万元。邯郸市永年区通过村集体统一组织农户签订联合生产协议,由企业统一经营,农户以土地入

股，每年按"保底800元+二次分红"进行统一结算，村集体负责土地流转、签订协议以及联合生产的监督管理工作，获得每年每亩30元的集体收益。二是加快培育各类农业社会化服务组织。通过政策支持、资金倾斜等方式，围绕同一产业或同一产品的生产，促进各主体多元互动、融合发展。支持大型服务组织提供农业生产全产业链服务，组织各类服务主体打造一体化服务组织体系。三是不断拓宽社会化服务领域和环节。积极推动农业社会化服务品种从粮棉油糖等大宗农作物向果蔬等经济作物拓展，服务业态从种植业向牧渔业等领域推进，服务环节从以耕种收获为主向农田灌溉、秸秆处理、饲草收获、产地烘干、产品营销等农业生产全过程延伸。四是创新完善服务模式。在全省因地制宜推广全产业链托管、菜单式多环节托管、股份合作分红、股份托管并行、专业化托管、供销社为农服务和中化现代农业平台（Modern Agriculture Platform，MAP）"6+1"服务模式，解决小农户等经营主体干不了、干不好、干了不划算的生产难题。中化农业公司在河北已建设运营50个技术服务中心，挂牌合作508个MAP乡村服务站，实行"两自五统"的土地托管模式，服务家庭农场、村集体经济组织等新型农业经营主体520余个，即由经营主体自主播种、自主灌溉，中化农业公司负责统一提供种子、统一供应农资、统一管理、统一收割、统一收购粮食。2022年，中化农业公司带动农民近3万户，户均增收478元/亩，村集体平均增收270元/亩。

（三）稳妥推进土地流转，提高规模化经营水平

一是积极引导村集体经济组织牵头组建土地合作社。在充分尊重农户意愿和保障农户合法权益的前提下，农户以土地经营权作价入股，由村集体经济组织统一经营或分包给家庭农场、农民合作社等新型农业经营主体，发展粮油生产或具有地域特色的种植业，带动村集体经济组织和农户增收，实现多方共赢。定兴县引导支持村党支部领办土地合作社，263个有耕地的村建立起了土地专业合作社，在尊重农民意愿的前提下，鼓励引导农户采取自愿带土地的方式加入土地合作社，合作社经营土地面积达到9.56万亩，保障

实施农田新基建，持续提升规模效益，促进村集体、村民"双增收"。二是全面推进农村产权流转交易市场建设。全省共建立农村产权交易机构157家，其中省级1家、市级13家、县级143家、乡镇服务站1900个、村级服务点40967个，形成了省、市、县、乡、村五级架构的农村产权交易市场体系。三是规范创新土地流转机制。制发《关于深化全省农村土地制度改革提升农村承包地管理水平的实施意见》等政策文件，引导各地推广使用统一制式流转合同文本，不断规范流转行为。故城县探索"党支部+村集体合作社（经济组织）+农户+保险+银行""五位一体"新型经营模式，赋予村集体合作社党建内核、赋予村集体法人结构，由村集体股份经济合作社组织农户以土地经营权入股，把土地整合起来，规模经营主粮作物，实现"两升一降"。"两升"，即通过规整土地、消除田垄，把"格子田"变成"土地大方"，土地实用面积增长了7%左右；通过科技支撑，提升了经营效益。"一降"，即形成规模后，合作社通过机械化生产、批量低价购买农资等方式，有效降低了生产成本。

（四）加大政策支持力度，强化要素保障

在人才队伍建设方面，全面落实各项倾斜政策，创新人事人才服务基层举措，鼓励引导各领域专业技术人员、"三支一扶"等人员服务基层、扎根基层，充分保障服务基层的科研人员在职称评审、工资福利、社会保障等方面的权益。有序实施高素质农民培育，利用全国农业科教云平台、"云上智农"App推行线上线下融合，培养一大批"土专家""土把式"等各类乡土人才，共培育高素质农民31万多人。保定市在全国率先建设"博士农场"，制定《关于建设"博士农场"的实施方案》和《关于支持"博士农场"建设的若干政策》，已签约落地51家"博士农场"，吸引了一大批高层次专业人才。蠡县与河北农业大学共建蠡县麻山药产业研究院，吸纳科技骨干成员63人，其中博士40人，高级职称占68%，将高校的技术、人才优势与县域特色产业发展有机结合。在财政项目支持方面，不断加大对新型农业经营主体的投入力度，2019年以来支持合作社、家庭农场和社会化服务发展的财

政项目资金累计达 32 亿元，有力促进了新型农业经营主体和服务主体高质量发展。在用地用电保障方面，各地在安排土地利用年度计划时，加大对新型农业经营主体的支持力度，保障合理用地需求。利用城乡建设用地增减挂钩政策，腾退的建设用地指标优先保障新型农业经营主体开展生产经营。经营主体从事农产品初加工等用电执行农业生产电价。在金融保险服务方面，鼓励金融机构针对农民合作社开发专门的信贷产品，合理确定贷款的额度、利率和期限，拓宽抵质押物范围。河北省创新金融支农模式，开展"农村金融服务专员"试点工作，共选派农村金融服务专员 509 人。截至 2023 年 6 月，全省已发放贷款金额 87.6 亿元，惠及 22203 家农业经营主体，为切实解决农业经营主体资金难题探索新路径。

四 解决"谁来种地"问题的政策建议

解决"谁来种地"问题是一项综合工程，需要上下级、内外部政策协调联动、配套集成，实现小农户与现代农业有机衔接。

（一）巩固完善农村基本经营制度

一是积极引导传统小农户向现代小农户转变。从国家层面进一步加强对小农户的扶持、改造和提升，积极将现代生产要素导入小农户，支持小农户开展联户经营、联耕联种等多种经营方式，着力增强其市场意识，提高其生产经营技能、抗风险能力。二是健全现代农业经营体系。在坚持家庭经营基础性地位的同时，大力培育发展新型农业经营主体，支持有条件的小农户加快成长为家庭农场，支持家庭农场组建农民合作社，构建更加紧密的利益联结机制。三是发展新型农村集体经济。持续深化农村集体产权制度改革，积极探索建立现代法人治理结构，完善农村集体经济组织"抱团"发展机制，鼓励组建混合所有制经营实体，通过领办创办生产类、服务类、资源类等各类合作社，带动新型经营主体、服务主体和小农户共同发展，积极探索农村集体经济发展壮大的有效实现形式和运行机制，带领广大农户实现共同富裕。

（二）调整优化财政支农投入机制

一是进一步优化耕地地力保护补贴的支持方向。切实引导补贴与耕地地力保护挂钩，提高补贴政策的指向性、精准性和实效性，逐步淡化相关补贴"普惠制"属性和以面积为补贴依据的要求，引导两类补贴向发展适度规模经营和生产托管服务，向主要粮食作物、单一品种种植、生产关键环节等方面补贴，有效发挥财政补贴对提升粮食综合生产能力的积极作用。二是优化完善农机购置补贴政策。适当提高经营主体购置大型农机补贴标准，提高其规模经营和社会化服务的能力。缩短农机购置与应用补贴兑付年限，适当提高补贴额度。农机购置补贴部分可于当年全额兑付，应用补贴部分在购机第二年、第三年分两年兑付并适当增加补贴额，以增强政策吸引力。三是合理确定小麦最低收购价格。建议国家层面以"市场定价"为导向，灵活制定最低收购价格，充分发挥市场机制的调节作用，进一步调动农民种粮积极性。四是取消农业项目地方财政配套资金。中央财政适当提高农业项目资金支出比例，取消地方财政配套资金，特别是县级财政配套资金，缓解基层财政压力。

（三）建立完善激励约束政策

一是探索设立种粮大户专项补贴资金，采取"以奖代补""先建后补"等方式，对其购置大型农机具、提高耕地质量等先期投入给予适当补偿。二是探索将种粮大户承包的农田，优先纳入高标准农田建设范围，实施水、田、路综合改造，增加粮食产能，提高农户和新型农业经营主体种粮收入。三是对新型农业经营主体农机停放、粮食晾晒和烘干等设施用地单独给予一定的建设用地指标，支持县级分区域布局建设设施场地，对经营主体实行共用共享。四是制定出台农村人才激励政策。鼓励支持涉农院校对新型农业经营主体领办人开展学历教育，提升其素质能力。优化涉农课程内容，将农业新知识、新技术、新工艺、新方法等科技创新成果纳入课程体系。结合农民职称评定，选拔认定一批"土专家"，纳入农民培训项目管理，给予政策扶

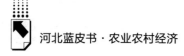

持、资金支持，逐渐将"土专家"培育成某一技术方面的"大国农匠"。鼓励大中专毕业生返乡发展，并在生活保障、社会认可度等方面给予倾斜，提高回乡创业人员积极性。

（四）创新优化农业金融服务供给

一是降低金融贷款门槛。围绕种养大户和新型农业经营主体，拓宽资产抵质押担保方式，降低贷款准入门槛，缩短贷款审批时间，打通农村金融服务"最后一公里"。二是创新农业金融产品。积极开发、推广符合当地农业产业特色的信贷产品，探索实施互联互保、风险补偿基金等方式，加大小额免抵押信贷产品的投放力度，满足农村多元化融资需求。三是优化农业政策性保险体系。实行分类粮食完全成本保险，对于一般农户，免除自己缴纳部分，对于新型农业经营主体，考虑其土地流转成本适度提高保额。在国家层面加快建立统一的农业数据信息服务平台，明确农业保险的行业标准和业务审核流程，实现各地保险机构业务的可监控和农业保险数据的可复核。

参考文献

高鸣、江帆：《回答"谁来种地"之问：系统推进现代农业经营体系建设》，《中州学刊》2023 年第 12 期。

苏卫良：《未来谁来种地——基于我国农业劳动力供给国际比较及应对策略选择》，《农业经济与管理》2021 年第 3 期。

钟真：《中国新型农业经营主体发展的逻辑：内在机制与实践案例》，经济科学出版社，2020。

B.16
推动河北省预制菜产业
高质量发展的对策建议

苗冰松　王增利　刘雪影*

摘　要：　2023年中央一号文件和国家发展改革委发布的《关于恢复和扩大消费的措施》均提出培育发展预制菜。预制菜产业横向融合一二三产业，纵向打通生产、流通、消费链条，成为推动农业转型升级、助力乡村振兴的重要着力点，在构建现代产业体系、推动供给侧结构性改革和消费提档升级等方面发挥着重要作用。河北省是农业大省，抢抓预制菜产业新赛道对于河北省建立大食物供给体系、推动农业农村现代化具有重要意义。本报告在梳理预制菜概念定义和发展沿革的基础上，分析了河北省预制菜产业发展的状况和优势以及面临的问题和困境，借鉴广东、山东、河南等先进省份发展预制菜产业的经验，提出按照"基于产业、源于文化、强于科技、兴于融合、归于三农"的发展原则，重点在规划引领、打造基地、园区建设、科研攻关、冷链仓储、现代化营销等方面共同发力，推动河北省预制菜产业高质量发展。

关键词：　预制菜　高质量发展　河北省

　　预制菜是指以一种或多种食材为主要原料，配以或不配以辅料和调味品（含食品添加剂），经洗、切、搭配等加工或炒、炸、烤、煮、蒸等技法烹调后制成的即食、即热、即烹、即配菜肴或主食。2023年中央一号文件提

* 苗冰松，河北省农业农村厅副厅长；王增利，河北省政府产业化办公室主任；刘雪影，河北省社会科学院农村经济研究所助理研究员，主要研究方向为农业农村经济。

出要提升净菜、中央厨房等产业标准化和规范化水平，培育发展预制菜产业。国家发展改革委发布的《关于恢复和扩大消费的措施》提出要培育"种养殖基地+中央厨房+冷链物流+餐饮门店"模式，挖掘预制菜市场潜力，加快推进预制菜基地建设，充分体现安全、营养、健康的原则，提升餐饮质量和配送标准化水平。根据第三方机构调查数据，2022 年中国预制菜市场规模达 4196 亿元，同比增长 21.3%，预计 2026 年将达 10720 亿元。据艾媒咨询调查数据，河北省是农业大省，农业产业发展基础较好，毗邻京津区位优势明显，抢抓预制菜产业新赛道对于河北省建立大食物供给体系、推动农业农村现代化具有重要意义。

一 预制菜基本情况

（一）概念定义

对于何为预制菜，目前尚无统一的标准和界定。中国烹饪协会在《预制菜产品规范》团体标准中将预制菜定义为"以一种或多种食材为主要原料，配以或不配以辅料和调味品（含食品添加剂），经洗、切、搭配等加工或炒、炸、烤、煮、蒸等技法烹调后制成的即食、即热、即烹、即配菜肴或主食"。即食产品指的是开封后可直接食用的产品；即热产品是指经过简单复热即可食用的产品；即烹产品指已完成对主要原料的一定加工过程，进行烹调后可食用的产品；即配产品指经过清洗、分切等简单加工而成的产品。

预制菜的定义虽未统一，但其基本特征比较明显。一是原料为来自农、林、牧、渔业的初级农产品；二是经过一定工业化、标准化程序的加工和包装；三是具有相对较长的保质期限，且适应长距离运输；四是终端消费者只需进行简单操作即可享用。

（二）发展沿革

预制菜发源于美国，成熟于日本。1920 年美国制造出世界上第一台快速冷冻机，到了 20 世纪 60 年代，食材配送供应链和冷链仓储问题得以解决，预制菜实现了商业化。20 世纪 80 年代，随着日本经济腾飞和冷链技术的发展，加之商业模式和社会结构的变化，日本预制菜的需求量不断加大，预制菜市场稳步增长，预制菜产业走向成熟。截至 2020 年，日本预制菜市场渗透率超过 60%，2021 年日本人均预制菜消费量达 23.59 公斤。

我国预制菜产业起步晚，20 世纪 90 年代，麦当劳、肯德基等快餐店进入我国，国内出现净菜配送加工厂，我国预制菜产业进入萌芽期。但由于冷链物流技术和仓储运输成本限制，以及中国菜本身菜系众多，操作复杂，难以实现产业化、标准化的特点，预制菜产业发展缓慢。2014 年，随着外卖市场的兴起和餐饮企业连锁化的推进，预制菜在 B 端市场加速渗透。直至 2020 年，随着经济不断发展、工作和生活节奏的加快、"宅文化"和"懒人经济"的兴起，我国预制菜产业进入快速发展阶段，成为新的风口。

二 河北省预制菜产业发展状况

（一）预制菜产业发展势头良好

2022 年底河北省预制菜相关企业达 5100 余家，其中营业收入在 500 万元以上的预制菜企业有 241 家。从企业类型看，国家级农业产业化龙头企业有 49 家、省级农业产业化龙头企业有 100 家、市级农业产业化龙头企业有 92 家。其中，省级以上农业产业化龙头企业中约 70% 集中分布在保定、衡水、石家庄和秦皇岛。有关数据显示，2022 年全国新注册预制菜相关企业 2799 家，其中，河北省新注册预制菜企业 757 家，增速位列全国第一，[①] 省内越来越多相关企业抢抓预制菜机遇，掘金"第二增长曲线"。另外，境外省外的预制菜知名龙头企业竞相在河北省投资布局。同福集团总部回迁石家庄，投资项目 8 个，累计投资额 110 亿元。2022 年以来，北京健坤餐饮集团在河北省签约项目 1 个，签约引资额 20 亿元；千喜鹤集团在河北省签约项目

---

① 艾媒咨询：《2022 年中国预制菜品牌百强榜》。

9 个，签约引资额 33.44 亿元；聚利和集团在河北省签约项目 4 个，签约引资额 13.2 亿元。益海嘉里拟在河北省规划新设 2 个项目，预计总投资额达 30 亿元。2023 年以来，河北省共签约中央厨房项目 22 个，签约引资额 85.04 亿元，完成投资 1.15 亿元。河北省预制菜产业发展势头强劲、前景广阔。

（二）预制菜产业发展优势明显

从农业资源来看，河北省是全国唯一具有沿海、平原、丘陵、山地、草原等全地貌形态的省份，加上多样化的气候特点，具备了发展多业态农业的条件。从产业基础来看，河北省聚焦粮油、蔬菜、果品、中药材、奶业、畜禽养殖等六大农业主导产业，集中力量推进五大千亿级产业工程，一体化推进集群、园区、项目建设，全面扩大产业规模和提升产品质量；从产品分类看，河北省主要农产品产量均居全国领先或前列位置，其中牛奶、禽蛋、食用菌居全国第 3 位，蔬菜居第 4 位，肉类居第 5 位，粮食、果品均居第 6 位，产品涵盖畜禽水产类、果蔬类、杂粮类、主食类等品类；从区位优势来看，河北省位于京津冀协同发展交汇点，承载了京津冀地区 1.2 亿人口的高端消费市场，加上相邻五省区达 4 亿多人口，拥有巨大的消费潜力；从交通网络看，河北省省辖市通高铁、县县通高速、村村通公路，京津冀机场群、港口群已经形成，高效便捷的立体交通网畅通海内外。

（三）预制菜产业政策扶持力度不断加大

省市县三级高度重视预制菜产业发展，加强政策引领，出台一系列支持预制菜产业发展的政策措施。省级层面出台了《河北省农业产业化工作领导小组关于大力推进农业产业化项目建设的意见》《河北省千亿级中央厨房（预制菜）产业提升工程实施方案》，实现产业规模、质量效益和市场竞争力跨越式发展。石家庄市出台了《关于支持现代食品产业发展的若干措施》《石家庄市推进现代食品倍增工作方案》等政策文件，成立了推进现代食品产业发展工作领导小组，不断增强现代食品产业核心竞争力。保定市出台了《保定市加快推进中央厨房预制菜产业高质量发展八条措施》，加强与广东省对接，重点打造了保定驴火、直隶官府菜类、安国药膳三类预制菜品牌。高碑店市实施预制菜产业崛起行动，全力推动预制菜产业发展，培育保定市级以上龙头企业 25 家。阜平县大力发展净菜及鲜切菜加工企业和畜禽产品加工企业，建立了相对成熟稳定的销售渠道。望都县积极构建中央厨房现代产业体系，拥有面制品、奶制品、即烹菜品、鸭血制品等多种类预制菜产品。安国市围绕药膳预制菜和药食同源食品发展现状，制定了全产业链型药膳预制菜的发展规划。

（四）预制菜产品与销售渠道均呈现多元化

一是产品呈现多元化趋势，预制菜品种更加多样，类型更加齐全。预制菜的品种多样，有蔬菜类、畜禽类、水产类等预制菜肴、生制预制菜肴和熟制预制菜肴，有即配菜肴、即热菜肴、即烹菜肴和即食菜肴等。青龙县双合盛生态农产品有限公司利用 8 年时间，由建厂伊始的单一系列产品发展到 4 大系列 30 多种单品，由成立之初的"小作坊"成长为日产速冻主食 20 吨、拥有 4 万吨冷藏仓储能力的现代化杂粮主食加工企业，产品畅销全国各地，成功打开了国际市场，并直接带动 4000 余名贫困人口如期脱贫、稳定带动周边 1.6 万余户农户持续增收。二是宣传销售渠道多样化，线上线下宣传相结合，B 端 C 端市场双向发力。各地预制菜企业瞄准消费市场，注重开辟宣传销售渠道，通过投入零售渠道、连锁餐饮、线上直播、电商平台等方式，加强销售渠道建设，推进预制菜社会化供应。惠康食品有限公司线上通过抖音、快手等平台的运营进行品牌宣传，线下投放了车体电梯广告、开展社区宣传等，积极打造"谷言牧场"等中高端品牌，企业产品占领全国 9 个省份主要市场。

（五）预制菜产业园区呈现规模化特征

各地强化园区建设，全省共新建农产品预制加工业园区 8 个，提升改造园区 8 个，聚集企业 30 家以上，带动引领产业产值达到 600 亿元以上。安平县与北京（首农）二商肉类食品集团有限公司签订的安平肉食品产业园项目，投资额高达 11 亿元，是衡水市近年来签订的投资规模最大的预制菜产业项目。该公司立足于速冻调理和传统酱卤工艺基础，不断挖掘消费新需求，大力拓展预制菜业务，先后研发并上市猪肚鸡、红烧肉、四喜丸子、农家酥肉等10余种预制菜产品，部分产品已快速形成规模化销售体量，得到广大消费者认可。投资21.5亿元的保定首个中央厨房预制菜产业园在高碑店落地，凭借环京津1小时鲜活农产品物流圈的区位优势，新发地将建设北京预制菜供应的"大后方"。

三 河北省预制菜产业发展面临的问题

河北省预制菜产业发展起步较晚，虽然预制菜产业发展有了一定的基础，取得了一些成绩，但与广东省、山东省、河南省等先进地区相比还存在一定的差距，主要体现在以下几个方面。

（一）预制菜发展产业链条尚未完全打通

从原材料到加工生产到销售流通的产业链条尚未完全形成，堵点依然较多。在原材料供应阶段，企业向原材料生产端延伸不够，大多通过农产品市场采购，与农户农民联结不够紧；部分预制菜企业没有建设果蔬种植基地，只进行菜品加工程序，在创造就业、带动周边农民增收方面发挥的作用不明显，同时造成物流成本提高，未能促进一二三产业融合协同发展，联农带农益农不紧密。如保定市望都县御香坊预制菜加工企业，与北京市物美超市合作，提供果蔬鲜切类产品，产品供不应求，但所用原材料需要从外省外地采购，没有与当地蔬菜种植户形成有效的对接机制。在生产加工阶段，预制菜产业门槛低，部分地区蹭热度赶时髦，抓项目一哄而上，企业纷纷上马，对产业缺乏调研，不能有效地与当地优势特色产业结合起来，造成预制菜产业目前存在重复建设、品类雷同、同质竞争等问题。同时，食品包装、冷链物流相关企业较少，不能有效支撑河北省预制菜产业的高质量发展。在销售流通阶段，河北省预制菜企业市场营销能力总体较弱。大多数企业局限于传统销售方式，没有能力搭建电商直播、微商等新零售渠道，缺乏市场推广宣传，缺少产品营销团队，市场增长缓慢。同时，地方品牌效应不明显，品牌建设投入不足，知名品牌很少，市场影响力有限。如阜平县的硒鸽养殖加工企业，产品优质、复购率高，但目前仅依靠线下实体销售，预制菜产品占其总利润的5%，预制菜产品的销售增长还有很大的空间。

（二）市场发育尚不成熟，仍处在起步阶段

从供给端来看，当前河北省预制菜企业规模小而散的问题比较突出，龙头企业带动效应不强。根据赛迪顾问发布的《2023年预制菜企业竞争力100强企业名单》，河北仅有两家企业上榜预制菜企业百强名单，远低于广东、山东、河南等先进地区。一些小作坊式的预制菜生产厂商以次充好、偷工减料，导致预制菜产业产品质量参差不齐、食品安全问题较多，严重影响预制菜产业的市场口碑。从需求端来看，消费者对预制菜的认识两极分化，认可度和接受度不高。部分消费者认为，预制菜方便快捷，口味尚可，值得推广；但也有部分消费者对预制菜的新鲜度和安全性持怀疑态度，不愿为其买单。从政府角度来看，一方面省内各地政府对预制菜的认识不统一。部分地方认为预制菜产业是昙花一现的产业，对该产业的发展前景不抱希望。部分市县对预制菜产业持观望态度，没有制定相关政策进行推动。另一方面，在预制菜市场监管推动上还存在扯皮现象。预制菜产业的管理有的地方归口商务部门，有的地方归口工信部门，有的地方归口农业农村部门。各部门对预制菜归口管理认识模糊，缺乏科学界定，预制菜产业市场监管存在漏洞，影响了河北省预制菜产业的发展进程。

（三）创新研发能力不足，产品、技术更新速度慢

一方面，由于许多预制菜企业实力较弱，从技术研发到产品生产难以实现集约化、集成化，造成预制菜产业产品单品生产零星、品种供应分散。设施设备基础薄弱，智能设备智能化水平低，公共信息服务平台缺失，中央厨房规划设计的标准和卫生规范严重缺失，创新研发能力不强，技术成果转化和利用率较低，导致产品结构不合理，同类化、同质化问题突出。另一方面，

由于相关专业人才匮乏，掌握中央厨房预制菜技术和管理的人才严重不足，制约了预制菜产业体系健康快速发展。河北省预制菜行业大型企业从业人员数量占比仅为19.84%，中小微企业从业人员中技术工人占比不足40%，专业技术人员占比不足5%，其他人才占比仅为7%。业内普遍没有研发能力，特别是缺乏功能性食品、有机食品等细分领域的产品。河北省2020~2022年58.87%的企业没有专利申请，59.31%的企业没有科技成果奖励。

（四）政策保障和基础配套设施滞后

河北省虽然出台了一系列政策措施支持预制菜产业的发展，但数量仍然较少，针对性和专业化程度不足，且多数政策以满足短期需求为主，缺乏长远战略规划，尚不满足预制菜产业高质量发展的需求。基础配套设施特别是食品加工、保鲜、冷链物流等技术设备的不足，在一定程度上影响了预制菜品的口味和新鲜程度，制约了河北省预制菜产业的发展。河北省预制菜相关企业的冷链基础设施薄弱，城市人均冷库容量偏小，农村前端预冷和港站枢纽冷链设施资源不足，冷链物流设施在区域分布、产销地分布、温区功能等方面存在失衡问题。据统计，全省营业收入在500万元以上的241家预制菜企业中，自建冷链仓储基础配套设施的有41家，占比仅为17%。

（五）预制菜产业发展数智化程度不高，科技支撑能力不强

从预制菜产业生产环节来看，预制菜产业链条涉及农业生产、加工包装、仓储流通、餐饮服务、市场消费等多个环节，一方面要求各个环节运用数字化和智能化技术以提高生产效率；另一方面要求上下游企业加强协作，运用数智化系统打通全产业链条，加强对预制菜产业的全流程监控、全过程追溯、全产业数据实时分析。从预制菜产业监管来看，也需要运用数智化技术对业内企业和产品进行全程动态跟踪和监督。但当前河北省预制菜产业的数智化技术应用普及率较低，智慧农场、机器人装备车等智能化设施装备数量较少，数智化技术在全产业链条协作和产业实时动态监管中发挥的作用不大，未实现产品全流程跟踪溯源。

四 先进省份预制菜产业发展的经验及启示

根据赛迪顾问发布的《2023 年中国预制菜企业 100 强企业名单》，河北仅有今麦郎和谷言食品两家企业上榜，而广东有 17 家，山东有 11 家，河南有 7 家，河北省预制菜产业仍有很大的提升空间。艾媒金榜通过对全国 31 个省（自治区、直辖市）的预制菜产业传播声量、企业数量和规模、产业园区建设、重点企业平台销量、政策扶持力度等指标进行分析核算生成 2022 年度中国各省份预制菜产业发展水平排行榜，对我国各省份预制菜产业发展水平进行排名。如表 1 所示，河北省预制菜产业指数排名第十，处于上游水平，但与广东、山东以及地缘相接的河南相比，得分存在一定差距。梳理总结广东、山东、河南三省发展预制菜产业的经验，并结合河北省实际加以借鉴应用，对于全省预制菜产业高质量发展具有重要意义。

表 1　2022 年中国预制菜产业指数省份排行榜

排名	省份	指数得分	排名	省份	指数得分
1	广东	94.38	17	重庆	73.56
2	山东	92.39	18	陕西	73.18
3	河南	84.87	19	吉林	73.10
4	福建	82.95	20	山西	72.55
5	四川	82.38	21	广西	72.44
6	上海	81.86	22	天津	71.51
7	安徽	81.53	23	甘肃	71.49
8	江苏	80.77	24	江西	71.40
9	湖北	78.41	25	新疆	71.33
10	河北	77.99	26	黑龙江	71.30
11	浙江	77.56	27	贵州	70.45
12	内蒙古	77.34	28	海南	69.80
13	云南	76.04	29	青海	68.90
14	北京	74.72	30	西藏	68.89
15	湖南	74.61	31	宁夏	68.86
16	辽宁	74.45			

资料来源：艾媒金榜 2022 年度中国各省份预制菜产业发展水平排行榜。

（一）广东："特色预制菜+粤菜师傅"

广东省作为预制菜产业的"领头羊"，其先进的管理理念和独特的预制菜产业发展模式使其在预制菜产业赛道一直处于领跑地位。广东省充分挖掘"粤菜"传统品牌优势，突出"粤菜"特色培育发展预制菜产业，因地制宜推动不同地区发掘当地特色菜系，打造具有不同特色的预制菜品牌，如湛江市以畜禽和水产制品为主、茂名市扎根罗非鱼预制菜市场等。同时，广东省深入开展实施"粤菜师傅"工程，从厨师开始推动厨房菜品转向工业化生产，将预制菜产业人才培养纳入工程，鼓励学校增设专业课程，推动预制菜产学研结合，鼓励"粤菜师傅"星级名厨参与开发推广预制菜，解决预制菜生产过程中口味把控、保鲜保质等问题。广东省做优做强预制菜特色品牌、推动产学研结合、培养预制菜专业人才等做法对河北省预制菜产业发展具有重要借鉴意义。

（二）山东："企业+合作社+基地"

山东省农业资源丰富、农业产业发展基础雄厚，在农业农村发展中探索出了"诸城模式""寿光模式""潍坊模式"等典型发展路径。山东省预制菜产业起步较早，相关企业数量众多，产业集群初具规模，成立山东预制菜产业联盟，提出预制菜区域公共品牌，建立预制菜产业园，推动山东预制菜产业走在全国前列。2022年，山东省印发的《山东省人民政府办公厅关于推进全省预制菜产业高质量发展的意见》指出，支持预制菜企业采取"企业+合作社+基地"模式，稳定原料供应，保障质量安全，提升品质水平。同时，依托特色产业平台项目，提升原料供应基地标准化、规范化、规模化水平。一方面培育打造预制菜"十大品牌、百强企业、千优产品"，积极发展农业专业合作社，发挥专业合作社组织带动作用，加强与农户联结，建立一批供应稳定、质量可靠的养殖、种植直采基地；另一方面积极构建预制菜标准体系和预制菜食品安全监管体系，推动预制菜高质量发展。山东省在打通预制菜产业全产业链，稳定原料供应，提升预制菜产业联农带农效应以及构建预制菜产业标准体系等方面的经验做法对河北省推动预制菜产业高质量发展具有借鉴和启示作用。

（三）河南："规划引领+重点示范带动"

河南省印发《河南省加快预制菜产业发展行动方案（2022—2025年）》，制定预制菜产业发展的路线图，提出到2025年，全省规模以上预制菜企业主营业务收入突破1000亿元。开展预制菜企业梯次培育行动，建立预制菜企业培育库，创建预制菜示范企业。从示范企业到重点基地，从原材料供给到物流配送，河南全方位提升预制菜产业群链发展水平。以漯河、郑州、南阳、新乡、信阳、商丘、许昌、鹤壁、周口、安阳市等为重点，打造一批预制菜研发生产基地。河南省制定预制菜产业发展长期规划，同时打造示范企业、重点基地来引领带动预制菜产业高质量发展的思路值得河北省借鉴学习。

五　推动河北省预制菜产业高质量发展的思路建议

预制菜产业横向融合一二三产业，纵向打通生产、流通、消费链条，成为推动农业转型升级、助力乡村振兴的重要着力点，在构建现代产业体系、推动供给侧结构性改革和消费提档升级等方面发挥着重要作用。为抢占预制菜产业新赛道，构建大食物供给体系，助力河北乡村产业升级，应按照"基于产业、源于文化、强于科技、兴于融合、归于三农"的发展原则，重点在规划引领、打造基地、园区建设、科研攻关、冷链仓储、现代化营销等方面共同发力，推动河北省预制菜产业高质量发展。

（一）加强规划引领，谋划预制菜产业长远发展战略

各地要按照全产业链发展思维，从生产加工开始布局，立足于融合发展、农民增收统筹谋划，把预制菜产业抓起来；重点抓产业方向、规划布局、扶持政策、品牌建设等工作，打造亮点、创新方式、典型引路和营造氛

围，切实解决突出问题；建立完善智能化设计研发、生产加工、冷藏仓储、分拣配送体系，打造预制菜龙头企业，使其成为促进产业高质量发展的推动性力量；加强与金融机构对接合作，鼓励地方政府搭台，由金融机构为重点项目"量身定做"金融产品和方案。

（二）打造高质量原料供应基地，强化联农带农机制

鼓励引导龙头企业自建规模化种养殖基地，鼓励家庭农场、农民专业合作社、种养殖大户与预制菜企业共建标准化原料基地，构建预制菜产业联农带农价值共同体，推动预制菜产业向链条前端延伸；紧紧围绕农民增收，围绕农产品转化加工，从一产往三产抓，支持建设预制菜标准化原料生产基地，从源头上把握好标准化问题，探索联农带农特色预制菜模式；探索建设联农带农的预制菜直供基地、直供园区、直供村，建设农村预制菜"第一车间"。

（三）加强园区承载，推动预制菜产业集聚发展

鼓励各地将现有的农产品加工企业纳入园区，推进预制菜产业实现全产业链一体化发展。引导原有园区升级改造向预制菜产业靠拢，新建园区向农产品预制加工谋划发展，支持全产业链抓好预制菜；坚持"走出去""请进来"，瞄准大集团、大企业，在全国范围内招引一批产业链头部企业及上下游配套企业入驻园区；引导企业合理转型，支持正大、惠康等有发展预制菜基础和条件的企业，增设预制板块。支持现有餐饮企业预配、鲜切板块转型升级为预制菜加工企业；在全省农产品加工企业中遴选高成长性、上市后备企业予以重点培育，将农产品加工上市后备企业纳入全省上市企业后备库，使其享受相关政策。

（四）加强科研攻关，增强预制菜产业发展科技支撑力

加大农产品加工科技创新支持力度，创建一批科技型企业和高新技术企业。鼓励各地开展政企校院合作，建设农产品加工技术创新中心和设计赋能

中心，加强对企业的产品研发和设计服务，支持预制菜加工企业实施智能化改造升级，建设数字化车间和智能工厂。推进预制菜相关标准制定，与相关部门协调，尽快出台符合河北省特点和需求的管理办法或行业标准，以标准规范设立"进"和"产"的门槛，使河北省的预制菜企业在生产、销售上有据可查、有法可依。支持预制菜产业人才引育工作。通过多形式、多渠道为预制菜企业招引更多专业人才，鼓励企业在关键技术、共性研发等领域引进专业性人才。

（五）加强冷链仓储物流设施建设，提高基础设施配套保障水平

聚焦蔬菜、水果、中药材、畜禽肉类、奶等农产品，合理布局建设农产品产地冷藏运输保鲜设施，对冷链物流项目进行建设和升级改造；支持农产品市场、农业龙头企业、农民合作社、家庭农场建设一批功能设施完善、紧密衔接市场的冷链物流设施，构建全程冷链物流体系；对现有企业新购置冷藏车、现有冷藏车辆和冷链物流节点信息化改造及冷链物流全程追溯改造给予奖补。加强集配中心、商超、中央厨房等大型流通企业基础设施建设，提升农产品产后商品化处理能力，支持物流企业和加工、销售企业合作，构建"冷链仓储+冷藏运输+低温加工+检验检测+城市配送"一体化服务体系。

（六）做优做强河北特色品牌，加强现代化营销

突出抓好具有地方特色的主打产品的营销，加大河北省农产品商标品牌、地理标志产品、区域公用品牌培育支持力度，打造一批年单品销售收入上亿元的精品名品。引导企业根据市场需求开发新产品，加强产品整体设计。各级地方政府通过推介会、招商大会等各种活动向全省、外省进行宣传造势，打造具有本地特色的预制菜品牌。加强特色电商平台、网店和农村电商公共服务中心建设，通过品牌文化双向发力，线上线下齐头并进，提高产品影响力和市场占有率。

参考文献

李紫圆：《河北省预制菜产业的 SWOT 分析》，《食品安全导刊》2023 年第 30 期。

岳晓历等：《河北省预制菜产业现状及发展对策》，《河北农业科学》2023 年第 3 期。

吴晓蒙等：《新型食品加工技术提升预制菜肴质量与安全》，《食品科学技术学报》2022 年第 5 期。

吴雄昌、刘燕：《广东预制菜发展现状及对策研究》，《农产品加工》2023 年第 11 期。

B.17
河北省数字乡村建设评价
与高质量发展对策研究

时润哲*

摘　要：　随着数字技术的不断发展，数字经济已成为推动经济与社会发展的重要引擎。河北省作为农业大省，其数字乡村建设也备受关注，数字乡村建设是当前农村发展的重要方向，也是探索新质生产力赋能乡村振兴的重要手段。本报告基于数字赋能理论、综合评价理论与资源配置理论，从数字农业基础设施水平、农业产业数字化水平、农业数字化产业发展水平三个维度构建了数字乡村建设水平评价指标体系，使用熵权法测度 2015~2022 年全国各省份数字乡村建设水平，重点分析近年来河北省数字乡村建设水平变动特征与省际排位变化，找准河北省数字乡村建设的优势与不足。为推动河北省数字乡村建设高质量发展，本报告提出以下对策建议：加强农村网络基础设施建设，拓宽数字化应用范围；挖掘农业特色产业，推动农业电商规模发展与特色爆点建设；加强数字乡村人才队伍建设，让人才进得来、留得住；健全数字乡村建设保障机制，确保数据要素安全整合；推广数字技术的运用，缩小城乡"数字鸿沟"。

关键词：　数字乡村建设　高质量发展　河北省

---

* 时润哲，河北省社会科学院农村经济研究所助理研究员，主要研究方向为农业经济与管理、数字农业。

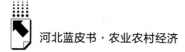

数字经济作为中国经济发展的新动能，为推动乡村振兴提供了良好的契机。党的二十大报告提出，加快发展数字经济，促进数字经济和实体经济深度融合，打造具有国际竞争力的数字产业集群。2023年中央一号文件《中共中央　国务院关于做好2023年全面推进乡村振兴重点工作的意见》，提出了关于深入实施"数商兴农"和"互联网+"农产品出村进城工程、深入实施数字乡村发展行动、加快农业农村大数据应用、推进智慧农业发展等意见。数字技术正在推动中国乡村深刻变革，为乡村发展、乡村建设、乡村治理全面赋能。在这样的背景下，河北省提出了《加快建设数字河北行动方案（2023—2027年）》，实施农业农村数字化转型行动，针对河北省农业生产智慧化工程、"互联网+"农产品出村进城工程、农业农村大数据创新应用工程、数字乡村建设工程等四大工程，推动河北省在全国范围内抢占农业农村数字化转型先机。本报告将从理论、政策实践与实证分析层面对河北省数字乡村建设水平进行剖析，着眼于数字乡村的内涵与外延，关注数字乡村赋能乡村发展的主要领域，以全国各省份数字乡村建设水平作为比较。

一　理论基础与研究价值

（一）数字乡村的内涵与外延

从概念上看，数字乡村建设是指利用现代信息技术和数字化手段，推动农村经济、社会和环境的全面发展和提升。它包括在农村地区推广和应用数字技术、建设数字化基础设施、培育数字经济、提升农村居民数字素养等方面的建设工作，其外延包括农业农村生产的智能化、经营网络化、管理高效化、服务便捷化，以及推动政府信息系统和公共数据互联开放共享等方面。具体包括数字基础设施建设、农村电商发展、农村智慧农业推广、农村数字治理、农村教育与医疗数字化建设、农村数字文化建设、农村数字服务体系建设等诸多方面。数字乡村建设能够充分应用数字乡村虚拟空间的增强效应，实现数字为农业生产、农村流通、社会治理、生活形态、文化观念场景赋能，并构成相互促进的合力，共同参与乡村建设以发展农业、服务乡村、重塑农民，促使乡村发生根本性变革。而数字乡村建设可以进一步推动农村地区的现代化发展，提升农村居民的生活质量和幸福感，实现城乡发展的协调和共享。

（二）研究价值

1. 数字经济赋能农业农村发展

数字经济是我国建设农业强国的重要驱动力，不仅有助于更好地建设现代化农业经济体系，也有助于增强农民自身实力和竞争力，让农民能够在数字经济时代脱颖而出。发展数字经济是实现共同富裕的重要途径，也是当今备受关注的重点话题。随着我国农业现代化发展走向深水区，数字经济已经广泛应用于农业生产流通与销售环节，并起到重要的媒介与载体作用，大大降低了生产环节的投入损耗、流通成本、销售信息获取成本与交易成本等，在实现经济价值再创造的同时，实现了生态价值与社会文化价值的再创造。以数字经济助力农业产业特色实践，有利于实现经济发展相对落后地区在乡村振兴之路上弯道超车。综合来看，积极推进数字乡村建设具有以下重要意义：数字经济助推智慧农业兴起，促进乡村产业高质量发展，促进农业产业数字技术有机融合，使数字农业加速农业农村现代化转型，为乡村经济社会发展与治理能力现代化水平提升带来新变革。

2. 数字化转型为乡村发展带来多重变革

数字化转型可为乡村发展带来四大变革，一是时空关系重塑，网络、信息及数字化的渗透使乡村时空呈现网络特性，打破信息壁垒，弥补偏远地区的劣势，促进城乡融合，能够更好地展现乡村的自然与人文价值。二是交互方式升级，数字化普及使乡村信息传递更迅捷，线上线下交互增强选择性和信息流动性，影响日常交往、经营活动和消费行为。三是要素组合优化，数字成为新生产要素，与土地、劳动力、资本等结合，改变要素结构，提升生产效率，而数字乡村发展旨在通过数字化赋能其他要素，激活乡村资源，提升运行效率。四是治理方式革新，数字化助力乡村治理从经验式转向精准化，从少数人参与向多数人拓展，推动自治、法治、德治相结合，提高治理效率。

二 河北省数字乡村建设的现状与成效

近年来，河北大力推进数字产业化、产业数字化，引导数字经济和实体经济深度融合，加快建设数据驱动、智能融合的数字河北，为河北发展注入澎湃动力。2022 年，全省数字经济规模达 1.51 万亿元，占 GDP 比重达到35.6%，数字经济引领作用不断增强，日益成为经济增长主引擎。与此同时，河北省以实施"数商兴农"工程为牵引，不断夯实"快递进村"工程和"互联网+"农产品出村进城工程，积极推进电子商务进农村，在带动农民增收等方面发挥了重要作用。从数字基础建设上看，数字乡村发展行动深入实施，完成近 5 万个行政村 5G 网络测试工作，截至 2023 年 9 月底，河北省农村地区新增 5G 基站 5821 个，河北实现全省各设区市主城区、县城城区和重点乡镇 5G 网络覆盖，在巩固拓展行政村光纤宽带通达、4G 网络覆盖成果的基础上，继续推进农村地区 5G 信号覆盖，数字乡村建设扎实推进。从农村电商发展来看，截至 2022 年底，全省淘宝镇、淘宝村分别达到283 个和 734 个，分别居全国第 4 位和第 5 位。[①] 根据《河北省电子商务"十四五"发展规划》，到 2025 年，全省农村（县域）电商零售额预期将达到 1610 亿元。河北省正在积极推进电子商务进农村综合示范县建设，鼓励引导省内龙头企业加强与国内电商平台对接合作，建立产销衔接服务平台，发展有机、绿色农产品"个性化"网络定制和集团定制。同时，河北省积极推进农业生产智慧化工程建设，发展智慧种业，推动智能生物育种应用，建设省级生物种质资源数据库、信息共享服务平台、农作物种子管理平台。推进粮食作物产、加、销全产业链融合发展和智能化转型，完善省级智慧农业数字化应用平台，围绕智慧种植、智慧畜牧和智慧水产集

---

① 河北省商务厅调研组统计数据。

成应用，打造 20 个智慧农业应用示范支撑点，推动农业产业链数字化发展。乡村治理方面，建设网格化管理、精细化服务、信息化支撑的基层治理平台，如永清县"一网五治"基层社会治理新体系入选国家数字乡村试点优秀案例。

总体上看，河北省数字乡村建设发展取得明显进展，显著标志有以下几点。一是乡村信息基础设施建设不断加强与完善。主要体现在电信基础设施全面升级，新一代互联网技术得到普遍应用，并且基本覆盖行政村。二是数字技术与农业农村经济呈现深度融合发展态势，覆盖一二三产业的数字乡村产业、电商农业、智慧农业等新业态呈现良好发展势头。三是乡村治理数字化水平明显提升。基本建成"互联网+政务"、"互联网+党建"、平安乡村、智慧乡村等数字化信息平台与体系。四是乡村信息服务与共享更加完善。信息服务进村入户工程取得显著成效，表现在乡村就业、社保、医疗、科教等各类惠农服务网点越来越普及，普惠金融服务站基本实现乡村全覆盖，农产品线上产销对接服务以及网络扶贫、网上法律咨询等服务都取得明显成效。

三 数字乡村建设水平评价指标体系构建与评价

为了进一步探究河北省数字乡村建设水平，本报告着眼于全国省级视角，构建数字乡村建设水平评价指标体系，定量评价各省份数字乡村建设水平，在全国范围内比较河北省数字乡村建设水平高低，在发挥好自身优势的同时，找差距、补短板，进一步提升河北省数字乡村建设水平。

（一）指标体系构建的理论依据

根据数字乡村相关理论，数字乡村建设水平评价指标不仅包含数字与乡村内容本身，还涉及数据要素对其他生产要素的深度赋能，进而提升数字资源基础能力、数字资源利用效果，从本质上而言，对数字乡村建设水平的评价是对农村数字资源的利用能力与利用效果的评价。进一步地，需要明确数字赋能乡村发展的重点领域，包括数字农业基础设施，其代表了农村社会效益水平；农业产业数字化、农业数字产业化，二者共同代表农村的经济效益水平。

目前已有的研究对数字乡村建设水平评价指标的选取多以"主观评判+定性分析"为主，缺乏"客观数据+定量分析"的佐证。此外，现有指标体系常依托特定区域，导致某些指标具有较大的地域限制，并不适合全国范围内普适性的数字乡村建设水平的评价分析。基于此，考虑到指标选择的可得性、可比性等原则，从数字基础设施、数字营商环境、数字信息利用效果等多个层面选择农村每百户计算机拥有量、农村每百户移动电话拥有量、农村每百人宽带用户量、淘宝村个数、数字普惠金融指数、农业数字经济关注度等6个变量作为衡量数字乡村建设社会效益与经济效益的具体指标，进而系统评价全国不同区域（省市）数字乡村建设的真实水平。另外，考虑到数据统计可得性，为了保证数据运算的平稳性，最终确定样本考察期间为2015~2022年，具体分析框架见图1。

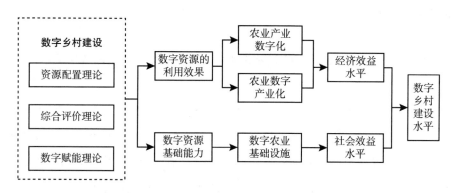

图1　数字乡村建设水平评价的分析框架

图1为测算数字乡村建设水平选取的分析框架，遵循数据可得性、可比性原则，同时考虑以客观数据为判定基准，本报告归纳总结了一套相对便捷且满足各地数字乡村建设水平评价的指标体系，包括3个二级指标及6个三级指标。具体指标及计算详见表1。

表 1　数字乡村建设水平评价指标体系

一级指标	二级指标	三级指标	指标解释及计算
数字乡村建设水平	A 数字农业基础设施	A₁农村每百户计算机拥有量(台)	统计数据
		A₂农村每百户移动电话拥有量(部)	统计数据
		A₃农村每百人宽带用户量(户)	统计数据
	B 农业产业数字化	B₁淘宝村个数(个/县)	统计数据
	C 农业数字产业化	C₁ 数字普惠金融指数	数字普惠金融指数×(农业产值/GDP)
		C₂农业数字经济关注度	数字经济政策词频×(农业产值/GDP)

注：囿于数据可得性，其中数字普惠金融指数统计区间为 2014～2021 年，其他指标统计区间均为 2015～2022 年。

资料来源：指标变量数据均来源于 2012～2023 年《中国统计年鉴》、各省份统计年鉴、《北京大学数字普惠金融指数（2011～2021）》、布瑞克农业数据以及阿里巴巴平台数据等。

（二）指标评价方法

本报告选择熵值法对表 1 中的指标进行评估测算。熵值法可以根据原始数据的变异程度确定指标权重从而具备可以规避人为主观评价的优良特征,[1] 最大限度地保留原始指标的数字信息。首先对原始数据进行标准化，剔除单位量纲的影响；其次利用熵值法对评价指标赋权；最后根据各指标权重加总原始数据计算不同区域数字乡村建设水平估值。具体公式如下所示。

设有 i 个地区，j 项数字乡村建设水平评估指标，则指标原始数据矩阵为 $X = (x_{ij})_{I \times J}$，其中，$i = 1, 2, 3 \cdots I$，$j = 1, 2, 3 \cdots J$。为消除量纲差异，对各指标原始数据进行标准化，标准化后的值为 Y_{ij}，即：

$$Y_{ij} = \frac{x_{ij} - \min(x_i)}{\max(x_i) - \min(x_i)} \tag{1}$$

---

[1] 韩海彬、张莉：《农业信息化对企业全要素生产率增长的门槛效应分析》，《中国农村经济》2015 年第 8 期。

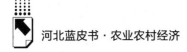

将各指标进行同度量化处理，计算第 j 项指标下第 i 个地区指标数值的比重 p_{ij}：

$$p_{ij} = Y_{ij} / \sum_{i=1}^{I} Y_{ij} \qquad (2)$$

根据公式（2）可以对已构造的 $X = (x_{ij})_{I \times J}$ 进行归一化处理，得到标准化矩阵 $P = (p_{ij})_{I \times J}$。如果 $p_{ij} = 0$，则定义 $\lim\limits_{p_{ij} \to 0} p_{ij} \ln p_{ij} = 0$。

计算第 j 项指标的熵值 E_j：

$$E_j = -\ln(I)^{-1} \sum_{i=1}^{I} p_{ij} \ln p_{ij} \qquad (3)$$

此时公式（3）中，$\because I > 0$，$\ln$ 为自然对数，$p_{ij} \geq 0$，$\therefore 0 \leq E_j \leq 1$。

根据公式（3）中信息熵 E_{ij}，求解第 j 项指标的差异性系数 D_j：

$$D_j = 1 - E_j \qquad (4)$$

公式（4）中，D_j 越大越能够说明该指标的重要性。

进一步确定第 j 项指标的信息权重 λ_j：

$$\lambda_j = D_j / \sum_{j=1}^{J} D_j \qquad (5)$$

由公式（5）得到各项指标较为客观、合理的权重系数向量 $\{\lambda_1,$ $\lambda_2, \cdots\cdots \lambda_J\}$。结合公式（5）与公式（6）计算第 i 个地区的数字乡村建设水平估值，即：

$$Z_i = \sum_{i=1}^{I} X_{ij} \times \lambda_j \qquad (6)$$

（三）样本数据选择

基于前文指标变量与数值模型共同探讨数字乡村建设水平评价。着重探讨含 31 个观测省份（不包括香港、澳门与台湾）数字乡村建设水平估值；同时，根据数据可得性，将样本考察期间设定为 2015～2022 年。此外，因为涉及不同区域数字乡村建设水平的对比分析，进一步采纳国家统计局对全国地区的划分依据将 31 个省份分为东部地区、中部地区与西部地区。其中，东部地区包括北京、天津、河北、上海、江苏、浙江、福建、山东、辽宁、广东与海南等 11 个省份；中部地区包含山西、安徽、江西、黑龙江、吉林、河南、湖北和湖南等 8 个省份；西部地区涉及内蒙古、广西、重庆、四川、陕西、甘肃、青海、宁夏、新疆、西藏、云南与贵州等 12 个省份。

（四）数字乡村建设水平估值

基于本报告获取的原始数据，参考公式（1）至公式（6），计算 2015~2022 年全国 31 个省份数字乡村建设水平，估值结果详见表 2。

表 2　2015~2022 年全国 31 个省份数字乡村建设水平估值

省份	2015 年	2016 年	2017 年	2018 年	2019 年	2020 年	2021 年	2022 年	历年均值
北京市	0.200	0.148	0.131	0.148	0.141	0.220	0.365	0.358	0.214
天津市	0.107	0.106	0.112	0.103	0.113	0.171	0.191	0.186	0.136
河北省	0.243	0.202	0.206	0.203	0.228	0.277	0.277	0.288	0.241
上海市	0.052	0.048	0.048	0.034	0.040	0.087	0.166	0.158	0.079
江苏省	0.469	0.395	0.335	0.370	0.372	0.381	0.351	0.352	0.378
浙江省	0.799	0.753	0.722	0.779	0.793	0.795	0.753	0.749	0.768
福建省	0.358	0.285	0.283	0.274	0.299	0.330	0.327	0.350	0.313
山东省	0.232	0.200	0.229	0.251	0.248	0.302	0.307	0.296	0.258
广东省	0.431	0.372	0.368	0.370	0.378	0.428	0.435	0.423	0.401
海南省	0.228	0.191	0.221	0.171	0.199	0.213	0.237	0.236	0.212
辽宁省	0.109	0.118	0.112	0.096	0.093	0.103	0.136	0.118	0.111
东部地区均值	0.293	0.256	0.252	0.254	0.264	0.301	0.322	0.319	0.283
山西省	0.091	0.075	0.098	0.078	0.080	0.097	0.108	0.101	0.091
安徽省	0.133	0.102	0.104	0.139	0.159	0.180	0.181	0.185	0.148
江西省	0.159	0.119	0.132	0.129	0.153	0.175	0.202	0.172	0.155
河南省	0.174	0.135	0.128	0.140	0.150	0.187	0.231	0.202	0.168
湖北省	0.160	0.119	0.130	0.136	0.145	0.192	0.192	0.188	0.158
湖南省	0.130	0.111	0.118	0.151	0.153	0.194	0.197	0.181	0.154
黑龙江省	0.156	0.152	0.196	0.200	0.182	0.193	0.195	0.235	0.189
吉林省	0.175	0.114	0.101	0.125	0.133	0.153	0.163	0.147	0.139
中部地区均值	0.147	0.116	0.126	0.137	0.144	0.171	0.184	0.176	0.150
内蒙古自治区	0.131	0.113	0.114	0.105	0.095	0.113	0.114	0.132	0.115

续表

省份	2015年	2016年	2017年	2018年	2019年	2020年	2021年	2022年	历年均值
广西壮族自治区	0.207	0.158	0.178	0.169	0.216	0.240	0.229	0.232	0.204
重庆市	0.130	0.114	0.111	0.140	0.148	0.184	0.192	0.204	0.153
四川省	0.142	0.120	0.122	0.114	0.139	0.162	0.190	0.191	0.147
贵州省	0.176	0.231	0.276	0.228	0.190	0.199	0.223	0.215	0.217
云南省	0.125	0.133	0.114	0.118	0.216	0.219	0.207	0.161	0.162
西藏自治区	0.028	0.027	0.032	0.076	0.072	0.089	0.088	0.077	0.061
陕西省	0.121	0.113	0.123	0.102	0.101	0.129	0.128	0.152	0.121
甘肃省	0.124	0.116	0.132	0.150	0.151	0.188	0.222	0.180	0.158
宁夏回族自治区	0.112	0.101	0.100	0.125	0.133	0.165	0.175	0.159	0.134
青海省	0.161	0.109	0.121	0.127	0.136	0.167	0.146	0.145	0.139
新疆维吾尔自治区	0.138	0.094	0.091	0.105	0.106	0.134	0.150	0.138	0.120
西部地区均值	0.133	0.119	0.126	0.130	0.142	0.166	0.172	0.166	0.144

注：表中数据通过本报告计算所得。

据表2全国31个省份数字乡村建设水平估值可知，东部地区省份数字乡村建设水平普遍高于中、西部地区。根据历年均值，在东部地区，浙江省（0.768）数字乡村建设水平最高；中部地区黑龙江省（0.189）数字乡村建设水平最高；而在西部地区，贵州省（0.217）则名列前茅。2015~2022年河北省数字乡村建设水平（0.241）高于全国（0.195）（见图2）与中部地区（0.150）、西部地区（0.144）平均水平，但低于东部地区（0.283）平均水平。浙江省、广东省、江苏省、福建省、山东省数字乡村建设水平仍高于河北省，河北省数字乡村建设水平仍有较大提升空间。

为了找到河北省数字乡村建设提升方向，进一步整理并分析数据，从2015~2022年全国各省份数字乡村建设水平均值来看，浙江省、广东省、江苏省、福建省、山东省、河北省、贵州省、北京市、海南省、广西壮族自治区处于前10位，其中河北省处于全国第6位。从2022年全国各省份数字乡

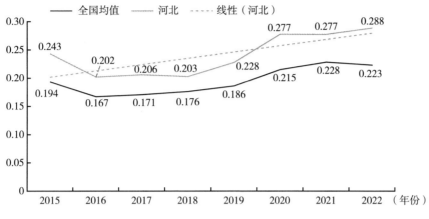

图 2 2015~2022 年河北省数字乡村建设水平与全国平均水平比较

村建设水平来看，浙江省、广东省、北京市、江苏省、福建省、山东省、河北省、海南省、黑龙江省、广西壮族自治区排前 10 位，河北省处于第 7 位。进一步对河北省数字乡村建设水平进行分解，通过对 2015~2022 年农业数字基础设施排名可知，农业数字基础设施建设水平与农业产业数字化水平估值较高，且排名较为稳定，而农业数字产业化水平估值较低，存在较大波动（见表 3），从与全国农业数字产业化水平估值离差来看，2018 年、2019 年、2021 年农业数字产业化水平略低于全国平均水平。

表 3 2015~2022 年河北省数字乡村建设水平排名

排名	2015 年	2016 年	2017 年	2018 年	2019 年	2020 年	2021 年	2022 年
数字乡村建设水平排名	5	6	8	7	6	6	7	7
A 农业数字基础设施排名	6	6	6	9	6	10	6	6
B 农业产业数字化排名	6	6	6	6	6	6	8	8
C 农业数字产业化排名	10	9	7	14	15	10	16	11

注：表中数据通过本报告计算所得。

四 河北省数字乡村建设存在的问题分析

近年来，随着各项数字促农政策的出台和推进，信息技术和农业农村发展正在快速融合，河北省数字乡村建设取得了重要的进展，但由于河北省农村地区地域辽阔，城乡发展不平衡、不充分的矛盾依然存在，农业数字产业化水平有待提升。同时，由于数字乡村建设推进难度较大，省内不同地区的网络基础设施、农民的信息化应用水平、农村信息化人才以及发展机制等方面存在一定的差距，数字乡村建设也面临新的挑战。

目前，河北省数字乡村建设基础仍需进一步夯实，主要表现在以下五个方面。一是农村网络基础设施建设与数字化应用范围狭窄，数字乡村大数据平台稀缺，村民人口基础信息、土地资源基础信息、生产经营基础信息等农业基础信息存在缺失，留给数字经济与农业产业融合发展的介入口径较窄。二是农业数字化产业培育不够，农业电商发展规模与特色爆点不足，数字平台尚不能充分赋能农业特色产业的高效流通与宣传，针对乡村地区农特产品、农业加工业产品的数字化平台建设与配套不足，难以形成具有规模优势的农产品电商产业集群。三是数字乡村人才队伍建设不足，在数字乡村发展过程中，农业从业人员发挥着重要作用，而目前大部分农民文化水平普遍偏低，且农村本地青年人回流动力不足，导致从事数字乡村建设的人才相对匮乏。四是数字乡村建设保障机制不健全，在目前农业产业参与主体主要是农民的大背景下，由于农民对网络不良信息、虚假信息的防范与辨别能力较差，容易受到网络言论误导，因此，开展、推动数字经济与数字乡村建设，尚需保障信息安全配套建设。五是数字技术的运用与推广存在短板，尽管在有些地区数字技术已经较为广泛地应用于农业产业领域，但城乡之间的"数字鸿沟"仍然存在，城乡之间要素信息不对称、不匹配的问题成为制约数字乡村技术全面推广的关键问题。

五　促进河北省数字乡村建设高质量发展的对策建议

（一）加强农村网络基础设施建设，拓宽数字化应用范围

进一步加强农村网络基础设施建设。加大政府投资力度，考虑到河北省农村地区的广泛性和差异性，可设立专项建设资金，优先支持网络信号相对薄弱的村落进行基础设施建设，包括宽带网络的铺设、移动通信基站的增设以及卫星通信等多元化网络接入方式。引导社会资本参与，除了政府投资外，还应鼓励电信运营商、互联网企业等社会资本参与农村网络基础设施建设。通过政策扶持、合作共建等方式，形成多元化的投资机制。提升网络服务质量。在保障网络覆盖的基础上，还应注重提升网络服务质量。这包括提高网络速度、降低网络延迟、优化网络架构等，确保农民能够享受到稳定、高效的网络服务。

持续拓宽数字化应用范围。推广智能农业设备和技术，如智能温室、无人机植保、精准灌溉等，通过数字化手段提高农业生产效率和质量。促进农村旅游数字化，利用数字技术宣传和推广农村旅游资源，开发在线预订、虚拟旅游等功能，提高农村旅游的便捷性和吸引力。推动乡村文化数字化建设，通过数字化手段保护和传承乡村文化，如建立数字博物馆、数字图书馆等，同时，开发具有地方特色的数字文化产品和服务，丰富乡村文化生活。培育数字经济新业态，鼓励和支持农村地区发展电子商务、直播带货等数字经济新业态，通过线上线下相结合的方式，拓宽农产品的销售渠道和市场空间，同时，引导农民利用数字技术开展创新创业活动，培育新的经济增长点。

（二）挖掘农业特色产业，推动农业电商发展规模扩大与特色爆点建设

有侧重地扶持和培育农业电商企业。加强农村电商政策扶持，出台一系

列优惠政策，如税收减免、资金补贴、贷款支持等，鼓励农业电商企业的创立和发展，同时，建立与电商企业的对接机制，了解企业需求，提供精准帮扶。培育农村特色龙头企业，重点支持一批具有发展潜力、创新能力强、带动作用明显的农业电商企业，将其培育成为行业龙头企业，通过龙头企业的示范引领作用，带动更多农业电商企业的发展。提升农民使用电商的技能，针对农业电商企业普遍存在的技能短板问题，组织开展电商技能培训、网络营销策略指导等活动，提高企业电商运营能力。

深入挖掘和打造乡村特色产品。加强市场调研，了解消费者需求和喜好，挖掘具有地域特色、文化内涵和市场潜力的乡村产品。加强产品创新，鼓励企业对传统乡村产品进行改造升级或创新开发，以满足现代消费者的多元化需求，同时，注重产品的品质提升和包装设计，提高产品的附加值。加强宣传推广，利用数字化平台如社交媒体、短视频平台、直播平台等多元化渠道进行宣传推广，讲述产品背后的故事，传递乡村文化价值，形成特色爆点。

加强农产品品牌建设。做好品牌战略规划，制定明确的农产品品牌发展战略规划，包括品牌定位、品牌形象设计、品牌传播策略等，确保品牌建设工作的系统性和持续性。提升质量安全保障水平，建立健全农产品质量安全保障体系，包括质量标准制定、质量检测监控、质量追溯管理等环节。确保农产品从田间到餐桌的全程质量可控可追溯。推动线上线下销售渠道的深度融合，在利用电商平台开拓销售市场的同时，注重线下实体店的建设和运营。通过线上线下互动营销，提升品牌影响力。进一步开拓国际市场，积极组织农产品参加国际展览、交易会等活动，拓展国际市场渠道，同时加强与跨境电商平台的合作对接，推动河北省农产品走出国门走向世界。

（三）加强数字乡村人才队伍建设，让人才进得来、留得住

将提升农民数字技术应用能力和信息素养作为长期重点任务。制定培训计划，结合河北省农村地区实际情况，制定针对性强、实用性高的数字技术培训计划，培训内容应涵盖基础计算机操作、网络应用、电子商务等方面。创新培训方式，采用线上线下相结合的方式，利用远程教育、在线课程等资

源，确保培训的灵活性和便捷性，同时，组织现场教学和实践活动，提高农民的实际操作能力。建立农村电商建设评估机制，定期对培训成果进行评估，了解农村从事电商行业的农民的数字技术应用水平和信息素养提升情况，根据评估结果调整培训计划和内容，确保培训效果。

鼓励高校和科研机构参与数字乡村建设。加强合作对接，建立高校、科研机构与农村地区的合作对接机制，推动产学研一体化发展，通过项目合作、技术转移等方式，将科研成果应用于数字乡村建设实践。与科研机构、高校合作，在河北省农村地区设立数字乡村研究机构或实验室，聚焦当地特色和需求进行深入研究，如农业"科技小院"，吸引更多专家学者参与数字乡村建设，提供智力支持。培养专业人才，鼓励高校开设数字乡村相关专业和课程，培养具备专业技能和创新精神的人才，同时，为农村地区提供定向培养和输送人才的服务。

千方百计吸引青年人才参与数字乡村建设。制定人才优惠政策，出台一系列针对青年人才的优惠政策，如提供住房补贴、创业扶持、税收减免等，降低青年人才参与数字乡村建设的门槛和成本。打造良好的公共服务环境，完善农村基础设施和公共服务体系，提升生活品质和便利程度，同时，营造积极向上、开放包容的文化氛围，吸引青年人才回流农村。拓展职业发展空间，为青年人才提供多元化的职业发展机会和平台，鼓励其在数字乡村建设中发挥特长和创新能力，通过项目合作、成果共享等方式实现个人价值与社会价值的统一。

（四）健全数字乡村建设保障机制，确保数据要素安全整合

通过数字建模技术建立和完善数字乡村大数据平台。整合农业基础信息，以农业部门为主导，联合相关部门和机构，整合村民人口、土地资源、生产经营等农业基础信息，通过建立统一的数据标准和规范，确保数据的准确性和一致性。构建数据共享机制，打破部门间的信息壁垒，建立数据共享机制，这不仅可以提高数据利用效率，还可以避免重复采集和数据冗余。保障数据安全与隐私，在数据收集、存储、处理、共享等环节，应严格遵守数

据安全和隐私保护法律法规，确保农民的个人信息和农业数据不被泄露和滥用。

完善网络信息安全法律法规体系。制定支持数字乡村建设的地方性法规，结合河北省实际情况，制定和完善与数字乡村建设相关的信息安全地方性法规，确保法律法规的针对性和实用性。明确责任主体，清晰界定政府、企业、农民等各方在数字乡村建设中的信息安全责任，建立责任追究机制，确保责任落到实处。规范行为准则，制定网络行为规范，明确禁止的网络行为和处罚措施，为数字乡村建设提供安全稳定的环境。

建立健全网络信息监管机制。设立监管机构，成立专门的网络信息监管机构，负责对数字乡村建设中的网络信息进行实时监控和管理。加强内容审核，建立网络信息内容审核制度，对发布的网络信息进行严格把关，防止不良信息和虚假信息的传播。打击违法行为，加大对网络违法行为的打击力度，依法查处网络诈骗、侵犯隐私等违法行为，保护农民的合法权益。

增强农民防范意识，提升农民防范能力。开展宣传教育，通过广播、电视、互联网等多种渠道，广泛宣传网络安全知识和防范技巧，增强防范意识。组织培训活动，定期举办网络安全培训活动，教授农民如何辨别网络信息的真伪、如何设置复杂密码等实用技能。建立应急响应机制，建立完善的网络安全应急响应机制，一旦发现网络安全事件，能够迅速启动应急预案，及时应对和处理。

（五）推广数字技术的运用，缩小城乡"数字鸿沟"

加大农业产业数字技术推广力度。强化示范引领，在河北省内选择典型的农村地区或农业产业园区，建立数字农业示范基地，展示数字技术在农业生产、管理、销售等各环节的应用成果。加强培训指导，组织专家团队深入农村地区，开展数字技术的现场培训和操作指导，确保农民能够熟练掌握数字化工具和设备的使用方法。加强政策扶持，出台一系列针对数字农业的政策措施，如数字化设备购置补贴、数字化农业项目优先立项等，降低农民使用数字技术的门槛。

建立城乡合作与交流机制。加强城乡数字资源共享，推动城市地区的优质数字化资源（如在线教育、远程医疗、电子商务等）向农村地区延伸和覆盖，实现城乡资源的共享和优化配置。加强城乡信息对接，建立城乡之间的信息对接平台，促进农产品供求信息、农业科技信息、农村劳动力转移就业信息等要素的对称和匹配。加强城乡数字资源交流合作，鼓励城市与农村地区开展多种形式的交流合作活动，如数字农业论坛、城乡电商对接会等，促进经验共享和互利共赢。

鼓励农村地区数字技术创新实践。营造创新氛围，鼓励农村地区开展数字技术创新创业活动，举办相关比赛和交流活动，激发农民的创新热情和创造力。推广成功案例，及时总结和推广农村地区在数字技术运用方面的成功经验和模式，形成示范效应，带动更多地区发展。支持研发创新，加大对农村地区数字技术研发的投入力度，支持企业与高校、科研机构合作开发适合当地实际的数字化解决方案和应用产品。

六　结论

数字乡村建设是当前农村发展的重要方向，也是探索新质生产力赋能乡村振兴的重要手段，数字乡村建设能够推动农村地区的现代化发展，提升农村居民的生活质量和幸福感，实现城乡发展的协调和共享。数字乡村建设水平需要从多个层面进行评价，包括社会效益和经济效益等方面，本报告提出的数字乡村建设水平评价指标体系综合考虑了数字农业基础设施、农业产业数字化、农业数字产业化发展等三个主要维度，通过测度分析发现，河北省数字乡村建设处于全国中上游水平，河北省在数字乡村建设方面存在一定的优势和不足，需要加强农村网络基础设施建设、拓宽数字化应用范围，挖掘农业特色、推动农业电商发展规模扩大与特色爆点建设，加强数字乡村人才队伍建设，健全数字乡村建设保障机制，推广数字技术的运用、缩小城乡"数字鸿沟"等方面的工作。数字乡村建设水平研究对于推动农村发展、实现乡村振兴具有重要意义，未来，需要进一步加

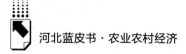

强探索数字乡村相关研究与推广实践工作，以推动数字乡村建设的高质量发展。

参考文献

黄祖辉、姜霞：《数字技术赋能乡村建设》，《理论导报》2023 年第 1 期。

马述忠、贺歌、郭继文：《数字农业的福利效应——基于价值再创造与再分配视角的解构》，《农业经济问题》2022 年第 5 期。

方福前、田鸽：《数字经济促进了包容性增长吗——基于"宽带中国"的准自然实验》，《学术界》2021 年第 10 期。

李雪、吴福象、竺李乐：《数字经济与区域创新绩效》，《山西财经大学学报》2021 年第 5 期。

温涛、陈一明：《数字经济与农业农村经济融合发展：实践模式、现实障碍与突破路径》，《农业经济问题》2020 年第 7 期。

黄季焜：《数字技术如何促进乡村振兴——兼谈农村数字金融》，《农村金融研究》2023 年第 12 期。

田野等：《数字经济驱动乡村产业振兴的内在机理及实证检验——基于城乡融合发展的中介效应》，《农业经济问题》2022 年第 10 期。

姜长云：《发展数字经济引领带动农业转型和农村产业融合》，《经济纵横》2022 年第 8 期。

何雷华、王凤、王长明：《数字经济如何驱动中国乡村振兴?》，《经济问题探索》2022 年第 4 期。

李怡、柯杰升：《三级数字鸿沟：农村数字经济的收入增长和收入分配效应》，《农业技术经济》2021 年第 8 期。

V. Couture et al., "Connecting the Countryside via E-Commerce：Evidence from China," *American Economic Review*：Insights 3（2021）.

K. Onitsuka, S. Hoshino , "Inter-community Networks of Rural Leaders and Key People：Case Study on a Rural Revitalization Program in Kyoto Prefecture, Japan," *Journal of Rural Studies* 61（2018）：123-136.

B.18
河北省农村产权流转交易市场发展现状、问题及对策建议

张瑞涛　苑甜甜　孟　奇　崔元培*

摘　要：　农村产权流转交易市场在激活农村集体资产、优化农村资源配置方面发挥着重要作用。本报告在系统梳理国家层面和河北省层面政策文件的基础上，从农村产权流转交易市场数量、交易内容、农村产权融资作用以及信息化程度四个方面分析了河北省农村产权流转交易市场发展情况，发现河北省农村产权流转交易市场发展取得了部分成效，但仍存在较大的上升空间。借鉴典型案例，提出提高农村产权流转交易市场的利用率、推动地区间农村产权流转交易市场一体化发展、改善农村产权流转交易市场的交易生态环境等对策建议。

关键词：　农村产权流转交易市场　农村集体资产　河北省

农村集体产权制度改革实现了对农村集体资产的确权、赋权，经核实，河北省拥有土地等资源性资产2.4亿亩、各类资产0.25万亿元，确定集体经济组织成员0.57亿人。[①] 对农村集体资产确权和赋权的目的是活权和用权，让沉睡的农村集体资产动起来，让农村产权活起来，开发农村集体资产

---

* 张瑞涛，河北省社会科学院农村经济研究所助理研究员，主要研究方向为农村集体经济；苑甜甜，河北农业大学经济管理学院讲师，研究方向为农林经济管理；孟奇，河北机电职业技术学院财会与管理工程系讲师，主要研究方向为市场营销；崔元培，河北金融学院国际教育学院，主要研究方向为资源环境与农村经济。

① 《河北：全省49034个村完成农村集体产权制度改革》，中国政府网，2020年11月29日，https：//www.gov.cn/xinwen/2020-11/29/content_ 5565699. htm。

本身价值及其附加值。农村产权流转交易市场作为近年来在农村地区逐渐兴起的一种新型市场形式，对盘活农村集体资产、促进农村集体经济发展、提高农民收入和实现乡村全面振兴具有重要意义。据《中国农村政策与改革统计年报（2021）》统计，2021年河北省农村产权流转交易市场共有170个，其中省级、地市级和县级农村产权流转交易市场数量分别为1个、13个和156个。由此可知，河北省已形成"省—市—县"三级农村产权流转交易市场体系，对激活农村集体资产、发展壮大新型农村集体经济和优化乡村治理体系具有重要作用。

农村产权是一种包含各种资产或财产的产权，常见的农村产权包括农村房屋产权、农村土地产权、各种农村动产和知识产权等，其中关于农村土地产权的相关研究最多。农业农村现代化发展过程中流转交易农村土地承包经营权是必然趋势。[①] 我国农村土地具有集体产权属性，即土地的所有权归农村集体经济组织所有，使用权和收益权归农民自己所有。[②] 2015年底农村集体产权制度改革已基本完成，该项制度改革主要完成了承包地、宅基地、自留地、荒地等多种农村集体资产分类确权登记颁证，以及"三权分置"政策设计下对农村集体成员的承包地、宅基地财产权利和集体经营性资产股份权益的有限还权赋能。[③] 具有中国特色的农村集体产权以及农村集体产权制度改革的按份有限赋权为流转创造了条件。农村产权流转交易市场的建立与完善，有助于借助市场力量调配农村资源，实现农村资源价值显化。健全农村产权流转交易市场不仅需要政府政策的引导，也需要按照市场规则促进农村产权流转交易工作规范化。

2008年，全国首家综合性农村产权交易所在四川成都成立，各地因地制宜探索出多种运作模式。学者重点集中总结了成都、苏州、东海、武汉、

① 田剑英：《农村产权交易平台促进农村土地承包经营权流转及其运作——以浙江省为例》，《浙江万里学院学报》2019年第5期。
② 印子：《农村集体产权变迁的政治逻辑》，《北京社会科学》2018年第11期。
③ 刘同山、陈晓萱：《农村集体产权制度改革：总体目标、阶段进展与后续挑战》，《中州学刊》2020年第11期。

扬州等地的实践经验,① 各地探索的多种模式为其他地区开展农村产权流转交易提供了良好的经验借鉴。交易成本理论是农村产权流转交易市场发展的重要理论基础,也是完善我国农村土地产权流转交易治理结构的重要支撑。但通过调研发现,农村产权流转交易市场存在低效运行和职能异化的问题,② 以及农村产权交易平台覆盖率不足、线上交易热度不高、平台治理机制不健全等不足,③ 导致农村资源出现产权流转不畅、溢价能力不高和配置效率不高等现象,进而影响农村集体和农民增收。

一 农村产权流转交易市场政策梳理

20 世纪 80 年代中后期农村产权流转开始萌发,尤其是土地家庭承包经营实施后,农村地区出现了大量且形式多样的农村土地流转。多样化的农村土地流转形式和需求为发展农村产权流转交易市场奠定了现实基础。

(一)国家层面农村产权流转交易市场政策体系

十八届三中全会提出建设农村产权流转交易市场,基本形成农村产权流转交易市场体系。十八届三中全会指出,"赋予农民更多财产权利,推进城乡要素平等交换和公共资源均衡配置"。2014 年 12 月 30 日,国务院办公厅颁布的《国务院办公厅关于引导农村产权流转交易市场健康发展的意见》较为系统全面地提出农村产权流转交易市场发展的方向、主体性质功能、构

---

① 刘恒:《成都市农村产权交易所运行机制解析》,《内蒙古农业科技》2011 年第 4 期;曹旭平、付佳:《苏州农村产权交易高质量发展模式、问题与对策》,《常熟理工学院学报》2023 年第 6 期;程欣炜、林乐芬:《农村产权市场化创新机制效应分析——来自全国农村改革试验区东海农村产权交易所的实践模式》,《华东经济管理》2014 年第 9 期;汪薇、刘彩霞:《武汉农村综合产权交易所的经验与启示》,《科技创业月刊》2010 年第 7 期;周光霞:《产权交易盘活农村"沉睡"资源——江苏省扬州市农村产权交易市场改革的实践和启示》,《农村经营管理》2020 年第 8 期。
② 王德福:《农村产权交易市场的运行困境与完善路径》,《中州学刊》2015 年第 11 期。
③ 冯兴元:《农村产权交易平台现状、问题及其改革进路》,《社会科学战线》2021 年第 10 期。

成形式、交易内容、交易主体、服务内容等，为引导农村产权流转交易市场
健康发展、保障农民和农村集体经济组织财产权益、提高农村要素资源配置
和利用效率、加快推进农业现代化指明了方向。农村产权交易平台是农村产
权流转交易市场的外在表征，党中央高度重视农村产权交易平台建设。《乡
村振兴战略规划（2018—2022 年）》强调，建立农村产权交易平台，加强
土地经营权流转和规模经营的管理服务。2020 年《中共中央　国务院关于
构建更加完善的要素市场化配置体制机制的意见》指出，"推进土地要素市
场化配置"等一系列举措，激发了农村市场活力。2021 年中央一号文件强
调，"加强农村产权流转交易和管理信息网络平台建设，提供综合性交易服
务"。2023 年 4 月 14 日，农业农村部等有关部门联合印发《农村产权流转
交易规范化试点工作方案》，采用试点示范形式提升农村产权流转交易发展
质量，推动农民更好地获得并实现财产权益（见表1）。2023 年 11 月 14 日，
农业农村部选取北京市、河北省、浙江省、广西壮族自治区等 13 个省（自
治区、直辖市），河北省石家庄市、山东省聊城市、湖南省湘西土家族苗族
自治州等 33 个整市（州），河北省新河县、福建省晋江市、重庆市梁平区
等 35 个整县（市、区）开展农村产权流转交易规范化试点，为更好地发展
农村产权流转交易提供试点经验。

表 1　我国农村产权流转交易市场（平台）有关政策

时间	名称	相关内容
2013 年 11 月 12 日	《中共中央关于全面深化改革若干重大问题的决定》	赋予农民更多财产权利，推进城乡要素平等交换和公共资源均衡配置
2014 年 12 月 30 日	《国务院办公厅关于引导农村产权流转交易市场健康发展的意见》	系统全面指导农村健全农村产权流转交易市场
2020 年 3 月 30 日	《中共中央　国务院关于构建更加完善的要素市场化配置体制机制的意见》	推进土地要素市场化配置
2021 年 1 月 4 日	《中共中央　国务院关于全面推进乡村振兴加快农业农村现代化的意见》	加强农村产权流转交易和管理信息网络平台建设，提供综合性交易服务

时间	名称	相关内容
2023 年 4 月 14 日	《农村产权流转交易规范化试点工作方案》	提升农村产权流转交易发展质量
2023 年 11 月 14 日	《农业农村部关于农村产权流转交易规范化试点的批复》	选取 13 个整省(自治区、直辖市)、33 个整市(州)和 35 个整县(市、区)开展农村产权流转交易规范化试点

资料来源：根据中央及各部委相关文件整理而得。

（二）河北省农村产权流转交易市场政策体系

河北省高度重视农村产权流转交易市场的发展，河北省供销合作社于 2015 年 4 月成立了"河北省农村产权交易有限公司"（挂"河北省农村产权交易中心"牌子），经过几年努力，河北省农村产权流转交易市场初步建成，政策体系不断完善。[1] 2017 年 7 月 31 日，省政府办公厅印发《河北省农村产权交易管理暂行办法》，2019 年 10 月 29 日，省政府办公厅印发《河北省农村产权流转交易管理办法》，从交易原则、交易品种和交易方式、交易程序、交易规范和监管四个方面全面阐释河北省农村产权流转交易的有关制度。2018 年 8 月 14 日，省供销合作社、省农业厅等六部门联合印发《河北省农村产权交易中心 11 类农村产权交易规则》，分别对农业类知识产权、农村生产性设施设备、集体林权、农业产业项目、农村集体经营性资产、水权、小型水利设施使用权、农户承包土地经营权、农村生物资产、农村建设项目、农村"四荒"使用权等 11 类农村产权的流转交易范围和交易方式等内容进行了系统规定。2018 年 10 月 19 日，省供销合作社与省档案局联合印发《河北省农村产权交易档案管理办法》，对农村产权交易档案的范围、收集、整理、立卷、保管、销毁、归档等内容做了明确规定。2020 年 11

---

[1]　于璐娜：《河北省农村产权交易中心　建设全省为农服务的农村产权流转交易服务体系》，《中国合作经济》2019 年第 Z1 期。

月 2 日，省供销合作社制定了《河北省农村产权流转交易机构会员管理办法（试行）》，对河北省农村产权交易会员概念、分类、资格申请与申请资料做了明确规定。2023 年 1 月 15 日，省政府办公厅印发的《河北省城乡融合发展综合试点方案》指出，"开展农村产权抵押担保融资，建立健全全省统一的农村产权流转交易市场"，进一步拓展了农村产权在融资方面的应用。

另外，石家庄、保定和邢台等市因地制宜制定了农村产权流转交易市场具体可操作可落地的实施细则，推动各地区农村产权流转交易市场（平台）规范化建设与运营（见表 2）。

表 2　河北省农村产权流转交易市场（平台）相关政策

时间	名称	相关内容
2015 年 4 月	《河北省人民政府办公厅关于印发河北省农村产权交易中心组建方案和河北省农村产权交易管理办法(试行)的通知》	成立了"河北省农村产权交易有限公司"(挂"河北省农村产权交易中心"牌子)
2017 年 7 月 31 日	《河北省农村产权交易管理暂行办法》	包含交易原则、交易品种和交易方式、交易程序、交易规范和监管等内容
2019 年 10 月 29 日	《河北省农村产权流转交易管理办法》	
2018 年 8 月 14 日	《河北省农村产权交易中心 11 类农村产权交易规则》	农业类知识产权、农村生产性设施设备、集体林权、农业产业项目、农村集体经营性资产、水权、小型水利设施使用权、农户承包土地经营权、农村生物资产、农村建设项目、农村"四荒"使用权等 11 类农村产权的流转交易范围和交易方式等内容
2018 年 10 月 19 日	《河北省农村产权交易档案管理办法》	对农村产权交易档案的范围、收集、整理、立卷、保管、销毁、归档等内容做了明确规定
2020 年 11 月 2 日	《河北省农村产权流转交易机构会员管理办法(试行)》	对河北省农村产权交易会员概念、分类、资格申请与申请资料做了明确规定

续表

时间	名称	相关内容
2023 年 1 月 15 日	《河北省城乡融合发展综合试点方案》	开展农村产权抵押担保融资,建立健全全省统一的农村产权流转交易市场

资料来源:根据政府部门相关文件整理而得。

相对完善的顶层制度设计和健全的政策体系为农村产权流转交易市场平稳健康运行提供了制度保障,也为盘活农村资源、实现农村资源价值溢价指明了方向。

二 河北省农村产权流转交易市场发展特征

2020 年 11 月底,河北省整省基本完成农村集体产权制度改革试点任务,农村家底基本摸清。完成农村集体产权制度改革实现了农村资产产权归属清晰,即赋权。赋权是农村资产产权流转交易的前提条件,农村产权流转交易市场为产权明晰的集体资产流转提供了供求信息平台和流转交易平台。

(一)农村产权流转交易市场数量多,但整体覆盖率不高

据《中国农村政策与改革统计年报(2022 年)》统计,2022 年,河北省农村产权流转交易市场数量为 159 个,占全国总量的 11.8%。其中河北县级农村产权流转交易市场为 145 个,比位居第二的广西(101 个)多 44 个。县级农村产权流转交易市场数量最多,全国县级农村产权流转交易市场占到总量的 57.3%,河北省县级农村产权流转交易市场占到全省总量的 91.2%(见表 3)。

河北、辽宁、山东、广西、四川和贵州 6 个省(自治区)构建了"省—市—县"三级联动农村产权流转交易市场体系。与其他地区不同,浙江、河南、湖北和广东 4 个省份构建了"市—县—乡镇"三级联动农村产权流转交易市场体系,该体系中乡镇级农村产权流转交易市场占有重要地位。

表3 2022年河北省及全国部分地区农村产权流转交易市场情况

单位：个

地区	农村产权流转交易市场数量	省级农村产权流转交易市场数量	地市级农村产权流转交易市场数量	县级农村产权流转交易市场数量	乡镇级农村产权流转交易市场数量
全国	1345	14	82	771	478
河北	159	1	13	145	0
辽宁	6	1	4	1	0
浙江	112	0	3	29	80
山东	63	1	4	26	32
河南	21	0	1	19	1
湖北	161	0	6	54	101
广东	48	0	2	46	0
广西	106	1	4	101	0
四川	59	1	10	41	7
贵州	173	1	4	35	133

资料来源：农业农村部政策与改革司编《中国农村政策与改革统计年报（2022年）》，中国农业出版社，2023。

（二）农村产权流转交易内容多样化，各类资产溢价率存在较大差异

截至2022年底，全国累计完成农村产权流转交易293.8万宗，总成交额为10715.4亿元，其中通过线上平台交易115.6万宗，交易金额为4429.7亿元。2022年当年全国完成农村产权流转交易85.1万宗，成交额为2288.9亿元，同比分别增长25.6%和48.1%。其中河北省当年完成农村产权流转交易25.6万宗，成交额为900.8亿元；广东当年完成农村产权流转交易5.7万宗，成交额为506.6亿元；江苏当年完成农村产权流转交易22.0万宗，成交额为310.2亿元。农村产权流转交易的内容主要涉及农户承包土地经营权、"四荒"使用权和农村集体经营性资产三大类，2022年全国农户承包土地经营权流转面积为1496.7万亩，"四荒"使用权流转面积为516.3万亩，

农村集体经营性资产流转 13.6 万宗，三类资产流转交易金额达到 1447.9 亿元（见表 4）。

表 4 2022 年河北省及全国部分地区农村产权流转交易市场交易情况

地区	当年流转交易数量（万宗）	当年农村产权流转交易金额（亿元）	农户承包土地经营权当年流转交易		"四荒"使用权当年流转交易		农村集体经营性资产当年流转交易	
			面积（万亩）	金额（亿元）	面积（万亩）	金额（亿元）	数量（万宗）	金额（亿元）
全国	85.1	2288.9	1496.7	695.0	516.3	101.2	13.6	651.7
河北	25.6	900.8	296.0	330.0	93.2	88.2	1.2	21.9
辽宁	1.1	3.3	6.9	0.9	0.6	0.1	0.1	1.3
江苏	22.0	310.2	432.4	162.6	5.8	1.6	5.8	75.7
浙江	1.1	51.4	28.4	4.0	0.2	0.0	0.5	38.2
山东	1.7	57.1	75.5	45.2	1.5	0.8	0.2	2.4
河南	0.0	0.9	7.6	0.5	0.1	0.0	0.0	0.2
湖北	5.3	23.7	52.5	2.7	2.5	0.3	0.2	6.0
广东	5.7	506.6	48.8	36.8	0.9	0.8	4.6	410.6
广西	0.2	20.1	12.9	7.1	0.8	0.8	0.1	2.1
四川	2.5	180.5	62.6	42.5	0.9	0.1	0.1	2.5
贵州	1.4	2.8	8.9	2.0	0.0	0.0	0.1	0.0

资料来源：农业农村部政策与改革司编《中国农村政策与改革统计年报（2022 年）》，中国农业出版社，2023。

不同地区农村产权流转交易的内容、价值有较大的区别，农村集体经营性资产的溢价能力最强。河北、江苏、山东、湖北、广东和四川六省流转农户承包土地经营权较多，但各省每亩的价格存在差异，分别约为 11148.65 元/亩、3760.41 元/亩、5986.75 元/亩、514.29 元/亩、7540.98 元/亩和 6789.14 元/亩。河北每亩农户承包土地经营权价值最高，广东次之，最低的是湖北。"四荒"使用权的价值普遍较低，但与之前"四荒"闲置撂荒相比，已有较高的溢价效应。广东农村集体经营性资产每宗溢价最高，约为 89.3 万元；河北每宗溢价约为 18.3 万元，与广东仍存在一定差距。

（三）农村产权融资的作用已显现，但仍存在较大上升空间

据《中国农村政策与改革统计年报（2022 年）》统计，截至 2022 年

底，全国累计农村产权融资贷款金额为469.3亿元，当年农村产权融资贷款总额为78.7亿元，占比为16.8%；全国累计农户承包土地经营权融资贷款额和面积分别为334.8亿元和734.2万亩。河北累计农户承包土地经营权融资贷款额和面积分别为3.4亿元和10.3万亩，占全国比重分别为1.0%和1.4%。江苏累计农户承包土地经营权融资贷款面积为260.4万亩，居全国首位。山东累计农户承包土地经营权融资贷款总额为89.5亿元，2022年当年农户承包土地经营权融资贷款额为13.9亿元，均居全国首位（见表5）。

表5　2022年河北省及全国部分地区农村产权流转交易市场开展融资情况

单位：亿元，万亩

地区	当年农村产权融资贷款总额	累计农村产权融资贷款额	当年农户承包土地经营权融资贷款额	累计农户承包土地经营权融资贷款额	当年农户承包土地经营权融资贷款面积	累计农户承包土地经营权融资贷款面积
全国	78.7	469.3	43.7	334.8	87.8	734.2
河北	0.0	5.5	0.0	3.4	0.0	10.3
江苏	12.4	85.1	12.0	83.8	10.4	260.4
山东	28.0	96.8	13.9	89.5	10.0	26.9

资料来源：农业农村部政策与改革司编《中国农村政策与改革统计年报（2022年）》，中国农业出版社，2023。

（四）农村产权流转交易市场信息化程度不断提高，但App应用不广泛

截至2022年底，全国共建成农村产权流转交易线上平台875个。省级农村产权流转交易线上平台有14个，其中6个配有手机App；地市级农村产权流转交易线上平台有65个，其中12个配有手机App；县级农村产权流转交易线上平台有527个，其中49个配有手机App；乡镇级农村产权流转交易线上平台有269个，其中194个配有手机App。河北省建立了159个农村产权流转交易线上平台，1个省级农村产权流转交易线上平台；13个地市

级农村产权流转交易线上平台和 145 个县级农村产权流转交易线上平台
（见表 6）。多样化的线上交易应用程序为农业经营主体准确获取交易信息、
明确交易程序和查询交易进度等提供了便利。

表 6　2022 年河北省及全国部分地区农村产权流转交易市场信息化情况

单位：个

指标	全国	河北	江苏	山东
农村产权流转交易线上平台数量	875	159	132	24
省级农村产权流转交易线上平台数量	14	1	2	1
省级线上平台配有手机 App 数量	6	0	0	1
地市级农村产权流转交易线上平台数量	65	13	13	1
地市级线上平台配有手机 App 数量	12	0	0	1
县级农村产权流转交易线上平台数量	527	145	117	17
县级线上平台配有手机 App 数量	49	0	0	5
乡镇级农村产权流转交易线上平台数量	269	0	0	5
乡镇级线上平台配有手机 App 数量	194	0	0	0

资料来源：农业农村部政策与改革司编《中国农村政策与改革统计年报（2022 年）》，中国农业出版社，2023。

三　农村产权流转交易市场发展经验借鉴

各地区农村产权流转交易市场发挥主体主观能动性，创新探索多种农村产权流转交易模式和机制，有效推动农村集体资产保值增值，真正实现农村资源变资产。

（一）农村产权交易平台激发农村闲散机动地潜能

羊四村位于黄骅市羊三木回族乡东北部，占地面积 0.1 万亩，拥有集体土地 0.85 万亩，其中机动地约 0.16 万亩，闲散盐碱地 500 余亩，村民以回族为主，总人口 1602 人，属于典型的农业村。随着城乡融合发展进程的加

快，近几年大部分村民更倾向于进城务工或自己做小生意，有意愿将承包土地对外流转。土地面积小、地块散，承包价格低且难以吸引大型种养殖公司承包。

农村产权流转交易步骤可分为交易信息供给、农村产权交易平台服务和农村产权转移三大阶段。整个农村产权流转交易又可细分为 10 个步骤，即提出申请、审查受理、发布信息、公开报名、入场审核、组织交易、主持竞标、签订合同、产权移交、资料归档（见图 1）。底价由村两委和全体村民代表共同协商决定，产权移交时不仅需要村两委和全体村民代表、中标方在场，也需要有关行政部门在场。

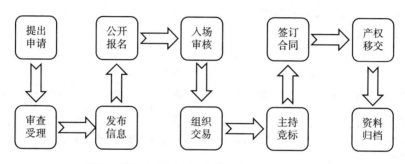

图 1　黄骅市农村产权流转交易中心交易流程

黄骅市农村产权流转交易中心为羊四村利用闲散机动地增加村集体收入创造了条件。羊四村村两委增设和修缮农田排涝系统，将改良后的 370 亩盐碱地进行统一整合，挂牌到黄骅市农村产权流转交易中心。按照交易流程，通过农村产权交易平台竞价，最终以每年 107296 元的价格成交，高出底价51796 元，溢价率高达 93.33%。随后，羊四村又将 110 亩闲散土地经过整合后，通过农村产权交易平台对外流转，最终以 55891 元的价格成交，高出底价 22891 元，溢价率为 69.37%。通过农村产权交易平台对外流转闲散土地，每年可多为羊四村村集体创收 74687 元。

2023 年 4 月和 10 月羊四村通过农村产权交易平台又分别流转 85 亩村集体闲散机动地和三块机动地，成交价格分别为 107100 元和 409160 元。两次流转分别为村集体多增加收入 30600 元和 117800 元。

（二）以"活权"为目标，提高农村资源配置效率

沈阳农村综合产权交易中心以"活权"为目标，以农村集体资源为切入点，以发挥市场对资源配置的调控作用为根本，厘清政府与市场边界，探索出"市场交易+政府监管"运行模式，构建了"1+5+N"规则制度体系，形成了农村产权流转交易"沈阳经验"。

一是构建交易体系。建设以农村产权交易为核心的农业农村生态链，将交易上游的"生产资料集采"模块和交易下游的"农产品销售"模块链接到交易中，同时利用交易数据探索农业设施融资增信服务，构建更加完善的交易体系。二是搭建监督体系。构建农业农村领域招标投标全流程规范化监管平台，探索搭建农业农村领域招标投标电子交易系统，形成有机整体，促进各部分协调运行（见图2）。三是完善交易规则。探索多样化家庭承包土地经营权规范化流转交易，有效整合农户手中的资源、资产，丰富小农户与大市场、小农户与现代农业链接方式。四是丰富交易品种。扩大生物资产流转交易试点范围，完善交易手段和交易配套服务，压缩传统交易"中间商"赚差价空间。积极争取银行业金融机构支持，运用市场手段，在交易平台显化农村产权金融属性，提高流转交易行为的附加收益。

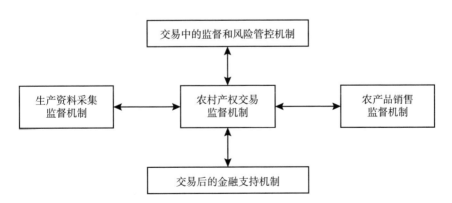

图2　沈阳农村综合产权交易中心交易监督机制

沈阳农村综合产权交易中心充分发挥市场"发现买家"和"发现价格"的作用，不仅激活农村产权，实现农村资源保值增值，也更好地发挥了市场的调节作用。据统计，截至 2023 年 12 月 5 日，沈阳农村产权流转交易中心累计完成农村产权交易超过 4544 宗，成交金额达到 6.05 亿元，平均溢价率达到 15.02%，累计为村集体等增收 1.22 亿元。[①]

四　结论与对策建议

（一）结论

发展农村产权流转交易市场是破解农村集体资产闲置、价值挖掘不够和资源配置效率不高问题的重要途径之一。借助市场调控手段和政府政策引导的双重作用，构建完善的农村产权流转交易体系，进而优化农村资源配置，为实现农业农村现代化创造条件。随着各级地方政府对建设农村产权流转交易市场的高度重视，河北省已形成相对完善的顶层制度设计。但实地调研发现，部分政策真正落地存在困难，产生的效果与预期效果存在差异。河北省农村产权流转交易市场发展效果较好，交易内容多样化，农村产权的融资功能已显现，信息化程度不断提高。但仍存在农村产权流转交易市场利用率不高、农村产权流转交易范围不广、抵押贷款额度不高等问题，影响农村产权流转交易市场发挥应有的作用。

（二）对策建议

针对上述问题，本报告提出以下对策建议。第一，提高农村产权流转交易市场的利用率。现阶段，农村产权流转交易市场交易内容以村集体资产为主，基本不涉及农民个人资产产权流转。建议借助河北省整省试点以及石家

---

① 《沈阳市获批全国农村产权流转交易规范化城市试点》，辽宁省农业农村厅网站，2023 年 12 月 5 日，https：//nync. ln. gov. cn/nync/index/nyyw/zsqsnyxxlb/20231205165023656535/。

庄和承德整市试点的东风，在石家庄或承德挑选有条件的地区开展试点，将个人资产产权流转加入农村产权流转交易，拓展农村产权流转交易内容，进而提高农村产权流转交易市场的利用率。第二，推动各地农村产权流转交易市场一体化发展。推动各地农村产权流转交易市场一体化发展可从两方面着手。一是适度扩大农村产权流转交易市场范围，允许跨县或跨市合作。用好"京津冀联合市场"，实现项目多地挂牌和资源共享。二是制定线上交易标准，扩大线上交易内容、交易量和交易份额，提高交易热度。第三，改善农村产权流转交易市场的交易生态环境。制定农村产权流转交易市场行业标准，减少重复相似线上平台建设，降低"重复建设"成本。适度引入金融机构支持，建立农村产权多主体联保机制，提高农村产权的金融市场认可度和融资能力。同时，农村产权流转交易市场可从金融机构获取农村产权流转交易双方的信用、经营情况、财产情况等主要参考指标，降低农村产权流转交易的潜在风险。

参考文献

童云：《政府与市场关系视角下农村产权市场交易机制研究——基于安徽省的交易现状》，《理论建设》2017 年第 6 期。

张龙：《天津市宝坻区农村产权流转交易市场发展研究》，硕士学位论文，天津大学，2017。

关付新：《全面深化土地制度改革，实现"三化"协调发展》，《农村·农业·农民》（B 版）2015 年第 10 期。

B.19
河北省农业产业结构演变的
影响因素与优化路径研究[*]

时方艳　高本锋[**]

摘　要： 深入推进农业产业结构调整、优化乡村产业空间结构、培育壮大乡村产业、促进产业融合发展是实现乡村产业振兴的必由之路。河北省农业发展基础较为雄厚，持续推进农业产业结构调整优化，农业强省建设步伐不断加快。本报告首先对农业产业结构已有的研究进行了述评，包括农业产业结构演变规律及特征、农业产业结构演变的影响因素和农业产业结构演变的测度方法。其次，基于2004~2021年数据分析了河北省农业产业结构演变特征，农业产值在农林牧渔业总产值中占据主导地位，粮食、蔬菜和瓜果产量较高，肉类禽蛋产品保障能力不断增强。再次，构建了经济社会发展水平、农业资源禀赋、农业生产经营条件和市场需求4个方面共14个指标的农业产业结构演变影响因素指标体系，运用主成分分析方法对2004~2021年河北省农业产业结构演变影响因素进行了实证研究，提取了2个主成分，实证结果显示，人均GDP、城镇化率等指标对农业产业结构演变产生正向影响，农业劳动力从业情况、有效灌溉面积、财政收支情况等指标对农业产业结构演变产生负面影响。最后，提出加快发展现代化大农业、培育壮大新型农业经营主体、完善农业社会化服务体系、全面推行绿色生产方式等河北省加快农业产业结构调整的优化路径，对河北省发展壮大农业产业、赋能农业高质量发展意义重大。

---

[*] 本报告系2023~2024年度河北省社会科学基金项目"河北省数字乡村赋能农业全产业链可持续发展效率评价与现实路径研究"（项目批准号：HB23ZT069）阶段性研究成果。

[**] 时方艳，河北省社会科学院农村经济研究所助理研究员，主要研究方向为农村经济、产业经济等；高本锋，河北省曲周县百寨镇农业综合服务中心高级统计师，主要研究方向为统计分析。

关键词：　农业产业结构　产业结构演变　高质量发展

　　习近平总书记在中央农村工作会议上指出，全面推进乡村振兴是新时代建设农业强国的重要任务，产业振兴是乡村振兴的重中之重。① 深入推进农业产业结构调整、优化乡村产业空间结构、培育壮大乡村产业、促进产业融合发展是实现乡村产业振兴的必由之路。推进农业产业结构调整优化是实现农业高质量发展、全面推进乡村振兴的关键环节，当前我国农业产业结构发生了深刻变化，优势主导产业持续转型升级，农业产业融合发展进程不断推进，农业产业业态不断丰富，农民收入持续增加且来源渐趋多元化，农业科技水平稳步提升。

　　河北省农业发展基础较为雄厚，持续推进农业产业结构调整优化，加大京津农业项目转移承接力度，积极开展以商招商、以会招商、以链招商等多种形式的招商活动，将实施五大千亿级工程作为全省项目投资的主攻方向，吸引了国内外大型龙头企业到河北布局项目、投资兴业。2023 年，河北省承接京津产业转移项目 249 个，签约引资额 820 亿元，签约农业招商项目 684 个，签约引资额 1919.6 亿元，占年度目标（1800 亿元）的 106.6%,② 农业项目投资工作扎实推进，加快了农业强省建设步伐。分析河北省农业产业结构演变的影响因素，提出优化河北省农业产业结构的实现路径，对河北省实施五大千亿级工程、发展壮大农业产业、赋能农业高质量发展意义重大。

一　已有研究述评

　　国内外相关学者关于农业产业结构演变的研究主要集中在农业产业结构

---

① 《习近平：加快建设农业强国 推进农业农村现代化》，中国政府网，2023 年 3 月 15 日，https：//www.gov.cn/xinwen/2023－03/15/content_5746861.htm？eqid＝c1f63502000b4314000000026490731c。

② 《河北今年已承接京津农业产业转移项目 249 个　签约引资额达 820 亿元》，"中国新闻网"百家号，2023 年 12 月 5 日，https：//baijiahao.baidu.com/s？id＝1784432187829461153&wfr＝spider&for＝pc。

演变规律及特征、农业产业结构演变的影响因素、农业产业结构演变测度方法等方面。

（一）关于农业产业结构演变规律及特征的研究

农业产业结构演变的过程是一个具有长期性、动态性、层次性、有序性的过程，农业资源利用效率不断提高，投入产出比不断提高。[①] 不同国家的产业结构演变过程存在差异，技术投入力度、市场规模、农业资源禀赋等因素会影响农业产业发展。[②] 吴进明等研究发现，我国农业产业结构演变的内容主要体现在粮食生产、农产品加工、资源利用和产业发展类型四个方面。[③] 卢良恕认为农业产业结构的演变具有动态性和长期性，演进过程的变化主要体现在速度、层次等方面，劳动生产效率不断提升，农业资源得到合理利用。[④] 赵培华以河南省为例，通过实证分析农业产业结构调整与农业经济增长之间的关系发现，农业和牧业会推动经济发展，林业和渔业对推动经济发展的作用不显著。[⑤] 李云春等以云南省为例，实证分析了农业产业发展的比较优势，研究发现云南省西部地区农业产业比较优势较为明显，重点体现在林业和牧业上，要合理利用区域比较优势和农业发展政策制度，不断完善农业产业结构。[⑥]

（二）关于农业产业结构演变影响因素的研究

相关学者基于一种或几种因素研究其对农业产业结构演变的影响，包括

---

① 杨灿、杨艳：《长江经济带农业规模与结构的时空演变分析——基于 Esteban-Marquillas 拓展模型》，《湖南农业大学学报》（社会科学版）2019 年第 4 期。

② 〔日〕速水佑次郎、〔美〕弗农·拉坦：《农业发展的国际分析》，郭熊保、张进铭等译，中国社会科学出版社，2000。

③ 吴进明、王天良：《21 世纪我国农业产业结构调整的目标定位》，《农业现代化研究》2000 年第 3 期。

④ 卢良恕：《21 世纪我国农业和农村经济结构调整方向》，《中国农业资源与区划》2002 年第 2 期。

⑤ 赵培华：《河南省农业产业结构调整与农业经济增长关系的实证分析》，《江苏农业科学》2022 年第 19 期。

⑥ 李云春、杨爱华：《基于 LQ 系数的云南省现代农业产业布局研究》，《现代农业研究》2023 年第 2 期。

农业生产技术、农业资源、劳动力、资本、人口结构、市场、政策制度的变化等。农业产业结构的发展演变是一个复杂的动态演进过程，内在机制是市场条件的变化。[1] E. Goddard 等以美国为例研究发现，技术因素会影响农业生产的成本和规模，引起长期生产成本曲线向右移动，同时农业生产技术的进步会节约劳动成本，提高农业生产效率，促进农业产业结构调整。[2] M. P. Perez 等以美国为例，研究发现美国番茄产业在 1992 年和 1999 年发生结构性变化的主要原因是自由贸易和农业产业政策的实施。[3] 陈文胜研究发现，农业供给侧结构性改革是农业产业结构转型升级的关键环节，农业资源禀赋也会在一定程度上影响农业产业发展进程。[4] W. Ma 等以中国玉米产业为例，通过对农民家庭开展调查分析了农业机械化程度和农业技术的应用水平对玉米产量的影响，研究发展农业机械化程度和技术的发展进步会显著提高玉米产量，进而推动农业发展。[5] 王崇红等以山东省为例，通过构建产值增长率预测模型分析了农业产业结构调整对农业经济发展的影响，结果表明经济发展的负效应是农业产业结构为适应农业现代化和市场发展需求的必然结果。[6]

（三）关于农业产业结构演变测度方法的研究

相关学者对农业产业结构演变进行测度时通常构建合理的指标体系，所选取的测度方法存在差异，主要围绕影响因素、演化特征、与农业经济增长

① 尹成杰：《农业产业化经营与农业结构调整》，《中国农村经济》2001 年第 5 期。

② E. Goddard et al. , "Economics of Structural Change in Agriculture," *Canadian Journal of Agricultural Economics-Revue Canadienne Dagroeconomie* 4 (2010): 475–489.

③ M. P. Perez , L. A. Ribera, M. A. Palma , "Effects of Trade and Agricultural Policies on the Structure of the U. S. Tomato Industry," *Food Policy* 69 (2017): 123–134.

④ 陈文胜：《论中国农业供给侧结构性改革的着力点——以区域地标品牌为战略调整农业结构》，《农村经济》2016 年第 11 期。

⑤ W. Ma , A. Renwick , "Grafton O. Farm Machinery Use, Off-Farm Employment and Farm Performance in China," *Australian Journal of Agricultural&Resource Economics* 2 (2018): 279–298.

⑥ 王崇红、陈冬生、王燕：《山东省农业产业结构调整的经济效益分析》，《东北农业科学》2019 年第 5 期。

和农民收入的关系等方面展开。Charnes 等构建了 DEA 模型,运用 DEA 模型来评价每个部门的有效程度,在产业结构变化的研究中可以运用该模型。[①] 吴方卫等运用柯布-道格拉斯函数分析了我国农业产业结构的发展演进给农业经济所带来的影响。[②] 余典范等认为农业产业结构的发展演变是动态变化的,主要从产业结构高级化和产业结构合理化两个方面构建指标体系进行研究。[③] 马玉婷等运用静态双向固定效应模型和系统 GMM 估计方法对农业产业结构省级面板数据进行了实证分析。[④] 张孟林等以黑龙江省为例,计算农业产业结构演变指数并将其作为评价指标,通过多目标规划方程求出农业产业结构的最优解,运用 DEA 模型对农业产业结构进行了综合评价,有利于深化农业产业结构研究。[⑤] 李秋波等运用固定效应模型实证分析了农业产业结构调整对农牧民收入和收入差距的影响,结果表明农业产业结构调整有利于促进农牧民增收。[⑥]

综上分析可知,国内外学者关于农业产业结构的研究各有侧重,国外学者关于农业产业结构的研究主要围绕农业农村经济发展转型展开,还未形成较为统一的研究框架。国内学者大多通过构建指标体系、采取合理的实证分析方法来研究农业产业结构的演变,相关研究成果较为丰富。研究发现,农业生产技术水平、市场条件、消费观念、政策环境等因素会影响农业产业结构演变。本报告在借鉴已有研究的基础上,分析河北省农业产业结构演变的影响因素,因地制宜提出优化路径,以期推进河北省农业产业结构优化转型。

① 魏权龄:《评价相对有效性的数据包络分析模型——DEA 和网络 DEA》,中国人民大学出版社,2012。

② 吴方卫、孟令杰、熊诗萍:《中国农业的增长与效率》,上海财经大学出版社,2001。

③ 余典范、干春晖、郑若谷:《中国产业结构的关联特征分析——基于投入产出结构分解技术的实证研究》,《中国工业经济》2011 年第 11 期。

④ 马玉婷、高强、杨旭丹:《农村劳动力老龄化与农业产业结构升级:理论机制与实证检验》,《华中农业大学学报》(社会科学版)2023 年第 2 期。

⑤ 张孟林、王庆石:《黑龙江省农业产业结构现状评价研究》,《黑龙江社会科学》2006 年第 3 期。

⑥ 李秋波、高芬、张立中:《农牧交错带农业结构调整、农牧民收入与农牧民收入差距——基于 63 县面板数据的实证分析》,《生产力研究》2022 年第 7 期。

二　河北省农业产业结构演变特征

2004 年以来，河北省农林牧渔业总产值超过 2000 亿元，农业产业结构进入战略性调整阶段，农业生产各部门的发展得到一定程度的提升，但占比最大的仍然是农业。

（一）农业在农林牧渔业中占据主导地位

农业在农林牧渔业中占据主导地位，其次依次是牧业、农林牧渔服务业、渔业和林业。表 1 为 2004～2021 年河北省农林牧渔业总产值（按当年价格计算）结构情况，主要包括农业、林业、牧业、渔业和农林牧渔服务业。2004～2021 年，河北省农林牧渔业总产值均值为 4627.65 亿元，2021 年农林牧渔总产值超过 7000 亿元，达到 7018.67 亿元。

2004～2021 年，河北省农业产值均值为 2467.17 亿元，最低为 2004 年的 1135.75 亿元，占比 49.69%；最高为 2021 年的 3645.02 亿元，占比 51.93%；农业产值占比最高为 2010 年的 57.32%，最低为 2004 年的 49.69%，农业占据主导地位。

2004～2021 年，河北省林业产值均值为 116.06 亿元，最低为 2009 年的 39.69 亿元，占比 1.09%；最高为 2021 年的 263.66 亿元，占比 3.76%；林业产值占比最高为 2019 年的 3.82%，最低为 2009 年的 1.09%，林业所占比重最小。

河北省制定印发了《河北省奶业竞争力提升行动方案》，明确了奶业振兴的十大任务，印发了《河北省人民政府办公厅关于进一步强化奶业振兴支持政策的通知》，明确了十五项支持措施。2004～2021 年，河北省牧业产值均值为 1601.85 亿元，最高为 2020 年的 2309.72 亿元，占比 34.26%；最低为 2006 年的 832.32 亿元，占比 33.75%；牧业产值占比最高为 2004 年的 40.46%，最低为 2018 年的 31.78%，牧业产值占比位居第二。

表1 2004~2021年河北省农林牧渔业总产值结构情况

单位：亿元，%

年份	总产值	农业	占比	林业	占比	牧业	占比	渔业	占比	农林牧渔服务业	占比
2004	2285.56	1135.75	49.69	40.02	1.75	924.78	40.46	72.08	3.15	112.93	4.94
2005	2379.17	1258.00	52.88	40.13	1.69	879.38	36.96	79.44	3.34	122.21	5.14
2006	2466.37	1380.45	55.97	45.85	1.86	832.32	33.75	72.75	2.95	135.00	5.47
2007	3075.77	1639.07	53.29	52.37	1.70	1146.99	37.29	85.14	2.77	152.20	4.95
2008	3505.23	1760.75	50.23	55.89	1.59	1410.82	40.25	102.77	2.93	175.00	4.99
2009	3640.93	1958.79	53.80	39.69	1.09	1350.10	37.08	108.38	2.98	183.99	5.05
2010	4309.42	2470.11	57.32	51.26	1.19	1443.76	33.50	142.47	3.31	201.83	4.68
2011	4570.27	2484.67	54.37	62.23	1.36	1643.80	35.97	155.36	3.40	224.21	4.91
2012	4912.42	2710.55	55.18	83.40	1.70	1709.84	34.81	167.08	3.40	241.54	4.92
2013	5284.43	2975.01	56.30	104.30	1.97	1772.37	33.54	166.28	3.15	266.46	5.04
2014	5373.76	2893.29	53.84	118.47	2.20	1895.90	35.28	175.85	3.27	290.25	5.40
2015	5291.68	2820.11	53.29	134.62	2.54	1842.65	34.82	181.12	3.42	313.18	5.92
2016	5299.66	2772.86	52.32	148.30	2.80	1846.23	34.84	190.30	3.59	341.97	6.45
2017	5373.38	2890.60	53.79	175.54	3.27	1735.82	32.30	195.86	3.65	375.55	6.99
2018	5707.00	3085.86	54.07	186.64	3.27	1813.82	31.78	207.49	3.64	413.19	7.24
2019	6061.46	3114.86	51.39	231.38	3.82	2035.42	33.58	212.54	3.51	467.26	7.71
2020	6742.49	3413.34	50.62	255.35	3.79	2309.72	34.26	243.22	3.61	520.86	7.73
2021	7018.67	3645.02	51.93	263.66	3.76	2239.5	31.91	298.02	4.25	572.47	8.16

资料来源：历年《河北农村统计年鉴》。

2004~2021 年，河北省渔业产值均值为 158.68 亿元，最高为 2021 年的 298.02 亿元，占比 4.25%；最低为 2004 年的 72.08 亿元，占比 3.15%；渔业产值占比最高为 2021 年的 4.25%，最低为 2007 年的 2.77%，渔业产值占比位居第四。农林牧渔服务业产值均值为 283.89 亿元，最高为 2021 年的 572.47 亿元，占比 8.16%；最低为 2004 年的 112.93 亿元，占比 4.94%；农林牧渔服务业产值占比最高为 2021 年的 8.16%，最低为 2010 年的 4.68%，农林牧渔服务业产值占比位居第三。

（二）粮食、蔬菜和瓜果产量较高

粮食、蔬菜和瓜果在河北省农作物产品产量结构中占据重要地位，小麦和玉米产量是粮食总产量的主要组成部分。2022 年，河北省严格落实粮食安全党政同责，实施粮食生产专项行动，将粮食生产任务分解落实到具体地块和经营主体上，逐村选派科技专员开展逐地块精准指导，实现播种面积、单产、总产"三增加"，粮食安全得到巩固。2022 年，河北省粮食播种面积为 644.38 万公顷，比上年增长 0.24%；单产为 399.9 公斤/亩，比上年提高 0.81%；粮食总产量为 3865 万吨，比上年增长 1%，夏粮总产量连续 6 年稳定在 3500 万吨以上，位居全国第六。

大豆油料稳步发展，2022 年，河北省继续加大耕地轮作补贴和产油大县奖励力度，加强高油酸花生标准化生产基地建设，花生播种面积稳中有增，扩大玉米大豆带状复合种植面积，大豆油料产业稳步发展。表 2 为 2004~2021 年河北省主要农作物产品产量结构情况，主要包括小麦、玉米、棉花、油料、蔬菜和瓜果。

2004~2021 年，河北省小麦产量均值为 1340.11 万吨，最高为 2017 年的 1504.1 万吨，同比增长 1.61%；最低为 2004 年的 1053.2 万吨，同比增长 3.38%；小麦产量增加的年份有 15 个，减少的年份有 3 个。玉米产量均值为 1748.10 万吨，最高为 2021 年的 2066.8 万吨，同比增长 0.73%；最低为 2004 年的 1157.6 万吨，同比增长 7.82%；玉米产量增加的年份有 15 个，减少的年份有 3 个。

表 2 2004~2021 年河北省主要农作物产品产量结构情况

单位：万吨，%

年份	小麦		玉米		棉花		油料		蔬菜		瓜果	
	产量	增减	产量	增减	产量	增减	产量	增减	产量	增减	产量	增减
2004	1053.2	3.38	1157.6	7.82	66.5	27.39	154.32	-5.38	6187.5	4.81	469.4	-0.93
2005	1150.3	9.22	1193.8	3.13	57.7	-13.23	152.73	-1.03	6467.6	4.53	479.4	2.13
2006	1189.7	3.43	1348.8	12.98	70.0	21.32	133.78	-12.41	6314.4	-2.37	460.3	-3.98
2007	1197.6	0.66	1478.2	9.59	71.7	2.43	135.24	1.09	3916.1	-37.98	453.4	-1.50
2008	1229.8	2.69	1532.6	3.68	72.7	1.39	146.59	8.39	4068.4	3.89	433.5	-4.39
2009	1241.8	0.98	1579.4	3.05	58.1	-20.08	134.90	-7.97	4100.5	0.79	392.4	-9.48
2010	1246.6	0.39	1663.8	5.34	54.8	-5.68	129.46	-4.03	4306.3	5.02	400.6	2.09
2011	1296.9	4.03	1823.0	9.57	62.4	13.87	126.36	-2.39	4507.9	4.68	407.2	1.65
2012	1363.9	5.17	1856.2	1.82	53.5	-14.26	127.25	0.70	4692.7	4.10	416.4	2.26
2013	1419.0	4.04	1922.8	3.59	43.2	-19.25	132.28	3.95	4823.8	2.79	433.7	4.15
2014	1444.3	1.78	1898.8	-1.25	39.5	-8.56	125.92	-4.81	4965.1	2.93	448.8	3.48
2015	1482.8	2.67	1897.7	-0.06	32.4	-17.97	126.01	0.07	5022.2	1.15	455.3	1.45
2016	1480.2	-0.18	2031.2	7.03	23.9	-26.23	126.20	0.15	5038.9	0.33	390.2	-14.30
2017	1504.1	1.61	2035.5	0.21	24.0	0.42	129.40	2.54	5058.5	0.39	395.4	1.33
2018	1450.7	-3.55	1941.2	-4.63	23.9	-0.42	121.38	-6.20	5154.5	1.90	391.0	-1.11
2019	1462.6	0.82	1986.6	2.34	22.7	-5.02	119.54	-1.52	5093.1	-1.19	387.1	-1.00
2020	1439.3	-1.59	2051.8	3.28	20.9	-7.93	119.52	-0.02	5198.2	2.06	393.0	1.52
2021	1469.1	2.07	2066.8	0.73	16.0	-23.44	118.36	-0.97	5284.2	1.65	386.6	-1.63

资料来源：历年《河北农村统计年鉴》。

2004~2021 年，河北省棉花产量均值为 45.22 万吨，最高为 2008 年的 72.7 万吨，同比增长 1.39%；最低为 2021 年的 16.0 万吨，同比下降 23.44%；棉花产量增加的年份有 6 个，减少的年份有 12 个，棉花产量从 2004 年的 66.5 万吨下降到 2021 年的 16.0 万吨，下降了 50.5 万吨。

2004~2021 年，河北省油料作物产量均值为 131.07 万吨，最高为 2004 年的 154.32 万吨，同比下降 5.38%；最低为 2021 年的 118.36 万吨，同比下降 0.97%。2004~2021 年，油料作物产量下降了 35.96 万吨；油料作物产量增加的年份有 7 个，减少的年份有 11 个。

2004~2021 年，河北省蔬菜产量均值为 5011.11 万吨，最高为 2005 年的 6467.6 万吨，同比增长 4.53%；最低为 2007 年的 3916.1 万吨，同比下降 37.98%；蔬菜产量增加的年份有 15 个，减少的年份有 3 个。瓜果作物产量均值为 421.87 万吨，最高为 2005 年的 479.4 万吨，同比增长 2.13%；最低为 2021 年的 386.6 万吨，同比下降 1.63%；瓜果作物产量从 2004 年的 469.4 万吨下降到 2021 年的 386.6 万吨，下降了 82.8 万吨；产量增加的年份有 9 个，减少的年份有 9 个。

（三）肉类禽蛋产品保障能力不断增强

蔬菜、水果、肉类禽蛋、水产品等"菜篮子"产品保障水平不断提升，河北省各地落实"菜篮子"市长负责制，着力打造标准化、规模化生产基地，蔬菜保障能力稳步提升，果品供给提质增效，畜禽产品稳定供给，奶业加快振兴，乳制品产量连续 7 年全国第一，水产品供给快速增长。肉类禽蛋产品保障能力不断增强，表 3 为河北省主要畜牧业产品产量结构情况，主要包括年内出栏肉猪、年内牛出栏、年内羊出栏、活家禽出栏、肉类总产量、猪牛羊肉产量、奶类产量和禽蛋产量。

2004~2021 年，河北省年内出栏肉猪均值为 3413.72 万头，最高为 2014 年的 3897.8 万头，最低为 2020 年的 2907.6 万头，年内出栏肉猪头数出现波动趋势，可能与政府政策、猪瘟等因素相关。河北省年内牛出栏均值为 345.81 万头，最高为 2004 年的 403.2 万头，最低为 2014 年的 320.6 万

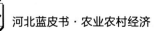

表 3 2004~2021 年河北省主要畜牧业产品产量结构情况

年份	年内出栏肉猪（万头）	年内牛出栏（万头）	年内羊出栏（万只）	活家禽出栏（万只）	肉类总产量（万吨）	猪牛羊肉产量（万吨）	奶类产量（万吨）	禽蛋产量（万吨）
2004	2991.0	403.2	1615.8	47033.9	378.8	298.7	276.95	367.24
2005	3145.0	360.4	1695.5	48690.1	395.6	314.2	348.64	385.18
2006	3246.7	348.8	1726.4	48743.0	406.2	323.5	384.39	382.30
2007	2989.8	359.7	1785.6	52201.6	396.6	309.5	415.33	397.16
2008	3286.9	354.1	1938.7	54094.5	422.3	333.3	430.41	412.48
2009	3420.1	344.3	2047.2	52837.1	429.7	343.3	385.03	355.12
2010	3335.8	361.2	2127.0	48327.2	420.7	340.9	375.06	341.53
2011	3378.1	339.0	2031.0	51189.1	423.9	340.0	389.70	342.91
2012	3576.7	340.3	2047.6	58564.5	450.7	356.4	399.80	346.27
2013	3666.4	325.3	2076.9	59315.3	458.8	362.7	388.57	350.44
2014	3897.8	320.6	2155.7	60491.7	481.1	383.6	414.03	367.97
2015	3837.1	325.4	2216.1	59388.6	477.5	381.5	401.30	379.69
2016	3742.6	331.9	2259.7	61875.3	472.1	375.3	373.01	395.59
2017	3785.3	340.5	2168.9	60637.8	472.3	377.2	387.75	383.72
2018	3709.6	345.6	2201.4	59728.2	466.7	373.3	391.13	377.97
2019	3119.8	349.1	2234.5	66628.3	433.4	330.1	433.81	385.90
2020	2907.6	335.2	2265.8	68730.4	419.2	313.8	488.30	389.70
2021	3410.6	339.9	2440.1	71204.7	464.3	355.4	501.85	389.56

资料来源：历年《河北农村统计年鉴》。

头，出现平稳波动趋势。河北省年内羊出栏均值为2057.44万只，最高为2021年的2440.1万只，最低为2004年的1615.8万只，在波动中上升。

2004～2021年，河北省活家禽出栏均值为57204.52万只，最高为2021年的71204.7万只，最低为2004年的47033.9万只，处于波动上升状态。河北省肉类总产量均值为437.22万吨，最高为2014年的481.1万吨，最低为2004年的378.8万吨。河北省猪牛羊肉产量是肉类总产量的主要组成部分，均值为345.15万吨，最高为2014年的383.6万吨，最低为2004年的298.7万吨。

河北省实施奶业振兴行动计划，2004～2021年，河北省奶类产量均值为399.17万吨，最高为2021年的501.85万吨，最低为2004年的276.95万吨，奶类产量在波动中上升。禽蛋产量均值为375.04万吨，最高为2008年的412.48万吨，最低为2010年的341.53万吨。禽蛋产量较为稳定，波动幅度较小。

三　河北省农业产业结构演变的影响因素实证分析

农业产业结构的发展演变会受到多重因素影响，结合相关学者已有的研究成果，经济社会发展水平、农业资源禀赋、农业生产技术设施、消费者需求等因素会对农业产业结构调整优化产生重要影响。本报告主要实证分析河北省农业产业结构演变的影响因素，以期提出河北省农业产业结构调整的优化路径。

（一）农业产业结构演变的影响因素

农业产业结构演变的影响因素主要包括以下几方面。一是经济社会发展水平，经济社会的发展进步可以为农业发展提供更多的资本和技术，产生农业生产的规模经济，提高农业生产效率，促进农业精细化、科学化分工，推动农业产业由传统农业阶段逐步迈向现代农业发展阶段，实现农业可持续发展。二是农业资源禀赋，资源禀赋是进行市场分工的前提条件，想实现资源最优化配置，要结合地区资源禀赋进行产业的选择，自然资源禀赋、地理环境会影响农业产业发展，要在保障可持续发展的前提下，不断提高自然资源利用效率，加快农业产业结构演变。三是农业生产经营条件，主要指进行农业生产经营所具备的条件，包括耕地、灌溉、机械化程度、农业生产支出、财政支持力度等内容。四是市场需求，农业市场存在供需不匹配的情况，农产品供给不能完全满足消费者的市场需求，要结合区域发展实际与市场对农产品需求的变动情况及时做出调整，包括农产品数量、质量、层次规模等内容，促使农业发展由生产主导逐步变为由消费主导，促进农业产业结构调整优化。五是农业政策制度，其为农业发展提供较好的外部条件，如土地政策、农业环保政策、价格保护政策等，对农业产业结构调整产生重要影响。

（二）河北省农业产业结构演变影响因素模型构建

1.指标体系设计

在相关学者研究的基础上，本报告将河北省农业产业结构演进指数（ASI）作为被解释变量，该变量的取值范围在0~1区间，ASI值越大表示农业产业结构演变程度越大，ASI值越小表示农业产业结构越趋于稳定状态。其计算公式为：

$$ASI_t = \sqrt{\sum_m^M (Q_{mt}/Q_t)^2} \tag{1}$$

式（1）中 t 表示年份，m 代表农业内部各产业部门，包括农业、林业、牧业、渔业和农林牧渔服务业，Q_{mt} 表示各年份不同农业部门的产值，Q_t 代表各年份的总产值。

基于数据的可获得性和可量化性，解释变量共分为四部分：一是经济社会发展水平，包括人均GDP、城镇化率、工业化率和非农GDP；二是农业资源禀赋，包括耕地面积、农业劳动生产率、农业劳动力从业情况；三是农业生产经营条件，包括有效灌溉面积、农机总动力、财政收支情况、农业产业化经营；四是市场需求，包括食品消费支出情况、农村居民消费水平和城乡居民消费水平对比（见表4）。

表4 农业产业结构演变影响因素指标体系

指标类型		指标名称	计算过程	符号
被解释变量		农业产业结构演进指数	由式（1）计算而得	y
解释变量	经济社会发展水平	人均 GDP（元）	GDP/总人口	x_1
		城镇化率（%）	城镇人口/总人口	x_2
		工业化率（%）	工业增加值/地区生产总值	x_3
		非农 GDP（%）	二三产业增加值/GDP	x_4
	农业资源禀赋	耕地面积（千公顷）	年末耕地面积	x_5
		农业劳动生产率（元）	每一农村农林牧渔业从业人员创造的农林牧渔业增加值	x_6
		农业劳动力从业情况（%）	农林牧渔业从业人员占全社会从业人员比重	x_7
	农业生产经营条件	有效灌溉面积（千公顷）	耕地灌溉面积	x_8
		农机总动力（万千瓦）	农业机械总动力	x_9
		财政收支情况（亿元）	公共财政预算支出	x_{10}
		农业产业化经营（%）	农业产业化经营率	x_{11}
	市场需求	食品消费支出情况（元）	农村居民人均食品烟酒消费支出	x_{12}
		农村居民消费水平（元）	农村居民消费支出	x_{13}
		城乡居民消费水平对比（农村居民＝1）	城镇居民消费支出/农村居民消费支出	x_{14}

2. 数据来源

选取 2004~2021 年河北省相关数据开展实证研究，数据主要来源于《河北统计年鉴》、《河北农村统计年鉴》和历年河北省国民经济和社会发展统计公报，个别缺失数据按照线性插值法进行补充。

（三）KMO 测度和 Bartlett 的球形度检验

样本 KMO 统计量的值为 0.674，大于 0.6，Bartlett 的球形度检验在 P = 0.000 上存在显著性（见表5），代表样本数据通过效度检验，适用于主成分回归分析。

表 5　KMO 测度和 Bartlett 的球形度检验

KMO 取样适切性量数		0.674
Bartlett 的球形度检验	近似卡方	566.780
	自由度	91
	显著性	0.000

（四）主成分提取

由表 6 可见，第一主成分的特征值为 10.379，它解释了总变量的 74.139%，第二主成分的特征值为 2.087，解释了总变量的 14.906%，前两个主成分的特征根均大于 1，累积贡献率达到 89.045%，故本报告选取 2 个主成分。由表 7 成分矩阵可知，第一主成分在除 x_9、x_8 和 x_5 之外的 11 个变量上都存在高于 0.8 的载荷，第二主成分在 x_9、x_8 和 x_5 上载荷较大。

表 6　矩阵的初始特征值和累积贡献率

单位：%

成分	初始特征值			提取载荷平方和		
	总计	方差	累积方差	总计	方差	累积方差
1	10.379	74.139	74.139	10.379	74.139	74.139
2	2.087	14.906	89.045	2.087	14.906	89.045
3	0.599	4.278	93.324			
4	0.541	3.861	97.185			
5	0.183	1.306	98.491			
6	0.101	0.724	99.215			
7	0.070	0.502	99.717			
8	0.025	0.179	99.896			
9	0.007	0.049	99.945			
10	0.004	0.027	99.972			
11	0.002	0.017	99.989			
12	0.001	0.009	99.997			
13	0.000	0.002	99.999			
14	0.000	0.001	100.000			

表 7 成分矩阵

	成分	
	1	2
x_{10}	0.996	−0.006
x_2	0.996	0.023
x_1	0.989	0.101
x_{12}	0.978	−0.046
x_{13}	0.975	−0.167
x_6	0.968	0.188
x_4	0.934	0.116
x_7	−0.927	−0.344
x_{14}	−0.925	0.262
x_3	−0.887	0.286
x_{11}	0.880	0.403
x_9	−0.361	0.790
x_8	−0.302	−0.701
x_5	−0.451	0.672

（五）主成分表达式和主成分得分

将表 7 成分矩阵的分析结果除以主成分初始特征值的平方根得到主成分系数矩阵，根据主成分系数矩阵依次写出两个主成分的表达式：

$$y_1 = 0.307x_1 + 0.309x_2 - 0.275x_3 + 0.290x_4 - 0.14x_5 + 0.3x_6 - 0.288x_7 -$$
$$0.094x_8 - 0.112x_9 + 0.309x_{10} + 0.273x_{11} + 0.304x_{12} + 0.303x_{13} - 0.287x_{14} \quad (2)$$

$$y_2 = 0.070x_1 + 0.016x_2 + 0.198x_3 + 0.080x_4 + 0.465x_5 + 0.13x_6 - 0.238x_7 -$$
$$0.485x_8 + 0.547x_9 - 0.004x_{10} + 0.279x_{11} - 0.032x_{12} - 0.116x_{13} + 0.181x_{14} \quad (3)$$

$$y = 0.74139y_1 + 0.14906y_2 \quad (4)$$

将标准化之后的原始数据带入主成分表达式（2）、（3）和（4）中计算各个样本的主成分得分，如表 8 所示。

表8 各个样本的主成分得分

年份	y_1	y_2	y
2004	-4.66	-1.83	-3.60
2005	-3.96	-1.50	-3.05
2006	-3.48	-1.36	-2.69
2007	-3.16	-0.97	-2.40
2008	-2.80	-0.45	-2.06
2009	-2.52	0.51	-1.72
2010	-2.14	0.80	-1.41
2011	-1.42	0.73	-0.91
2012	-0.38	2.94	0.16
2013	0.07	2.14	0.37
2014	0.50	1.90	0.64
2015	1.22	1.66	1.12
2016	2.08	-0.05	1.48
2017	2.78	-0.07	1.97
2018	3.38	-0.30	2.37
2019	4.40	-1.32	2.95
2020	4.69	-1.35	3.15
2021	5.42	-1.48	3.65

四 加快河北省农业产业结构调整的优化路径

基于主成分分析结果，影响河北省农业产业结构演变的因素涉及经济社会发展水平、农业生产经营条件、市场需求等，结合当前河北省农业产业结构演变现状，坚持"生产+加工+科技+品牌"，提出如下优化路径来推进农业产业结构深入调整。

（一）加快发展现代化大农业，推进农业生产方式变革

结合河北省发展实际，坚持多功能、开放式、综合性的发展方向，不断完善现代农业产业体系、生产体系和经营体系，调整优化现代农业各层面的点位布局，依托工业化理念、现代科技装备和营销技术、多样化的商业模

式，逐步构建符合现代化大农业发展的大资源、大产业、大生态、大空间格局。增强粮食安全保障能力，统筹"粮经饲"生产，推动"种养加"一体、农林牧渔结合，推动形成同市场需求相适应、与资源环境承载能力相匹配的现代农业生产结构和区域布局。推进模式创新，促进"农业+加工业""农业+服务业"等融合发展，创新"高标准农田+"等模式，加快突破农业关键核心技术，强化农业科技和装备支撑，大力发展生物合成、"农业工厂"等农业新形态，以科技创新引领农业发展。

（二）培育壮大新型农业经营主体，着力提高农业质量和效益

坚持大农业导向，发展农业产业大基地，培育农业龙头企业，建设农业大品牌，不断提升农业发展的质量和效益。加快建设一批规模化、专业化、标准化的优势农产品基地，基地是农业产业化的基础和"第一车间"，推进基地与优势企业合作共建，发展壮大现代化农作物制种基地、现代化畜禽种业基地、现代种业产业园等，开展农业新品种、新技术、新装备、新模式的集成应用和示范推广。加快发展农业龙头企业，农业龙头企业是农业发展的"火车头"，肩负着引导生产、深化加工、开拓市场、创新技术、综合服务等重任，实施农业经营主体梯次培育计划，聚焦龙头企业提升创新发展、加工转化、市场营销、品牌拓展和融合发展能力，加快龙头企业技术改造、装备升级和模式创新，促进农业产业化经营。扎实推进农业品牌培育工作，品质优良是农业品牌发展的基础，持续提升农产品质量和完善食品安全标准体系，打造品质优良的农业品牌形象，全面实施"区域品牌+企业品牌+产品品牌"，以培育名特优新农产品作为主攻方向推进地方特色农业品牌建设，推动产品优势转化为品牌优势，形成"省+市+县（区）"梯次协同发展格局。

（三）完善农业社会化服务体系，促进小农户和现代农业发展有效衔接

农业产业结构调整优化离不开生产经营方式的创新，要高度重视农业经营体制机制创新，围绕培育新型农业经营主体和发展壮大农业服务外包市场增加

农业规模效益。优化农业经营体制机制，积极发展农民专业合作经济组织和行业协会，形成以农民专业合作经济组织为中心、上连企业、下连农户的组织形式，完善企业与农户的利益联结机制，推动农民专业合作经济组织真正成为推动农业产业结构调整的重要力量。不断完善联农带农机制，坚持增加带动效益与提升带动能力并重，科学合理确定带动方式和受益程度，持续优化"带得准""带得稳""带得久"的长效机制，探索涵盖农业产业全链条的"政府引导+邮政系统支撑+合作社牵引+农户生产+上下游企业对接"的多方合作模式，探索"定制+分红+保障"受益分配模式，促进小农户和现代农业发展有效衔接。

（四）聚焦绿色生态低碳发展，全面推行绿色生产方式

突出新建与提质并重，全面推行绿色生产经营方式，发展资源节约型、环境友好型农业，推广种养循环模式，探索"一地多用、一地多收、一户多业"的特色生态种养结合模式，扩大种养循环覆盖范围，依托现代信息技术，积极与电商平台开展合作，发展互联网认养销售模式。推进畜牧业转型发展，推进养殖场改造、设施装备升级，推广应用绿色健康养殖技术，建设畜禽标准化养殖场、水产健康养殖和生态养殖基地。推动绿色投入品广泛应用，实施化肥农药减量增效行动，推广测土配方施肥技术，加快有机肥替代化肥，推进绿色防控和统防统治，全面使用安全绿色兽药、渔药和饲料添加剂。完善农业废弃物收储运体系，推进农作物秸秆、畜禽粪污、农膜等资源化回收利用，新增有机肥生产设施装备，实现循环发展。探索建立生态农产品价值实现机制，开发果园、沼气、农田等农业碳汇项目和生态产品，实现绿色低碳发展。

B.20
河北省和美乡村建设重点措施
与长效机制研究

——基于 215 个村庄的调研

耿卫新　耿子宁*

摘　要： 为提高乡村生活质量，实现乡村由表及里、形神兼备的全面提升，满足亿万农民期待，需加快建设宜居宜业和美乡村。和美乡村是为农民而建，建设什么样的乡村、如何建应该认真听取广大农民群众的意见。本报告为回应农民群众对美好舒适乡村生活的需求和愿望，对河北省 215 个村庄的村民和村干部开展问卷调查和访谈，通过整理分析调研数据，总结出农民群众对人居环境整治提升工作持满意态度，推进城乡基本公共服务均等化、增加精神文化产品供给、推进移风易俗、增加乡村建设资金投入是当前的核心诉求。本报告从农民需求出发，构建和美乡村建设长效机制，并提出补齐乡村建设短板的重点措施和建议。

关键词： 乡村建设　和美乡村　河北省

一　宜居宜业和美乡村内涵

党的二十大报告提出建设宜居宜业和美乡村，以习近平同志为核心的党中央对怎样建设乡村以及建设什么样的乡村指明了方向。在 2022 年底召开

---

* 耿卫新，河北省社会科学院农村经济研究所副研究员，主要研究方向为农业经济与政策；耿子宁，河北大学新闻传播学院学生，主要研究方向为新闻传播。

的中央农村工作会议上，习近平总书记进一步强调，"农村现代化是建设农业强国的内在要求和必要条件，建设宜居宜业和美乡村是农业强国的应有之义……建设农业强国要一体推进农业现代化和农村现代化，实现乡村由表及里、形神兼备的全面提升"。理论界和实践领域对如何准确定义"宜居宜业和美乡村"展开了热烈的讨论，并形成了一定的共识。研究者认为"宜居宜业和美乡村"建设，旨在回应人民对美好舒适乡村生活的需求和愿望，涵盖衣、食、住、行和社会交往诸方面的内容，体现在住房舒适、整洁卫生、生活便利、办事快捷及交往方便等方面。建设和美乡村，不仅要外貌美丽得体，还要内在充实丰富，实现产业和、生态和、文化和、治理和、社会和。需要特别指出的是，乡村建设首次提出以"和"为发展理念，是为了实现农村基本具备现代生活条件的目标，持续提高乡村生活质量，同时反映了当下乡村现状与亿万农民的期待。

二　河北省和美乡村建设工作进展情况

（一）主要措施

1. 强化组织领导，实施高位推动

坚持五级书记一起抓，省长就推动沿海地区农村人居环境整治提升等工作提出具体要求。省级层面成立了以省委书记、省长任双组长的全省和美乡村建设工作领导小组，下设农村人居环境整治提升工作专班，由省委副书记任组长、省政府副省长任副组长，省直有关单位为成员。市县层面成立相应的组织机构，形成上下衔接顺畅、部门合力齐抓的工作格局。

2. 抓好顶层设计，完善政策体系

制定印发了《河北省2023年农村人居环境整治提升工作方案》，省直有关部门全面对标落实，制定所承担重点工作的专项方案，建立了"1+N"一揽子政策体系。市县同步研究制定了本级实施方案、明确了各项重点任务目标和支持政策。

3. 加大资金投入力度，强化支持保障

省市县三级均设立了专项资金，实行省市奖补、县级统筹，发挥涉农资金统筹整合作用，吸引金融资本支持农村人居环境整治。2023 年，按照"县级投入为主，省级以奖代补"的思路，围绕农村人居环境整治提升重点任务，安排省级乡村振兴专项资金 19 亿元，用于农村人居环境整治提升项目，确保了各项任务顺利推进。

4. 聚焦重点难点，强力组织攻坚

围绕全省农村垃圾、污水和黑臭水体整治，以及沿海地区农村人居环境整治等重点任务，先后制定出台了《全省农村地区垃圾污水和黑臭水体整治百日集中攻坚行动方案》《全省沿海地区农村人居环境整治提升专项行动方案》等一系列文件。相关部门领导多次到全省各地调研暗访，深入一线检查指导工作。累计开展了 4 轮省级暗访督导，累计检查 173 个县次 1223 个村，督促市县整改到位，集中整治工作取得了阶段性成效。

（二）河北省乡村建设成效

1. 农村人居环境整治提升成效显著

全省改造提升户厕 40.12 万座，建设粪污处理站 702 座，布设维修站点 600 个，配备抽粪车 2059 辆，建设厕所运营监管中心 67 个。全省有生活垃圾治理任务的 4.7 万个村全部实现收转运体系全覆盖，均已建立日常保洁机制。全省新增完成 3152 个村庄生活污水治理，累计完成 23507 个村庄生活污水治理，整治率达到 47.78%，高于国家下达河北省的 42% 的治理目标。完成村庄绿化 606.11 万株，折合面积 12.2 万亩，创建了 1000 个绿化提升村、150 个省级森林乡村、91.2 万户美丽庭院、23.5 万户精品庭院。

2. 基础设施公共服务短板不断补齐

全省新建设改造农村公路 7647.2 公里，新增规模化供水工程 21 处，新增自来水入户人口 8 万人。创建 7 所省级示范性农村幼儿园，全省 92% 以上的村卫生室已达到标准化建设要求，乡镇综合文化站建设达标率超过 90%，寄递物流综合服务站设点率达到 92.13%。

3. 宜居宜业和美乡村建设取得显著进展

深入贯彻落实全国学习运用"千万工程"经验现场推进会议精神，认真学习运用浙江"千万工程"蕴含的理念方法，制定出台《扎实推进宜居宜业和美乡村建设行动方案》，梯次推进、动态升级。围绕省市县三级和美乡村示范区谋划布局了2000个和美乡村，2023年底已初步完成验收评估工作。

三 农民群众对河北省乡村建设的评价及诉求

纵观我国农村改革与发展的实践，农民始终发挥着至关重要的作用。农民是乡村的主人，建设什么样的乡村，怎么来建设，他们的意见最重要。但是不少农民习惯于被动接受并依赖政府，对主动参与乡村建设的积极性并不高。主要原因在于在乡村建设过程中，一些工作与农民实际需求脱节，出现了"你给我的不需要，我需要的你不给"的现象。为真实了解农民群众对美好舒适乡村生活的需求和愿望，加快建设符合农民意愿的和美乡村，笔者深入河北省山区和平原地区对村民和村干部进行了深度访谈和问卷调查，系统梳理各地农村基层对当前乡村建设的看法和地方在政策执行中存在的不足，针对这些看法和不足提出对策建议，并探索构建和美乡村建设长效机制，供决策参考。

（一）问卷的设计和回收

此次调查针对河北省建设宜居宜业和美乡村的农村基层展开，对承德、保定、石家庄、衡水等市215个村庄的村民和村干部进行了问卷调查和访谈，共发放问卷2500份，回收问卷2432份，回收率为97.3%，有效问卷2432，有效率为97.3%。问卷主要包括三个部分：被调查对象的个人信息、和美乡村建设现状、村民和村干部对和美乡村建设现状的评价和诉求。

（二）农民群众对河北省乡村建设的评价及诉求

1. 财政资金供给不足且配置失衡

河北省农村地区基础设施建设滞后，公共服务供给不足，需要大量的资金投入和财政支持。随着乡村振兴战略的深入实施，农村基础设施建设规模不断扩大，建设标准也越来越高，资金需求也逐年增加，但涉农资金投入增长不足，因此需求与投入之间产生了巨大缺口。据测算，打造一个标准的美丽乡村，需要资金 500 万~1000 万元。从河北省农业农村厅美丽乡村处获悉，衡水市 2021 年平均打造一个美丽乡村的财政投入仅为 72 万余元，资金缺口巨大。由于财政投入不足，乡村医生的工资和养老待遇难以长期保障，专业人才留不住，医疗服务能力较低，且部分乡镇卫生院的医疗设备缺乏或陈旧老化，基层医疗机构的门诊就诊率和住院率逐年下降。义务教育方面，河北省小学生和初中生生均一般公共预算公用经费支出分别为2353 元、3407 元，分别比全国平均水平低 31.02%、31.31%，经费投入不足导致农村学校办学条件落后、师资保障不到位、教育水平不高，迫切需要进一步加强建设。

2. 农村人居环境整治见成效，改善提升农村道路、地下排水管网最受期待

调研结果显示，农民对农村人居环境改善的满意度还是相对较高的，但是仍存在少部分对整治效果不满意的人群。调研数据显示，满意和比较满意共占比 75.15%，正面说明了农村人居环境整治工作取得了较好的效果，使农民群众受益。认为改善最明显的为农村道路、公共照明、垃圾分类处理和户厕改造，分别占比 79.19%、73.01%、71.06% 和65.97%。没有接通自来水使用不方便和冬天水箱结冰是村民对户厕改造最不满意的地方。基本所有农民对垃圾处理的效果都很满意。同时调查结果显示，绝大多数村庄定点配置了分类垃圾桶，但仍有半数以上的村庄没有分类处理垃圾，农村的生活垃圾分类尚未真正实施。当前，村民最希望改善提升的基础设施为农村道路和地下排水管网，分别占比46.12%、47.52%（见图1），[①] 未来河北省农村人居环境整治提升工作仍需在这两方面努力。

---

① 本题填写有效人数为 2201 人。

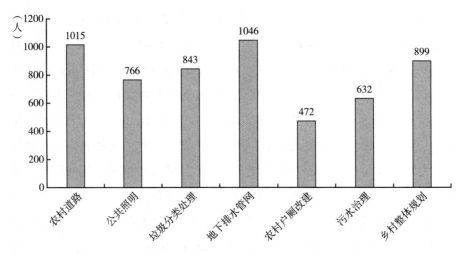

图1　村民希望改善的基础设施调查

3. 乡村公共服务供给满意度一般，推进城乡基本公共服务均等化是农民群众的最热切期盼

调查显示，村民对村庄建设不满意的原因中，养老设施缺乏、医疗卫生水平低、城乡教育不均衡占很大比重。调研的215个村庄中，165个村庄没有养老设施，151个村庄没有幼儿园。在对教育、养老、医疗卫生等城乡基本公共服务的满意度调查中，超过半数的农民选择"一般"（见图2）。在养老方面，农民认为养老院数量少，担心养老院的服务质量。在医疗卫生方面，农民反映最多的是乡镇卫生院的医疗设备缺乏或陈旧老化、医疗服务能力较低。在教育方面，大部分农民认为农村学校办学条件落后、师资保障不到位、教育质量和城市相比差距较大。

4. 农村公共文化基础设施薄弱，农民精神文化需求呈多层次、多样性特点

河北省多地已出台了乡村建设规划方案，但这些方案更多涉及乡村人居环境治理、道路修建、农村住房等"硬件"建设，在满足农民精神文化需求方面，鲜少有具体方案，农村文化娱乐建设成为乡村建设中的洼地。在实地走访中笔者发现，公共文化产品和服务设施多集中在县城周边和一些较大

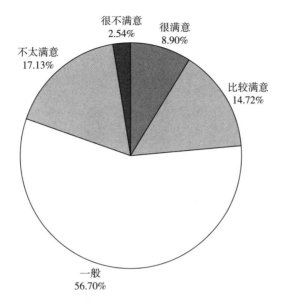

图2　城乡基本公共服务满意度调查

的乡镇，距离县城或城镇较远的村庄文化基础设施较差，且设施单一。在对村里有什么基础文化设施的情况调查中，60.24%的村民选择"村广场或学校操场"，22.57%的村民选择"农家书屋"，17.19%的村民选择"都没有"。无论是经济实力稍好的县城地区还是经济基础较差的山区，村民精神文化生活贫乏是共性问题。52.46%的村民将"看电视或看手机"作为日常的娱乐方式，49.07%的村民把闲暇时间用来与邻里闲聊，还有28.33%的村民选择打麻将或者玩牌，仅有6.21%的村民选择读书。与农村公共文化设施匮乏相矛盾的是，农村居民对精神文化需求从"有没有"转向了"好不好"，呈现多层次、多样性特点（见图3）。

5.高价彩礼、豪华葬礼、人情攀比、铺张浪费等现象依然存在，农民群众迫切希望尽快遏止

在"当前农村不良风气最严重的是哪项"问题中，51.89%的村民选择"高价彩礼、豪华葬礼"（见图4）。61.16%的村民认为婚丧嫁娶时存在大操大办的现象，93.91%的村民认为亟须禁止大操大办现象。通过走访笔者得

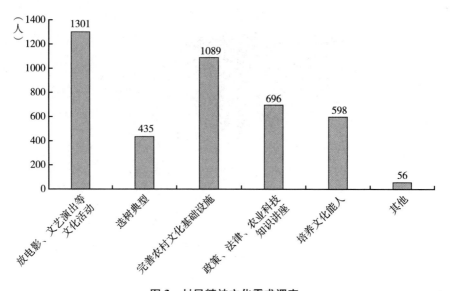

图3 村民精神文化需求调查

知，河北省农村地区彩礼在5万~20万元，沧州地区彩礼均价在14万元左右，其次是邯郸、保定和邢台，这种水平在全国来说也位居前列。

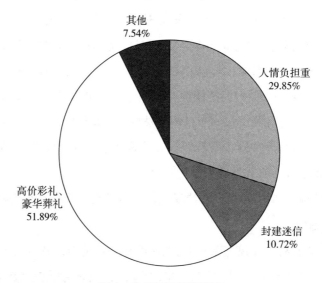

图4 农村不良风气调查

6.村集体经济薄弱，社会资本参与意愿不强，财政支出压力较大，乡村建设需探索可持续发展新路径

当前河北省城乡差距最直观的表现为基础设施和公共服务差距大，而制约农村公共服务水平提升的最主要的因素是村集体经济匮乏，没有能力为乡村建设提供财力支持。调研的 215 个村庄，村集体年经营收入不足 5 万元的有 61 个，占比达到 28%，年收入达到 50 万元的只有 9 个，占比不足 5%。调研发现，村干部认为当前制约乡村建设的最主要问题是资金不足，需继续增加资金投入。此外，由于农业农村领域投资成本高、回报周期长、经营收益低、融资困难等，社会资本参与乡村建设的意愿普遍不强。据河北省农业农村厅美丽乡村处统计数据，河北省美丽乡村建设资金中政府投资约占 75%，村企共建村庄只占 2.7%。当前河北省乡村建设中，大到道路、公共厕所、雨污分流项目，小到垃圾桶、路灯等村容环境改造工程基础设施建设，基本都依赖财政资金的投入，财政压力较大。后续人居环境的管护、产业振兴等资金需求会越来越大，如果仅依靠财政的支持，财政困难的地区易出现因财政资金支持不足而无法开展工作的情况。

四　河北省和美乡村建设长效机制构建

为保障和美乡村建设动力后劲充足，要建立科学合理的机制，充分激发农民的积极性和创造性，激活乡村发展的内生动力，使乡村建设行动行稳致远。因此，乡村建设要坚持"两手抓"，一方面要提供政策扶持，另一方面要建立可持续的长效推进工作机制和管护运行机制，免去村民的后顾之忧。

（一）健全完善统筹推进机制

强化和美乡村建设工作领导小组职责，落实五级书记一起抓、党政"一把手"亲自抓、一级抓一级的要求。建立定期调度推进机制，每季度召开调度会或项目拉练，调度工作推进情况。建立完善项目遴选和激励竞争机制，通过组织县委书记擂台赛、"竞争性遴选+差异化奖补"等方式，调动各地开展和美乡村建设的积极性。建立专门的督导队伍，全年不间断地进行明察暗访，每月通报排名，每季度专题调度，每半年集中督导，采取月报进度督导、会议调度督导、群众举报问题督导、无人机航拍督导、第三方评估督导等方式进行常态化集中督导和专项督导，确保任务落地落实。

（二）建立村集体经济公共供给机制

目前，政府一般通过集中式的投入来弥补乡村建设和公共物品供给不足的历史欠账。但乡村地区长期可持续的发展，不仅需要国家自上而下的制度供给，更需要一个稳定的公共产品供给的筹资机制来为乡村建设提供源源不断的物质保障。解决此问题最现实最有效的途径就是发展壮大村集体经济，只有由村集体经济负责持续性的乡村建设和日常维护，才能保障乡村建设的可持续性。因此，可持续的乡村建设应该以提升村集体经济发展能力为目标，通过积极的体制机制创新，鼓励乡村以集体资源和资产为基础开展经营性建设，增强村集体资源资产的收益权，只有村集体具备了长期稳定的收入才能帮助村庄提升后续的经营发展能力。

（三）建立村民参与制定村庄规划机制

发挥规划的引领作用是乡村建设的前提。开展乡村建设，要先科学规划，后依规建设。对乡镇规划的管理机构、经费、人员、规划的编制及实施等进行严格规定，规划一旦编制好并通过审核，就要严格执行实施。和美乡村是为农民而建的，因此编制乡村规划时应充分征求村民的意见和建议，号召具有规划知识、了解农村实际、熟悉乡村文化的村民尤其是年轻人积极参与，采用村民代表会议、村民理事会、网络议事会等形式，引导农民群众全程参与，献计献策，并自觉遵守规划。

（四）建立长效管护机制

和美乡村建设不仅需要持续的财力投入，更需要建立长效管护机制，确保乡村的可持续建设和发展。政府的引导和支持、社会力量和农民群众的参与以及监督评估机构的建立，都是构建和美乡村长效管护机制的必要因素。首先，政府作为乡村建设的主导者，应当制定相关政策和规划，设立专门机构或部门，协调各方面的力量，为乡村建设提供各项资源保障和政策支持。农民群众和企业、社会组织等应积极参与乡村建设。应吸纳农民群众参与乡村设计、规划、劳务施工及监督，引导社会资本回乡投资兴业，鼓励专业企业和社会资本积极参与乡村经营性项目建设和农村公共基础设施管护。相关部门应定期对和美乡村建设进展情况进行监督和评估，及时发现存在的问题并加以纠正解决，确保乡村建设顺利进行和取得实效。

五 河北省宜居宜业和美乡村建设的重点措施

宜居宜业和美乡村建设是一项长期的历史任务，且大部分乡村地区底子薄、基础差，只靠搞几次乡村建设行动不可能完成宜居宜业和美乡村建设。因此，和美乡村建设必须遵循乡村建设规律，不搞刮风运动，坚持以人民为中心的发展思想，科学规划、统筹推进。

（一）持续推进农村人居环境整治提升

一是集中力量开展农村人居环境整治攻坚行动，打好和美乡村建设"第一仗"。以沿海地区14个县、白洋淀流域、灾后恢复重建区等区域为重点，制定出台专项整治方案，集中开展农村垃圾、污水、黑臭水体专项整治行动，建立协调联动推进机制，加大督导督办力度，不断补短板、强弱项，持续推进农村人居环境改善提升，实现全域面上干净整洁。

二是推动厕所革命再升级。坚持数量服从质量、进度服从实效、求好不求快，对重点河流流域、和美乡村示范区和灾后恢复重建区予以重点支持，因地制宜制定农村厕所改造标准。同时，扩大模式试点范围，围绕黑灰水一体化处理模式、群众自建政府以奖代补的推进机制、长效管护机制落实等方面谋划试点，为河北省农村厕所改造探索路径。

三是探索农村生活垃圾分类处理。当前，我国的城市生活垃圾分类与处理已进入提质增效新阶段，但农村生活垃圾分类处理仍处于探索阶段，应加快研究推进。河北省推进农村垃圾分类处理，首先应细化农村生活垃圾分类类别，制定农村生活垃圾分类指导目录，通过形式多样的宣传使农民了解垃圾分类的知识。规范农村生活垃圾分类投放，科学合理地设置农村生活垃圾收运线路。引导村民从身边的小事做起，逐步养成垃圾分类投放的好习惯。

四是提升农村路网水平。制定国土空间规划时预留农村公路改造提升空间，研究制定农村道路专项规划并将其纳入国土空间规划，为顺利开展农村公路建设提供依据。强化农村公路建设的质量安全监管，把好质量关、计量关和安全关，高质量建好"四好农村路"。推动骨干网络提档升级，提升农村地区外通内联水平，畅通县际、县乡间运输通道。全面推进农村旅游路、产业路、美丽生态文明路建设，为乡村旅游、产业发展创造条件，进一步增强农村公路对乡村产业发展的支撑能力。开展道路清洁治理、道路环境美化治理，采取路政巡查和路政养护联合巡查的办法，查处非公路标志标牌、违章建筑物搭建、摆摊设点等占用农村公路的违法行为，不断改善农村公路脏乱差现状，营造美丽宜人的农村交通出行环境。

（二）持续推进城乡基本公共服务均等化

围绕当前农村发展的重点领域和薄弱环节，聚焦农民群众反映最强烈的教育、医疗卫生、养老等民生领域的突出问题，强化农村公共服务供给县乡村统筹，谋划支持一批农村基础设施、公共服务项目，加快城乡基础设施互联互通，推动基础设施向农村全面延伸、公共服务向农村全面覆盖。

一是优先发展农村教育。大力发展以公办园为主的农村学前教育，改扩建一批公办幼儿园，依托乡镇公办中心园办好村园。各市县要积极挖潜盘活各类事业编制资源，为公办幼儿园补充专任教师提供编制保障。合理规划乡村学校网点布局，保留必要的乡村小规模学校，解决"城镇挤""农村空"的问题。落实农村中小学校建设标准，补齐乡村义务教育学校硬件缺口，努力提高乡村义务教育学校标准化配置水平。继续推行集团化办学、学区制管理、学校联盟等模式，全面加强城乡学校共同体建设，加快推进学区内、集团内学校率先实现优质均衡。提升农村基础教育数字化水平，加快数字技术与教学过程和教学内容两方面的深度融合，促进学生个性化培养和协同育人。

二是加强农村医疗卫生服务。一方面，要健全以县级医院为龙头、乡镇卫生院为枢纽、村卫生室为基础的乡村医疗卫生服务体系。建设一批能力较强、具有一定辐射和带动作用的中心乡镇卫生院。不断改善村卫生室医疗服务条件，强化其基本医疗服务功能。对于不适宜建设村级卫生机构的偏远山村，乡镇社区卫生服务中心应定期开展巡诊服务，满足偏僻山村农民的医疗卫生服务需求。加强乡村医疗卫生队伍建设，从人才培养、使用、激励等方面制定一系列有含金量的政策举措，提升医生综合素质和服务能力，吸引医疗卫生人才扎根乡村。另一方面，要积极提高群众医保获得感和满意度。深入实施全民参保计划，确保脱贫人口、农村低收入人群、残疾人等特困群体100%参保。进一步完善重特大疾病医疗救助机制，提高医疗救助基金管理使用效率。持续开展医保防贫监测预警工作，优化完善医保政策，确保待遇不降低，防止因病致贫返贫。

三是完善农村养老服务体系。一方面构建县乡村三级养老服务体系。利用城市较好的养老设施和服务条件，建设和改造失能失智特困群体集中照料中心，为集中供养的县乡村特困失能老人提供食宿、医疗、康复、护理等养老服务；在乡镇建好日间照料中心，配套好医疗保健，为乡镇及周边的老年人提供一定的助养服务；在条件较好的乡村，探索建立乡村互助养老服务中心、农村互助幸福院等，让老人抱团互助养老。另一方面提升农村养老设施保障能力。公办、民办养老机构的扶持优惠政策向护理型养老床位倾斜，将护理型养老床位占比列为各地养老服务体系建设考核指标。加强对投资运营农村养老服务设施的财政支持、建设用地保障和金融支持，采取建设补贴、运营补贴等形式缓解社会资本投资运营农村养老服务设施的资金压力。另外，要强化培训、提升技能，打造专业化的乡村养老服务队伍，加大养老院管理人员及护理员的教育培训力度，提高养老服务人员的职业道德、职业技能和服务水平。积极组建农村养老服务志愿者队伍，引导志愿者为农村困难、留守老年人定期提供家政保洁、精神慰藉、心理疏导等服务。

（三）强化乡风文明建设

乡风文明建设不是建几个文化活动室、添几样文化设施的面子工程，其建设目的是提高农民群众的整体素质，形成健康文明的生活方式，营造和谐的社会风气。一方面要提档升级农村公共文化设施，积极开展文化礼堂、乡村戏台、非遗传习场所等农村文化阵地建设。要充分利用游戏、动漫、融媒体等数字载体，推动优秀乡村文化数字化建设。要把文化惠民项目与农民群众精神文化需求更好地对接起来，挖掘传统节庆文化资源，卓有成效地开展各级各类公益性演艺剧团文化下乡，丰富农民群众的精神文化生活。另一方面要持续推进农村移风易俗，治理不良社会风气。依托新时代文明实践站（所）、党群活动中心等阵地，以知识竞猜、河北地方戏、相声快板、"板凳课堂"等群众喜闻乐见的方式主动宣传社会主义核心价值观、移风易俗等内容，完成对农民群众的正向文化熏陶。通过制定规范、强化村规民约、党员干部带头示范等方式，狠刹不良风气。可借鉴浙江、广东等多地推行的乡风文明积分制，遵守文明增加积分，沿袭陈规陋习扣分，以家庭为单位用积分兑换生活用品，以此方式维护村容村貌，抵制高价彩礼、豪华葬礼等陈规陋习和封建迷信。

（四）注重资金引导，盘活土地资源，吸引市场主体参与

破解乡村建设中资金短缺的问题，财政资金、项目用地、金融服务等政策支持更多地向农村倾斜，激发各类市场主体参与和美乡村建设的积极性。研究出台财政资金奖补政策，通过设立专项资金、奖补、贴息、担保等多种

资金扶持方式，引导工商资本、社会资本下乡。研究制定出台金融服务支持政策，为农产品设计各类险种，开展农村"两权"抵押贷款试点，完善"政银保担"合作机制，为参与乡村建设的市场主体提供优质的金融服务。通过城乡建设用地增减挂钩，利用节余的指标收益和复垦土地收益，吸引市场主体参与乡村建设。

参考文献

习近平：《加快建设农业强国推进农业农村现代化》，《求是》2023 年第 6 期。

朱启臻：《如何建设宜居宜业和美乡村》，《农村工作通讯》2022 年第 24 期。

《中共中央办公厅 国务院办公厅印发〈关于进一步深化改革促进乡村医疗卫生体系健康发展的意见〉》，中国政府网，2023 年 2 月 23 日，https：//www. gov. cn/zhengce/2023-02/23/content_ 5742938. htm。

高玉敏、王欢、纪芬叶：《乡村振兴背景下河北省乡风文明建设的调查与思考》，《北方经济》2021 年第 4 期。

邵婧、李丹、解骐玮：《河北省美丽乡村建设市场化运作情况的调查与思考》，《河北农业》2023 年第 4 期。

B.21
河北省农村基本养老服务供给
优化路径研究[*]

赵然芬[**]

摘　要：　党的二十大报告提出要"推动实现全体老年人享有基本养老服务"。河北省农村养老事业建设虽然取得了长足发展，但与实现该目标还存在一定差距。村委会在供给基本养老服务方面具有"熟人"优势、"孝亲"传统和"适配"养老资源等。在公办养老机构"杯水车薪"、民办养老机构"有心无力"、互助养老"后继乏力"的农村养老新形势下，亟须发挥村委会主体作用，挖掘利用农村养老资源，以提供助餐服务为根本，拓延服务内容和范围，多渠道保障资金持续，为全体老年人提供水平适度、数量适需、内容适配、适合当地经济发展和生活水准的普惠型基本养老服务，提升农村老年人获得感、幸福感、安全感。

关键词：　农村基本养老服务　村委会　老年食堂　适度福利化　基本养老专项基金

　　建设高质量的农村基本养老服务体系，让所有老年人都实现"老有所养"，是扎实实现农民农村共同富裕的重要内容。党的二十大报告指出，实施积极应对人口老龄化国家战略，推动实现全体老年人享有基本养老服务。

---

*　本报告系 2022~2023 年度河北省社科基金项目"河北扎实推进共同富裕有效路径与政策措施研究"（编号为 HB22YJ030）阶段性研究成果。

**　赵然芬，河北省社会科学院农村经济研究所副研究员，主要研究方向为农民收入、贫困治理、农村三产融合等。

2023 年 5 月，中共中央办公厅、国务院办公厅印发了《关于推进基本养老服务体系建设的意见》，进一步提出建设基本养老服务体系的总体要求、重点工作和任务清单。这些为河北省农村基本养老事业建设提供了理论指导和工作遵循。近些年，河北省农村养老事业建设取得了显著成效，养老服务体系不断完善优化，养老保险保障力度持续加大，互助养老、机构养老的服务范围日益扩大，居家养老服务水平和质量明显提升。但农村养老仍存在不少短板和不足，尤其是在基本养老服务方面，还存在较大的优化提升空间。农村村委会是村民自我管理、自我教育、自我服务的基层群众性自治组织，具有"熟人"优势、"孝亲"传统和"适配"养老资源等。在公办养老机构"杯水车薪"、民办养老机构"有心无力"、互助养老"后继乏力"的农村养老新形势下，优化增进农村基本养老服务，"推动实现全体老年人享有基本养老服"，亟须打造以村委会为供给主体、适配河北省农村养老实践和养老需求的农村基本养老服务体系。

一　河北省当前农村养老需求层次较低，以基本生活需求为主，但总体形势日益严峻

《中华人民共和国老年人权益保障法》提出，要保障老年人享有"老有所养、老有所医、老有所学、老有所为、老有所乐"的权益。在传统代际养老模式被打破、农村社会养老体系尚不健全的大背景下，农村养老甚至农村基本养老都面临诸多难题。许多老人，尤其是农村留守老人、部分高龄老人和行动不便的低龄失能老人的养老境况堪忧。

（一）河北省当前农村老人养老诉求以满足基本生活需求为主

农村老人大都质朴，热爱土地和劳动，只要身体许可，多多少少都要从事生产生活劳动，再加上受经济收入、农村传统生活方式等影响，其不但自己养活自己，还力所能及地为子孙后代做贡献。在此背景下，河北省农村老人养老方式以家庭养老和个人自养为主，养老内容主要为生活照料，困难主

要存在于高龄和部分低龄失能老人的养老方面。河北省农村 60 岁及以上老人的养老情况主要分为三类。一是"生计自立"型老人，该类老人具有较强的生计能力，在实现自我养老的同时还能在经济、生活等方面为家庭和子女做贡献。二是"生活自理"型老人，该类老人具有一定的生活能力，除在经济方面需要子女或社会帮助外，对助餐助医助洁等养老服务需求不大。三是高龄和部分低龄失能型老人。该类老人基本不具有生产生活能力，养老收入和生活普遍依赖子孙，对助餐助医助洁等社会化养老服务需求较大。而层级相对较高、在城市需求较大的心理疏导、文娱活动等服务需求，因为村民等"熟人"之间的频繁互动和互助，在农村并不常见。

（二）河北省农村老人对非家庭型养老服务的需求日益迫切

1. 农村养老任务相对较重

一是河北省农村老龄化程度较为严重。第七次全国人口普查数据显示，2020 年，河北省 60 岁及以上人口为 1481.2 万人，占比 19.85%，65 岁及以上人口为 1038.79 万人，占比 13.92%。其中，农村 60 岁及以上人口为 729 万人，占农村人口比重为 24.47%，65 岁及以上人口为 516.63 万人，占比 17.34%。按照联合国人口老龄化划分标准，河北省处于轻度老龄化社会，而河北省农村则已经进入中度老龄化社会。二是河北省农村老龄人口规模较大。2020 年，河北省农村 60 岁及以上老龄人口为 729 万人，在全国排第 4 名，仅低于山东、河南、四川 3 个人口大省；65 岁及以上老龄人口为 516.63 万人，在全国排第 6 名，低于江苏、山东、河南、湖南、四川 5 个人口大省。三是河北省财力较弱。从收入来看，河北省农民收入水平较低。2020 年，河北省农村居民人均可支配收入为 16467 元，在全国排第 16 名，2021 年增至 19178.9 元，排第 9 名，但均低于全国平均水平。从财富创造力来看，2020 年和 2021 年，河北省人均 GDP 分别为 4.85 万元和 5.42 万元，全国排名均为第 28 名。

2. 农村家庭养老功能不强

一是村民委员会管理功能缺位。村民委员会是管理、教育、服务村民的主体组织，近些年在规范村民红白事、解决村民纠纷、维护社会治安、保持环境卫生方面发挥了重要作用，取得了显著成效。但对农村养老及其服务供给的重视程度不够、作用发挥不充分，尤其是在敦促子女尽孝方面缺乏积极性，实践中既无有效举措也没实际行动。二是家庭成员在照料陪护老人方面"力不从心"。当前，农村的生活消费方式日益向城镇看齐，消费压力使有劳动能力的家庭成员在挣钱方面投入了更多时间和精力，青壮年或外出或在本地打工挣钱，留守农村的 60 岁左右的中老年人，一方面要侍弄农地、照顾孙辈、打零工贴补家用，另一方面要照顾年迈的父母，在时间、精力、金钱方面都无法提供周全细致、高质量的养老服务；更有甚者，部分 60 岁左右的中老年人也要外出打工，独留七八十岁的年迈老人留守农村独自生活。

3. 社会养老保障力度相对较小

河北省当前农村社会养老主要有农村养老保险、农村互助养老、机构养老等模式，但都存在各种各样的问题，难以满足农村养老需求。一是农村养老保险保障水平较低。2023 年河北省城乡居民基本养老保险补助金上调后为 123 元/（月·人），仅能覆盖农村居民食品消费支出的 31.4%（2021 年水平），更遑论其他生活消费支出。二是农村互助养老难以为继。除财政和村集体资金难以维持养老机构运营成本外，农村老人养老服务供给意愿也影响了互助养老的持续发展。调查发现，农村老人更愿意为同住者提供精神慰藉服务及少量且偶尔的生活照料和医疗护理服务，不论有偿还是无偿，都少有人愿意长期照顾同住者。由此导致互助养老只能限定为有较强自理能力的低龄老人，高龄、自理能力差或没有自理能力的老人并不能享受互助养老服务。而在实践中，自理能力强的低龄老人更愿意居家养老，入住幸福院的意愿并不强烈，而入住意愿强烈的高龄和低自理能力的老人却不能入住，导致很多幸福院入住率不高甚至空置。三是机构养老"力不从心、杯水车薪"。一方面，养老机构面临"两难"困境，服务好、收费高、住不起，服务差、费用低、不愿住，两种情况都无法有效吸引老人入住；另一方面，"儿女不孝才住养老院""养老院就是等死的地方""住养老院死得更快"等观念观点限制了老人去养老机构养老，农村养老机构入住率整体不高。调研发现，样本农村中公办养老机构床位的空置率为45%，民办养老机构的床位空置率达60%，农村幸福院的床位空置率高达80%。

二 农村村委会在农村基本养老服务供给中大有可为

近些年，随着基层党建、发展壮大农村集体经济以及全面推进乡村振兴等步伐和力度的不断加大，村委会在集体经济收入分配、乡风建设、村庄治理等方面具有了较高的话语权，在理论上和实践中都对当地基本养老服务建设具有重要推动作用。

（一）农村村委会可以在道德层面促进家庭养老服务供给

调查发现，当农村老人生活还能自理时，他们可以通过帮助子女照料孩子、做家务、种地等代际交换获得子女在经济、生活和情感上的照料，但当他们需要子女在身边赡养照料时，部分子女并未尽到应尽义务。这虽然有子女经济、精力、时间、空间上"力不从心"的原因，但不可否认，现实中确实有人有能力却不承担养老义务。虽然在实践中，宗族、社会规范、村规民约甚至相关养老法律法规等，在约束子女养老方面存在不足，但也必须承认，农村村委会在督促村民养老尽孝方面具有一定的积极作用。一是村民之间关于"家长里短"的聊天内容对生活在农村却不孝亲敬老的村民造成了一定的心理压力，其会因为"被议论""感觉没面子"等因素尽赡养义务。二是农村集体组织通过开展孝亲敬老活动、红黑榜评比等方式营造全村孝亲敬老社会氛围和导向，从而敦促引导激励村民赡养老人。如邯郸魏县发挥农村自治组织作用，打造孝文化，在提升家庭养老数量和质量方面获得了实效。三是可以组织农村"五老"（老教师、老干部、老退伍军人、老党员、老模范）和村干部，通过谈话教育、定期走访、实施一定的经济奖惩手段（如减少集体经济分红）等方式督促子女尽孝。

（二）农村村委会可以调配农村养老资源直接供给基本养老服务

《中华人民共和国老年人权益保障法》规定，有条件的农村可以将未承包的集体所有的部分土地、山林、水面、滩涂等作为养老基地，收益供老年人养老。而且，随着农村集体经济的发展壮大，农村集体经济组织经济实力进一步增强，在更好满足"五保户"等特困老人养老需求的基础上，可以通过多种途径为更多适龄老人提供数量更多、质量更好的养老服务。一是通过改造、扩建农村敬老院，在满足农村特困人员集中供养需求的基础上，为农村低收入老年人和失能、半失能老年人提供养老服务。二是通过发放养老补助、优化提升农村互助养老设施、增加养老项目和服务数量等方式，优化提升农村互助养老服务体系，如邯郸等地开办的孝老食堂、敬老餐桌，提供的免费诊疗服务等。三是作为发起者或组织者，可以组织村集体成员、社会资本、民营机构等为本村老人提供有偿生活照料服务，同时实现促进本村居民就业、促进本村私营经济发展等目的。四是作为服务购买方，雇佣本地有劳动能力的低收入人群，提供助老服务，在增加养老服务供给的同时促进本村低收入留守人员就业。

三 省内外农村村委会增加基本养老服务供给的有效实践

村委会由村民自发选举、从村民中产生，对本村经济发展、生活状态、老年人情况、各家家庭情况等掌握得比较全面，在调配本村养老资源促进基本养老服务供给方面具有较强的地缘优势、熟人优势和组织优势。国内多个省份，如河北、山东、浙江等地的部分县市充分发挥村委会优势，在健全完善增加农村基本养老服务供给方面做出了有益探索，取得了突出成效。

（一）省内实践

聚焦河北省农村养老服务事业建设，邯郸复兴区、馆陶县和沧州黄骅区、青县等走出了一条"离家不离村""离亲不离情"，以村委会为供给主体的农村居家养老道路。一是以"孝老食堂"为载体为本村高龄老人提供就餐服务。针对高龄老人、失能半失能老人吃饭问题，青县、黄骅等地利用互助幸福院或村闲置资产打造"孝老食堂""敬老饭桌"，配备标准化厨房设施，实施标准化生产管理，办理《食品经营许可证》《健康证》，为符合要求的老人提供就餐服务。二是构建多元化资金筹集机制。针对村集体资金薄弱难以维持"孝老食堂""敬老饭桌"持续运营问题，复兴区、馆陶县、青县等在加大财政资金扶持力度的同时，引导村集体探索建立起了"政府补助+村集体补贴+村企业和爱心人士捐助+党员和入党积极分子捐赠+公益组织捐赠+个人缴费"多元主体投入机制。三是以互助或低偿服务为主。黄骅组建了由村两委成员、党员、村医、爱心村民构成的敬老志愿服务队，无偿为老人提供送餐、义诊和健康咨询、打扫卫生、理发等服务。邯郸复兴区则由各村村委会发起，由村集体负责指导运营，村级合作社为具体运营主体，全程为非营利模式，由村委会成员或雇佣专职人员针对不同类别的老人提供无偿、低偿或优惠用餐服务及送餐服务，并根据运营能力为其他群体按市场价格提供用餐服务。

（二）省外实践

1. 山东日照：打造以"长者食堂"为核心的适度普惠型农村基本养老服务体系

为更好地为老年人提供助餐服务，日照市出台了《关于进一步推进农村幸福院"长者食堂"可持续运营的十条措施》，从空间布局、运营管理、资金保障、助餐范围、就餐标准、安全生产等方面对老年人助餐服务进行了规定。一是鼓励有条件的村单设"长者食堂"，有能力的村可"一村带一村""一村带多村"，为周边村提供助餐服务。二是坚持"支部领办、集体主办"原则实行多样化运营，"长者食堂"既可以由村集体负责管理运营，也可以委托第三方养老机构、专业服务组织、经济合作组织等负责运营。三是在严格落实农村幸福院"长者食堂"一次性建设市级奖补3万~5万元政策和持续运营市年补助 0.5 万~1 万元、省年补助 0.6 万~0.8 万元政策的基础上，鼓励区县加大"长者食堂"的运营补助力度，并向集体经济低于 10 万元的村倾斜；在市、区县设立专项募捐渠道面向社会公开募捐，所捐慈善资金专项用于"长者食堂"建设运营；在全市范围内开展"孝善助餐行动"，鼓励子女定期缴纳餐费。四是明确服务对象和收费标准。根据物价水平和老年人助餐需求确定饭菜标准和价格，每人每顿不低于 5 元。餐费标准可结合实际采用"5+N"或"3+1+1+N"等形式，由县、乡、村、子女分别按比例承担。孤寡、独居等特殊困难老年人按此标准用餐，对于分散供养农村特困老人和其他有就餐需求的老年人群体，根据运营能力合理确定收费标准。在市委、市政府的大力推动下，2022 年，日照 2913 个行政村共建成农村幸福院"长者食堂"1978 处，实现了农村 75 岁以上老年人助餐全覆盖，全市农村 75 岁以上老人就餐率达到 95% 以上。

2. 浙江桐乡：打造以"时间银行"为介质、"老有所养、老有所为"的农村共富养老体系

桐乡强化党建引领，以低龄存时间、高龄换服务的"时间银行"互助式养老为切入点，围绕四治积分、共富基金、全员参与等方面与养老服务深度融合，探索出了一条新时代农村共富养老的新路子。一是成立共富养老基金。依托村集体经济组织，发挥企业家、乡贤、爱心人士、社会组织等社会力量，针对低收入老年群体设立共富养老基金，在实现低收入老年群体增收致富的同时，为本地 80 岁及以上老人免费提供"购买老年医疗保险、开展老年健康评估、送服务、送演出、送资金、送物资"等养老服务。二是实施"时间银行"互助服务机制。坚持党建引领、党员带头，有效整合乡贤、志愿者、社工、护理员等资源，搭建养老助老服务平台，收集发布老人服务需求和志愿者信息，高效对接服务供需。成立"'社工+护理员+社区医生'专业养老服务队""'党员+志愿者+银龄老人'志愿服务队""'爱心企业+餐饮店+社会组织'慈善资源队"等，为高龄老人提供生活照料、情感支持、健康、教育等各项养老服务，服务时长存入"时间银行"存折，服务提供者可凭借服务时间换取物品或未来的养老服务。三是建立实施"老年

治村"制度。发挥老党员、老干部、老教师、老退役军人、老模范作用，建立"五老工作室""柿丰议事"等乡村协商议事平台，开展乡村教育、养老、红白事、文化、娱乐等村务的协商管理。

四　农村村委会基本养老服务供给实践中
存在的主要问题与困境

各农村村委会工作能力、村集体经济发展情况、本村老人养老情况、村民素质情况等千差万别，以村委会为主体供给基本养老服务，各村面临的问题与困境亦不相同。而且村委会作为基层自治组织，提供基本养老服务并不是其主要职能，其在供给基本养老服务方面或多或少存在专业性不强的现象。总的来说，河北省相关实践主要存在以下四方面的问题。

（一）养老受益面较窄

从当前农村村委会提供的养老服务实践来看，一是服务对象范围较窄。大多数农村的养老服务对象仅限于孤寡老人、留守老人、脱贫户老人、80岁及以上的高龄老人和低龄失能老人等，其他老人则很难享受到此类服务。二是服务项目和内容较少。除了给予养老补助、提供生活娱乐场所和设施外，大多数村的养老服务以提供助餐服务为主，辅以简单少量的就医服务，像理发、清洁、上门照护等满足行动不便的老年人基本生活需要的服务内容和项目几乎没有。

（二）资金支撑力度不足

河北省村委会提供基本养老服务资金，目前主要通过"财政补一点、集体筹一点、社会捐一点、个人掏一点"模式筹集。行政村自身财力状况不同，各渠道资金占比也不同，但普遍面临资金不足难题。一是财政资金支持力度小且区域间不均衡。《河北省养老服务条例》规定，"养老服务机构按照国家和省有关规定享受税收优惠和行政事业性收费减免政策；符合条件的，由县级以上人民政府按规定给予建设、运营补贴"。以老年食堂补贴为例，唐山的补贴标准是一次性建设补贴 2 万元、每年 0.5 万元运营补贴（社区为 20 万~40 万元的建设补贴、年 4 万~6 万元的运营补贴），而一个满足 10 人就餐的老年食堂一年仅人工、水电等费用支出就在 2.5 万元以上。即便如此，各县配套能力不同，有的行政村甚至享受不到补贴，其他地市更是如此。二是农村集体经济薄弱，无力独自承担。按照《2023 年河北省发展壮大农村集体经济工作方案》，到 2023 年底，河北省至少 60% 的村集体收入在 10 万元及以上，但即便如此，仍有近 40% 的村集体收入在 5 万~10 万元，难以独立承担基本养老服务支出。三是村域性慈善捐助持续性不强且额度较小。农村基本养老服务所用慈善资金主要来源于村域企业和本土成功人士的捐助，受经营与收入影响，其捐赠金额、时间等随机且不保证可持续。

（三）经营管理不规范

当前，河北省农村养老服务规章制度体系还不健全。农村组织提供的养老服务多由村委会自愿发起，建立原因也多是"有人提议""想为群众做点好事"等，并没有制度、政策和考核等方面的强制性要求。一是规章制度不规范，养老服务供给的项目和内容、数量和质量、标准和水平等多由村委会、村组织等商议决定，受村集体经济实力、村委会和村组织成员主观认识等影响，随意性较大。二是经营发展不规范，日常运营中，资金使用与监督、食品安全生产操作、服务人员雇佣等还没有形成统一的机制和标准。

（四）村委会动力不足

一是行政上没有强制性安排。当前河北省还没有从体制机制上要求村委会为本村居民提供养老服务。二是政策上缺少系统支持。河北省民政部门对养老的系统性政策支持主要集中于城镇和城市近郊农村，对农村的系统性支持多限于向农村幸福院提供资金和设施，对其他服务没有系统性支持。三是农村养老事务容易"费力不讨好"。一方面，老人自理能力较差且需要较多的助食、助医、助娱和情感需要，需要村委会、照料人员等付出较多精力，但又容易发生安全隐患，而一旦有情况发生，又容易陷入法律纠纷，给村委会和照料人员等带来麻烦。另一方面，农村养老服务事业建设的好坏与村委会成员职务升迁、经济利益获取、荣誉评比等没有直接联系，而且农村养老服务提供得好不一定有人夸，但提供得不好就容易招人骂，或者引来村民对资金使用情况的怀疑。与提供具体养老服务项目相比，有条件的村集体更愿意用提供助老资金的方式为本村老人养老。

五　优化增加河北省农村基本养老服务供给的对策建议

城乡养老服务需求具有较强的异质性，与城市"发展型"和"享受型"养老服务需求相比，农村养老需求仍以"生存型"为主。照搬城市养老服务发展思路和模式到农村，不仅会耗费大量的前期建设资金和后续维护成本，而且难以满足农村老年人的实际养老需求。优化增加河北省农村基本养老服务供给，推动全体老年人享有基本养老服务，必须发挥村委会主导作用，充分挖掘利用农村养老资源，以提供助餐服务为根本，为全体老年人提供水平适度、数量适需、内容适配、适合当地经济发展和生活水准的普惠型基本养老服务，提升农村老年人的获得感、幸福感。

（一）以强化农村村委会基本养老服务主体地位为重点，强化制度建设，加快建立健全农村基本养老服务供给体制机制

省内外农村养老实践证明，农村养老服务发展得好的地方都有一个强有力的村委会和资金实力相对雄厚的农村集体经济。打造以村委会为供给主体的农村基本养老服务体系，除了要进一步大力发展农村集体经济、加强农村基层党建、倡导农村能人返乡任职村两委、增强农村村委会凝聚力等举措外，还需要做好三方面的工作。一是尽快从法律上明确村两委农村基本养老服务供给主体地位。出台顶层设计，把提供基本养老服务纳入村委会职能范围，从法律上明确村委会养老主体地位，鼓励老龄化程度严重、老龄人口较多、有条件的村成立养老委员会负责本村的基本养老服务工作。二是强化考核引导。把农村基本养老服务纳入村两委班子及村干部绩效考核内容，并作

为评先争优的重要考核指标，以增强村两委养老服务意识，增加基本养老服务供给。三是建立实施农村养老理事会制度。借鉴红白理事会实施体制机制，以行政村为单位成立养老理事会，根据省市县各级农村养老文件精神，做好监督村集体基本养老事业建设、协助村集体基本养老服务供给、监督村民尽赡养义务等工作。

（二）以打造"老年食堂"为重点，健全保基本、兜底线层次的服务，构建适度福利化和互助型的农村社会化基本养老服务体系

与城市养老服务需求不同，农村养老服务诉求更多聚焦于助餐、助医等基本生活服务，而且与城市相比，农村餐饮业及快递业发展相对落后，老年人依靠市场化餐饮解决吃饭问题比较困难，建议在全省农村推广邯郸"孝老食堂"养老模式。一是推动"孝老食堂""敬老饭桌"服务实现行政村全覆盖。各行政村根据本村老龄人口数，利用幸福院、农村闲置农宅等为本村老年人开展助餐服务，或者与其他行政村合作，通过流动餐车、送餐上门等方式满足本村老人用餐需求。二是鼓励有条件的村通过购买服务或者成立志愿者队伍的方式，为分散供养的特困老人以及留守独居老人求医、购药、体检等提供帮助。三是推动助餐、助医服务适度向低龄老年人口覆盖。指导有条件的行政村根据老龄人口发展实际和村集体经济实力，在保证满足特困老人、留守独居老人、80岁及以上高龄老人助餐、助医需求的基础上，采取分年龄段适度收费方式，推动助餐、助医等养老服务向其他有需要的老龄人口覆盖。

（三）以设立养老专项基金为重点，建立多元化长效筹资渠道，强化农村养老资金支撑

在农民和农村集体经济实力普遍不强的情况下，建立以县为单位、持续增长的农村养老专项基金，保障县域农村基本养老服务正常开展尤为重要。专项基金资金来源应主要由省市县级财政养老事业专项投入、上级财政拨款、彩票公益金、慈善捐赠等构成。一是建立农村基本养老财政稳定

投入机制。一方面，在财政养老专项资金中单列农村养老专项，确保农村养老资金专项用于农村养老事业。另一方面，改变当前养老"重城市、轻农村"的财政投入偏好，探索建立以行政村为单位、按老龄人口人头数计算、城乡均等的农村养老财政投入机制和财政投入直达行政村的拨付机制，确保农村基本养老事业建设的稳步推进。二是建立常态化基本养老慈善捐赠机制，加快推进省市县以及有条件的村建立本级农村基本养老慈善捐赠平台和渠道，加大宣传推广力度，完善公益性捐赠抵扣税制度，引导推动爱心企业、社会组织、各类中高收入群体及其他慈善力量参与。慈善基金的使用应坚持扶危济困原则，重点向经济困难的县、乡、村和人倾斜。三是探索村集体经济组织基本养老金长效投入机制。引导鼓励有条件的村利用"四荒地"租金收入、推动老人以土地入股合作社获得分红、从集体经济收入中划分部分资金成立养老基金等方式，为本村基本养老服务供给提供资金支持。

（四）以强化村规民约约束效力为重点，积极发挥"五老"等乡贤能人力量，营造农村孝亲敬老氛围

传承千年的农村文化、生活习惯、社会关系以及传统观念，既形成了农村养老保障的内生性规范，也积淀了深厚的农村内部养老资源。后乡土社会背景下，推动以村委会为服务供给主体的农村基本养老服务体系更好发展，还需要激活乡村内部养老资源以重建农村尊老敬老文化和乡邻互助文化，形塑尊老、爱老、敬老文明乡风和良好家风。一是积极引导村集体建立健全村规民约，把充分征求村民意见并取得共识的养老福利保障措施等相关内容纳入村规民约，设立奖惩机制并推动量化落实，鼓励有条件的村将村民执行村规民约情况作为其获取村集体福利数量的重要依据。二是积极发挥"五老"等乡贤能人力量，通过定期走访老人提供关爱服务、督促子女尽孝、帮助老人协调解决生活困难、自愿提供养老服务等多种方式，为农村基层基本养老服务体系建设贡献"银发"力量。三是鼓励有条件的行政村通过组织老人节日慰问，定期开展尊老爱老文艺表演、健康讲座等文娱活动，组织村干部、党员、入党积极分子、网格员、志愿者等定期为老人提供理发、清洁、谈心、健康检测服务等，营造孝亲敬老环境。

参考文献

卢瑶玥、覃诚、方向明：《村规民约对农村养老福利的作用机制分析——基于浙江省衢州市 28 个村的观察》，《中国农村观察》2023 年第 2 期。

周佩萱、陈辉：《农村老年人自养秩序：主观意愿、现实条件与实践样态》，《内蒙古社会科学》2023 年第 2 期。

候蔺：《农村老年人养老困境生成的关系域及优化策略研究》，《农村经济》2023 年第 2 期。

尹雷：《以村为中心的要素激活：欠发达地区农村互助式养老的有效路径构建》，《福建论坛》（人文社会科学版）2022 年第 9 期。

B.22
河北省多渠道促进农民增收研究

李军 李云霞 郝雷 师建泉*

摘　要： 促进农民收入稳定增长、让广大农民尽快富裕起来，是缩小城乡差距、促进区域协调、实现共同富裕的关键所在。习近平总书记在视察河北时指出，河北要"在推进共同富裕中展现新作为"。为深入贯彻落实习总书记对河北的殷殷嘱托，在推进全国共同富裕进程中体现河北担当，必须把农民增收问题摆到更加重要的位置。本报告综合考虑当前农民收入结构特征和影响因素，分析河北省农民增收的基本情况和存在的问题，从产业增收、就业增收、改革增收、惠农政策增收、教育培训增收，以及改善农村生产生活条件、推动城乡统筹等多方面出发，提出多措并举不断拓展农民增收领域、增强农民增收能力、全面推进农民持续稳定增收等相关建议。

关键词： 共同富裕　农民增收　城乡统筹

一　河北省农村居民收入现状分析

（一）收入水平持续稳定增长

近年来，随着国民观念的改变和国家各种优惠政策的落实，我国经济迅

---

* 李军，河北省社会科学院农村经济研究所研究员，主要研究方向为农村经济理论与实践研究；李云霞，河北省宏观经济研究院高级经济师，主要研究方向为区域经济；郝雷，河北省宏观经济研究院经济师，主要研究方向为区域经济；师建泉，河北省宏观经济研究院经济师，主要研究方向为收入分配。

速发展，居民收入水平大幅提高。其中农村居民人均可支配收入增速连续多年快于城镇居民，城乡收入差距逐步缩小。2022 年河北省农村居民人均可支配收入为 19364 元，同比增长 6.5%，城镇居民人均可支配收入为 41278 元，同比增长 3.7%；城乡居民收入比由 2021 年的 2.189∶1 缩小为 2.132∶1，城乡收入差距缩小（见表 1）。

表 1   2003~2022 年河北省居民人均可支配收入情况

单位：元，%

年份	全省居民	比上年增长	城镇居民	比上年增长	农村居民	比上年增长
2003	—	—	7188	8.24	2865	6.31
2004	—	—	7886	9.71	3187	11.24
2005	5581	—	9020	14.38	3501	9.85
2006	6295	12.79	10194	13.02	3826	9.28
2007	7233	14.90	11550	13.30	4324	13.02
2008	8365	15.65	13263	14.83	4833	11.77
2009	9267	10.78	14505	9.36	5194	7.47
2010	10428	12.53	16009	10.37	6014	15.79
2011	12059	15.64	18006	12.47	7187	19.50
2012	13647	13.17	20222	12.31	8158	13.51
2013	15190	11.31	22227	9.91	9188	12.63
2014	16647	9.59	24141	8.61	10186	10.86
2015	18118	8.84	26152	8.33	11051	8.49
2016	19725	8.87	28249	8.02	11919	7.85
2017	21484	8.92	30548	8.14	12881	8.07
2018	23446	9.13	32997	8.02	14031	8.93
2019	25665	9.46	35738	8.31	15373	9.56
2020	27136	5.73	37286	4.33	16467	7.12
2021	29383	8.28	39791	6.72	18179	10.42
2022	30867	5.05	41278	3.74	19364	6.52

资料来源：历年《河北农村统计年鉴》。

（二）工资性收入和经营净收入仍是主要收入来源

按照来源，可支配收入包括工资性收入、经营净收入、财产净收入和转移净收入。其中，工资性收入、经营净收入是河北省农村居民人均可支配收入的主要来源，对农民收入增长的贡献最大（见表2）。随着新型城镇化建设加快，城市对农村剩余劳动力的吸纳能力逐步提升，农民外出务工渠道相对增多，为农民增加工资性收入提供了良好的条件。2022年，河北粮食丰收，主要畜禽产品出栏增加，价格高位运行，"1+20"政策体系实施成效逐步显现。

表2　2003~2022年河北省农村居民人均可支配收入来源

单位：元，%

年份	人均可支配收入	年增长率	工资性收入	年增长率	经营净收入	年增长率	财产净收入	年增长率	转移净收入	年增长率
2003	2853	6.26	1072	2.68	1645	9.23	75	−3.85	61	5.17
2004	3171	11.15	1111	3.64	1888	14.77	79	5.33	93	52.46
2005	3482	9.81	1294	16.47	1989	5.35	94	18.99	106	13.98
2006	3802	9.19	1515	17.08	2040	2.56	108	14.89	140	32.08
2007	4293	12.91	1754	15.78	2250	10.29	116	7.41	174	24.29
2008	4795	11.69	1980	12.88	2416	7.38	119	2.59	281	61.49
2009	5150	7.40	2251	13.69	2440	0.99	124	4.20	334	18.86
2010	5958	15.79	2653	17.86	2730	11.89	182	46.77	392	17.37
2011	7120	19.50	3424	29.06	3006	10.11	206	13.19	483	23.21
2012	8158	13.49	4005	16.97	3255	8.28	218	5.83	603	24.84
2013	9188	12.60	4453	11.19	3166	−2.73	166	−23.85	1403	132.67
2014	10186	10.86	5327	19.63	3435	8.50	204	22.89	1219	−13.11
2015	11051	8.49	5812	9.10	3685	7.28	234	14.71	1320	8.29
2016	11919	7.91	6263	7.76	3970	7.73	257	9.83	1429	8.26
2017	12881	8.12	6841	9.23	4228	6.50	274	6.61	1538	7.63
2018	14031	8.92	7454	8.96	4612	9.08	299	9.12	1667	8.39
2019	15373	9.61	8120	8.93	5099	10.56	323	8.03	1831	9.84
2020	16467	7.14	8598	5.89	5517	8.20	352	8.98	2000	9.23
2021	18179	10.40	9497	10.46	6017	9.06	390	10.80	2275	13.75
2022	19364	6.52	10108	6.43	6403	6.42	417	6.92	2437	7.12

资料来源：历年《河北农村统计年鉴》。

（三）政策环境不断完善

千方百计增加农民收入，是"三农"工作的出发点和落脚点，党中央、国务院始终把增加农民收入作为头等大事来抓，努力让广大农民有更强的获得感和幸福感。近年来，每年的中央一号文件都聚焦"三农"领域，对"三农"工作做出具体部署，此外还印发了多个增加农民收入的政策文件，农民收入稳增长政策保障体系逐步完善，强农惠农政策深入落实，为农民增收奠定了坚强的政策基础。全省及各设区市结合自身实际，相继出台了一系列促进农民增收的政策举措，如省农业农村厅每年发布重点支农政策，涉及直接政策性补贴、新型经营主体发展、农业产业发展、农业资源保护及新能源利用、高标准农田建设等多方面、多领域；石家庄市出台了《石家庄市增加城乡居民可支配收入行动计划（2022—2025 年）》，对提升农民财产性收入提出了明确目标。

（四）收入与消费同步增长

2022 年，河北面对需求收缩的压力，出台了一系列促进消费增长的政策措施，稳住了消费市场。全年居民人均生活消费支出为 20890 元，同比增长 4.7%，与收入增长基本保持同步。其中，城镇居民人均生活消费支出为 20571 元，同比增长 3.6%；农村居民人均生活消费支出为 16271 元，同比增长 5.7%。城乡居民生活消费支出增速与收入增速相协调，农村居民人均生活消费支出增速快于城镇 2.1 个百分点。

（五）区域之间的财产性收入存在显著差异

村级集体经济的发展和分红存在不均衡现象，资源和地理位置因素也对不同地区的发展产生了影响。资源丰富或地理位置得天独厚的地区能够依托这些优势发展战略性产业，为当地农民提供更多的就业机会，助推他们增加收入和致富。资源稀缺地区和村集体用地较少的村庄缺乏集体财产性收入。总体来看，唐山、廊坊属于高收入地区，石家庄、秦皇岛、保

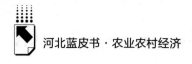

定、沧州、邯郸属于中等收入地区，而承德、张家口、衡水、邢台属于低收入地区。

二 河北省农村居民收入增长的主要制约因素

（一）经济运行趋缓影响农民增收

宏观经济运行情况是决定居民收入水平的基础，宏观经济运行趋势直接影响居民收入增长。2019年以来，河北省经济发展面临下行压力，规模以上工业增加值、固定资产投资和限额以上单位消费品零售额等增速都呈现回落态势，企业效益和政府税收不容乐观，势必影响农民经营净收入和工资性收入增长。

（二）农业产业化经营优势不突出

河北省农业经济以分散的小规模农户经营为主，经济基础薄弱，抗风险能力较差。同时河北省农产品缺少深加工的初级产品，种类相对单一，农业产业化发展水平仍然较低，农民从农业产品的深加工、转化等产后加工环节中快速获取经济收益的效果不明显。在政策倾斜不够的前提下，农民很难通过农业内部资源整合进行大规模的农业基础设施建设和产业化经营，致使农业生产率不高，农业产业效益较低。缺少农业高精尖项目，特色农业、品牌农业及产品不多，也是影响农村居民收入的重要因素之一。

（三）水资源缺乏制约现代农业发展

农田水利基础设施是发展现代农业、促进农民持续增收的重要基础保障。河北省人均水资源量为307立方米，仅是全国平均用水量的1/7，是严重缺水地区。而河北省农业用水占到全省用水总量的70%，水资源匮乏是制约河北农业发展的老问题。当前，有机农业、再生能业、绿色农业、观光农业等现代化农业得到了快速发展，但随着高标准基本农田建设的不断加快，农田灌溉问题变的更加突出。

（四）农村居民素质有待提高

河北省从事农业生产的人员多数为文化程度较低或年龄较大的农民，95%左右文化程度在高中及以下，仅有 5%左右文化程度在大专及以上。农业从业人员知识水平较低、高新技术接受能力弱，生产方式和经营方法进步缓慢，农业科技成果转化不快，形成效益慢，制约着河北省现代化农业的发展。河北省农民工中 64.1%只有初中文化水平，拥有高中及以上文化水平的农民工占比不到 10%。因此，大部分农民工从事的是门槛或技术含量不高、竞争激烈、收入偏低的行业，行业限制阻碍了农民工资性收入的提高。

三　多渠道促进河北省农民增收的对策建议

（一）培育壮大乡村产业，奠定农民增收基础

乡村产业是实现农村家庭经营收入稳步增长的重要基础。以农业为依托，延伸产业链条，促进一二三产业融合发展，是当前乡村产业发展的主攻方向，也是农民增收的未来和希望。新形势下，要以乡村振兴战略的实施为契机，加快调整产业结构，转变生产方式，发展富民乡村产业。

1. 积极发展特色农业，促进农业增产增收

农业是保障农民基本生活的基础产业，发展特色高效农业是提高农民经营净收入的主要途径。要立足于本地资源，培育具有较高生产效益的主导产业，重点要突出特色、突出质量、突出品牌，按照乡村振兴发展要求，加强农业科技投入和先进农业技术推广，切实提高农产品的安全性和附加值，满足人们对农产品质量的更高要求。充分发挥河北省高原、山地、平原、沿海等生态类型丰富的优势，坚持宜粮则粮、宜林则林、宜养则养、宜渔则渔、宜果则果、宜蔬则蔬、宜药则药，培育发展特色产业。如坝上燕麦、燕山板栗、太行山苹果、鸡泽辣椒、深州蜜桃、蔚县小米等。突出地理区位和生态环境特色，充分发挥河北省距离京津两个大城市近、山区生态环境好的优

势，培育发展绿色、有机特色农业，把绿水青山变为金山银山。

2. 因地制宜发展乡村工业，带动农民就业增收

乡村工业是促进乡村经济增长、农民增收致富的关键力量，包括分散在农村市场的手工作坊、中小型生产加工企业以及布局在农村附近的工业园区企业。要鼓励符合产业发展政策、有利于吸引当地居民就业的产业发展，一方面积极拓展农业产业链条，推进农业产业化经营，大力发展农产品加工业，增加农业附加值和农民就业岗位；加强农产品深加工，实现食品和农副产品精深加工快速增长，让农民获得更多产业链延长增值收益。另一方面鼓励充分利用当地的特色资源和传统技艺，推动传统的乡村工业提档升级，向现代化、高端化发展，在着力增加产业效益的同时，带动周边农民就近就业，由农民变工人，促进农民增收。此外，在全面推进乡村振兴的背景下，发展乡村工业，要坚持走绿色节约低碳环保的道路，与散乱污企业划清界限。

3. 鼓励发展乡村服务业，增加经营性收入

立足于农村居民生产生活需要，大力发展以服务农业生产和农民生活为主的乡村服务业，拓展农民通过自主经营和参与就业取得收入的空间。适应农业生产规模化、标准化、机械化的趋势，鼓励农村富余劳动力注册个体经营单位、新型农民合作组织及乡村企业等，开展农技推广、土地托管、代耕代种、烘干收储等农业生产性服务，以及市场信息普及、农资供应、农业废弃物资源化利用、农机作业及维修、农产品营销等生产性服务。积极拓展农民生活性服务业，改造提升餐饮住宿、商超零售、美容美发、洗浴、照相、电器维修、再生资源回收等乡村生活性服务业，积极发展养老护幼、卫生保洁、文化演出、体育健身、法律咨询、信息中介、典礼司仪等乡村服务业。

4. 积极发展乡村新业态、新模式，培育农民增收新动能

适应互联网、大数据发展态势，促进数字经济与农村生产生活融合发展，运用现代信息技术和农业技术，积极拓展林下经济发展空间。推动农村电商升级，积极发展网络直播带货等新业态、新模式，以流量换销量，将优品变名品，拓展农产品、特色食品、民俗制品等进城空间。充分利用农村生

态、旅游、农耕文化等资源条件，加快"农业+"文化、生态、旅游、康养等发展，推动农村一二三产业融合发展，打造集创意农业、休闲度假、文化传播、旅游观光、农耕体验等农文旅于一体的乡村产业综合发展模式。探索共享农庄经济，因地制宜发展特色民宿、茶主题小院等业态，吸纳村民以产业工人的形式入园务工，增加农民收入。

（二）拓宽就业渠道，增加农民工资性收入

工资性收入是农民收入的主要来源。随着农业现代化进程加快，农业生产效率逐步提高，农村富余劳动力进一步增多，转移就业将成为农村劳动力获取工资性收入的主要渠道和来源。在开放的市场经济体制下，农村劳动力就业渠道越来越多，范围越来越广，只要充分调动农村劳动力就业积极性，不断拓宽就业渠道，大部分农民可以通过各种途径就业并获得工资性收入。

1. 鼓励农民就近就业

大力发展本地二三产业，增加就业岗位。加强就业平台建设，促进劳动力市场供需双方有效对接。同时，鼓励支持有条件的地方积极开发乡村保洁员、水管员、护路员、护林员等公益岗位，优先安排留乡农民工就业。合理安排以工代赈项目，吸纳附近农民就业。

2. 推进农村劳动力转移就业

农村富余劳动力向城市转移，享受城市生产效率带来的工资性收入，不仅有利于农民家庭增收，也有利于逐步缩小城乡差距，促进城乡协调发展。由于区域经济发展差异的存在，有序推动河北省农村劳动力到京津及长三角、珠三角等发达地区就业，能够在较大程度上解决农村居民收入较低问题。特别是城市月嫂、育婴师、养老护理员等紧缺工种供不应求，收入较高，可以根据人力资源市场需求，开展具有针对性、深层次、专业化的培训，促使更多农民能够达到紧缺工种的技能要求，创造劳务输出品牌，大幅提升就业质量和工资性收入。

3. 有序推动境外劳务输出

境外劳务输出是近几年河北省农民增加收入的重要途径之一，相比较就近就业和国内打工，境外劳务输出具有明显的高收入特征。同时，劳务输出前的培训可以提高农民素质，国外的工作经历也使农民开阔了眼界，增长了见识，锻炼了能力，为回国后再就业奠定了基础。随着劳务输出的国家越来越多，从事的行业范围越来越广，农民出国打工的意愿也越来越强。强化劳务输出的正确理念，使有意愿的农民做好背井离乡、吃苦耐劳的准备，引导其在一定时间内回国就业创业。加强对劳务输出的管理，建立健全劳务输出服务机构和服务制度，推动农民通过正规渠道获取就业信息、参加岗前培训，提高劳务输出的成功率。

4. 鼓励农民自主创业和灵活就业

面对严峻的就业形势，自主创业和灵活就业可以在一定程度上缓解当前的困局。鼓励返乡农民工留乡创业，开展个体经营、创办中小型乡村企业等，以创业带动就业。鼓励农村青年利用互联网自主创业，拓展农村电商销售途径和产品种类，拓宽增收渠道。强化创业服务，为农民工创业就业提供"一站式"服务。以绿化保洁、批发零售、建筑装修、养老托幼等非全日制工作为重点，积极开发季节性、灵活性就业岗位，为从事农业劳动的农民在农闲时节灵活就业提供便利。加强与服装厂、箱包厂等劳动密集型企业的联系与合作，在农村地区开展以计件工资为主的代工生产，发展手工小作坊车间、代加工基地等"微工厂"，促进本地农民灵活就业。

5. 完善农村劳动力就业保障体系

完善农村劳动力市场，逐步形成包括就业信息、咨询、职业介绍、培训在内的社会化就业服务体系，减少盲目流动带来的损失。将省市县统一的就业平台延伸至村一级，建立健全劳务输出信息服务网络，广泛收集跨区域岗位信息，为农民就业创业提供精细化管理服务。举办农民专场招聘会，对有集中外出需求的农民工开展有组织劳务输出活动。做好跟踪服务和就业指导工作，增强农民工法律意识，指导农民工与企业严格遵守劳动法签订劳动合同，解决农民工工资拖欠、农民工与城市居民享受的社会保障不平等等问题，切实维护农民工权益。针对失地农民就业问题，建立相应的保障机制和养老保险制度，把失地农民纳入当地最低生活保障和养老保险金社会统筹范围。

（三）加快农村改革步伐，挖掘财产性收入潜力

当前，农村还有大量的"沉睡"资源，土地的财产属性还没有充分激发，农民理财意识淡薄、社会保障水平不高等，导致农村储蓄挤占投资，财产性收入增长缓慢。需要通过改革来挖掘财产性收入潜力，赋予农民更多的财产权利。

1. 深化农村土地制度改革，增加土地财产性收入和经营性收入

充分发挥土地增值保值作用，推动土地要素成为农民恒定的资本投入（入股、合作、转包、出租、抵押）获得的财产性收入的主要来源。有效流转农村土地，发展多种形式适度规模经营，发展农民专业合作经济组织，支持"农业龙头企业+农户"的经营模式，推广订单农业、"保底收益+按股分红"等形式，让农户分享产业链增值收益，有效增加农民经营性收入。改革和完善现行的征地补偿机制，建立基于市场价格的征地补偿标准，最大限度地保护农民权益。

2. 推进农村集体产权制度改革，让农民分享集体经济发展红利

发展农村集体经济是乡村振兴战略的重要内容，是促进农民增收的重要途径，必须探索村级集体经济有效实现形式，推进农村集体产权制度改革，做好做大集体经济"大蛋糕"。鼓励村集体盘活土地资源，注入资本进行统一规划和布局，开展集约化生产和经营，积极探索村级集体自营、承包、租赁、外租、参股、税收分成、资产置换和BOT模式等有效实现形式，提高村级集体资产利用率。引导农户把承包土地、林地的经营权转化为股权，入股现代农业园区或农业产业化龙头企业、农民合作社等，获取保底收益和按股分红。支持具备旅游资源的村庄，以旅游资源经营权和生态权入股，建立股份合作经济组织，发展休闲、度假、文化、观光等产业。积极稳妥实施农村集体经营性建设用地入市制度，探索建立统一、规范、公平的要素产权交

易流转市场。

3. 大力发展农民股份合作制度，赋予农民更多财产权利

农村股份合作制是继家庭承包责任制之后农村生产关系的又一重大创新。农民以土地经营权、农房所有权、农机具、运输车辆等财产折资入股，组建农民股份合作组织，构建新型农业经营体系和利益联结机制，获得稳定的租金、股金收入，可有效增加农民财产性收益。要因地制宜，将农民股份合作制度与本地农业生产、美丽乡村建设、生态环境保护及乡村旅游等重点项目相结合，探索多形式、多元化的股份合作，推动农村"资源变资产，资金变股金，农民变股东"，提升农户主体能动性，让农户稳定分享产业链和价值链收益。推动农民股份合作制经济按照市场化模式做大做强，积极吸引高端技术、人才和资金的进入，用现代化经营思路和理念，提高生产效率、保障入股农民利益最大化。

（四）完善支农惠农政策，增加转移性收入

政府转移性支出是收入再分配的一种表现形式，增加对农村地区和农民的转移性收入可以在一定程度上缩小城乡差距、促进区域协调发展。因此，必须进一步完善支农惠农政策，加大对"三农"各项补贴的力度，在保障农民基本生产生活的基础上，调动农民生产积极性，形成农业生产和农民生活双提升的良好局面。

1. 完善农业农村补贴制度，增加农民补贴性收入

设立"三农"补贴专项资金，健全"三农"投资增长机制，持续加大财政投入力度。为保障粮食安全，提高农民种粮积极性，要进一步加大农民种粮补贴力度，增加粮食直接补贴、购置和更新大型农机具补贴、良种补贴、生产资料补贴等收入。因地制宜制定特色农业发展补贴制度，如种苹果给予苗木补贴、肥料补贴、设施补贴、管护补贴等，种大棚给予资金扶持、水电配套等，畜牧养殖给予资金奖励、农业保险补贴等；鼓励规模化生产经营，大力发展科技农业、绿色农业，对开展标准化、规模化、科技化、绿色化等现代化生产经营的农户，制定相应的补贴标准，增加农业产业化发展补

贴，降低农民开展现代化生产的成本，以转移性收入带动经营性收入。健全草原、森林、湿地、河湖等生态补偿政策，对因生态环境保护而牺牲农业生产的农民给予科学合理的经济补偿，探索实物补偿与政策补偿、技术支持补偿等相结合的方式，增加农民以转移性收入为基础获得其他收入的可能性。

2. 完善农村社会保障体系，增加农民保障性收入

与城镇相比，农村的社会保障覆盖面窄、范围小、水平低，对农民的生活消费观念和方式都产生重大影响。完善农村社会保障体系，增加农村社会保障投入，能够在很大程度上解决农民生老病死的后顾之忧，意味着农民整体收入水平和生活水平的持久性提升。各项财政投资要以教育、医疗、养老等公共服务为重点向农村倾斜，减少农村居民家庭必须支出成本。加大非义务教育改革，对农村家庭子女教育制定倾向性政策支持，通过减免学费、培训费等方式缓解农村教育压力。增加农村医疗补贴，并扩大医疗报销的范围，提高合作医疗保险统筹层次和保障水平；加强农村公共预防保健工作，加强农村卫生基础设施建设和医疗医务人员培训，提高卫生服务质量，促进农民就近就医，减少就医成本。健全农村养老保险制度，提高养老保险待遇，确保所有农村居民"老有所养"。

（五）强化农村教育培训，提升农民增收能力

无论是增加经营性收入还是增加工资性收入，最根本的动力还是农民素质的提高。只有素质提升了，农民才能从事更高级别的生产劳动，实现更高质量的就业，获得更高水平的收入。培养一支有文化、懂技术、善经营、会管理的高素质农民队伍，必须要强化农村教育培训，从教育观念、教育体制、教育模式以及教育培训方法等全方面推进，为提升农民增收能力奠定良好的基础。

1. 强化农村基础教育，提升农民基本素质

强化农村基础教育是适应农业农村现代化发展的基本要求，也是农民技能提升、实现劳动力转移就业的重要根基。因此，要高度重视农村基础教育，改变教育思想，使新时代每个农民家庭子女都能完成九年义务教育，使

未来的农民都能够成长为有知识、有文化、懂科学的新一代劳动者。基础教育要与时俱进，根据新时代发展特征和需求，不断改革，提高教育质量，教育学生树立正确的人生观、价值观、就业观、生活观，为未来的生产生活丰富知识储备，奠定良好的发展基础。

2. 加强农业生产技能培训，大力培育新型职业农民

在农业现代化进程中，农业生产技术不断更新，只有不断使用和推广新品种、新技术，农业生产才能不断进步，农业效益才能不断提高，农民收入才会不断增长，这一切都离不开农民素质的提高。所以要针对农业生产，建立农民培训长效机制，科学合理安排农民培训，提升农业增产增效的内生动力。一方面，要充分发挥"土专家""田秀才"和家庭农场、农民专业合作社、科技示范户、种养大户的作用，与小农户建立利益联结机制，用现身说法的形式进行技术指导和帮扶。另一方面，要加强与大专院校和科研院所的合作，不定期组织农业技术专题讲座，组织农民学习农业种养殖及现代化农业设备、农机具的使用技术；鼓励专业农技人员到田间地头对生产过程中出现的疑难问题进行现场答疑解惑，及时解决问题。

3. 加强农村劳动力转移和就业创业培训，推动农民工更高质量就业

以企业为主，组织开展在岗和待岗农民工以工代训，实现以训稳岗。以输入地为主，组织转岗和失业农民工开展定向定岗培训，提升农民工就业能力，围绕市场急需紧缺职业，大力开展建筑、机械、维修、家政、养老、餐饮、保安、物流等适合农民工就业的技能培训和快递员、网约配送员、直播销售员、汽车代驾员等新职业新业态培训。以输出地为主，组织返乡农民工开展就业创业培训，促进农民工就近就业创业，重点围绕本地生产制造业、建筑业、服务业、乡土产业、休闲旅游业、餐饮业等开展技能培训，提高返乡农民工职业转换和再就业能力，促进返乡农民工再就业。鼓励准备创业和处于创业初期的农民工参加创办企业、创业实训、经营管理等课程培训，提升项目选择、市场评估、资金预测、创业计划等能力。

4. 鼓励农民自主学习，打造高素质农民队伍

鼓励农民充分利用现代信息技术，通过大数据、互联网自主学习所需的

知识，拓展农村生产生活范围和视野。有条件的可以自主报考职业院校，提升学历层次，积极争取学费减免等补助政策。鼓励农民参加继续教育，促进农民终身学习，持续更新知识。在高素质、高学历农民队伍中培养一批调解仲裁、农村电商、文旅体育等经济社会领域专业人才，打造乡村社会事业带头人队伍。

（六）优化农村生产生活条件，为农民增收创造良好环境

农村生产生活条件与农民增收息息相关，良好的农田水利设施、先进的科学技术是农业生产能够抵御自然灾害、实现稳定增长的重要前提。便利的交通、完善的流通体系是农产品出村进城、农村市场繁荣发展的重要基础，也是农村劳动力转移就业和社会资本到农村投资置业的重要参考。提升农村生产生活条件有利于农村产业发展，是农村生活富裕的重要保障。

1. 完善农村基础设施，助力农村产业发展

适应新时代农业生产需求，高标准推动农田水利基础设施建设，积极推广节水灌溉技术和设施的应用，实施膜下滴灌、移动滴灌、喷灌及地埋管灌溉工程，加强水土流失治理。因地制宜开展林果蔬菜大棚种植，鼓励规模化、集约化、智能化大棚建设。以"四好农村路"为重点，加快农村交通基础设施建设，拓宽改造农村公路窄路基路面，改善群众出行条件，突出解决物品流通"最后一公里"问题，打通农产品上行和工商品下行通道。逐步完善乡村旅游基础设施，加快景区景点停车场、步游路建设，加快景点旅游厕所、垃圾箱、休憩点、标识标牌、灾害防御等基础设施规划设置和升级改造，促进旅游增收。

2. 完善农村商贸流通体系，繁荣农村消费市场

大力完善县乡村三级物流基础设施建设，加快网状快递服务基站建设，促进集中配送、共同配送、统一配送等集约化配送，扩大村级寄递网络覆盖面；以冷链物流为重点，加速建设农产品生产、加工、仓储等物流基础设施与智慧配送中心。加强农村商业体系建设，繁荣农村消费市场，支持商贸中心建设，打造连锁化、便利化的商场、集贸市场等，优化餐饮、亲子、洗

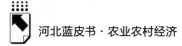

浴、健身、理发、维修、废旧物资回收等便民服务，推动购物、娱乐、休闲等业态融合。

3.积极改善农村生态环境，激发生态价值

绿水青山就是金山银山，保护生态环境，不仅关系广大人民的根本利益，也会产生实实在在的生态价值。要充分发挥农村生态资源优势，突出生态功能，在保护和修复生态环境的同时，围绕人们对清新空气、清洁水源、宜人气候、宜居环境等方面的需求，把提供生态产品作为发展的重要内容，创造性开发这些生态产品的市场价值，逐步完善以旅游、康养、户外运动等绿色产业为主的产业体系，逐步释放生态环境资源红利，使生态效益、经济效益和社会效益相得益彰。

（七）坚持城乡统筹，逐步缩小城乡收入差距

农民增收一方面要保障绝对水平的提高，另一方面要有相对水平的提高，与城市居民相比，收入差距要呈逐步缩小态势。当前，已经到了工业反哺农业、城市带动农村、城乡协调发展的重要时期，必须要走城乡统筹融合发展的道路，将新型城镇化建设与乡村振兴战略统筹推进，全面加速城乡居民共同富裕。

1.坚持以城带乡，统筹城乡产业发展

城市经济与农村经济是相互联系、相互依赖、相互补充、相互促进的关系，只有两者统筹协调发展，才能实现更快更高质量的进步，城乡居民才能共享经济发展红利。统筹城乡产业发展是改变城乡二元结构的突破口，是优化产业结构的重要途径，关键在于三次产业的合理布局和融合发展。要以农业为基础性产业，不断拓展农业生产链条，推动农业与加工工业、服务业融合发展，形成产加销一体化发展格局。推动工业、服务业体系向农村延伸，工业园区、商贸物流产业向小城镇布局，鼓励城市劳动密集型企业向农村扩散和转移，促进农村劳动力就近就业，实现以城带乡、以工促农、城乡互补、协调发展。

2. 加快体制机制改革，推动城乡要素双向合理流动

相对于城市地区，农村对人才、资金、技术等生产要素的需求更为迫切。在农村相对弱势的情况下，吸引生产要素向农村倾斜，需要制度的变革和推动。要积极贯彻落实《中共中央　国务院关于建立健全城乡融合发展体制机制和政策体系的意见》，建立健全农业转移人口市民化机制和城市人才入乡激励机制，重点支持城市人才、资本和技术向农村转移，为乡村发展注入新动能，带动乡村产业发展、事业兴旺，带动农村居民更加富裕，逐渐缩小与城市居民的差距。

3. 整合城乡资源，加快城乡公共服务一体化建设

公共服务关系群众的基本生活，公共服务水平的提升在某种程度上等同于居民收入水平和生活质量的提升。推动公共服务向农村延伸是缩小城乡差距、实现城乡一体化发展的重要举措。要以农村居民需求为导向，统筹优化城乡服务资源配置，重点加快农村公共服务体系建设，推进优质教育城乡均衡化发展，建立健全城乡劳动者平等就业、同工同酬制度，增强乡镇医疗卫生保障能力，完善城乡统一的社会保险制度，加强农村养老服务体系建设，提升农村公共文化服务水平。以城市公共服务为标准，加速农村地区与城市的对接、并轨，逐步提高农村的社会保障和公共服务水平。

参考文献

高云才、郁静娴、常钦：《农民收入保持稳定增长态势（"十四五"，我们这样开局起步）》，《人民日报》2021 年 5 月 8 日，第 4 版。

潘春阳等：《消费意愿，还是消费能力？　新发展格局下农村居民消费低迷的原因及对策研究》，《中国劳动》2021 年第 3 期。

张红宇：《缩小城乡收入差距促进农民富裕富足》，《农村工作通讯》2021 年第 5 期。

姜长云等：《近年来我国农民收入中增长的特点、问题与未来选择》，《南京农业大学学报》（社会科学版）2021 年第 3 期。

王础：《切实发挥乡村振兴典型引领作用——山东省推出首批七种乡村振兴可复制

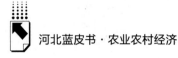

可推广典型经验》,《农业知识》2020年第19期。

张贵友:《持续促进农民收入增长》,《安徽日报》2020年7月14日,第6版。

《我省将开展农民工稳就业职业技能培训——今年明年每年50万人次以上》,《河南工人日报》2020年9月8日,第3版。

《切实发挥乡村振兴典型引领作用》,《大众日报——我省推出首批七种乡村振兴可复制可推广典型经验做法》2019年9月21日,第7版。

马丹丹:《河北省农民增收影响因素及对策研究》,硕士学位论文,内蒙古财经大学,2018。

赵克华:《河北省农民收入增长水平研究》,硕士学位论文,河北大学,2011。

调查篇 〉

B.23

河北省魏县农业特色产业
高质量发展调研报告

河北省魏县农业农村局课题组*

摘　要：　随着现代农业的发展，农业产业化经营成为促进农民增收、农业增效的重要途径。魏县是河北省农业大县，其农业特色产业的发展对完善农业产业链、构建现代农业产业体系具有一定的借鉴意义。本报告分析了魏县农业特色产业发展现状、模式及其主要举措，重点从特色农业规模、产业链条构建、龙头企业发展、农业品牌创建等方面进行了概括，并提出要优化农业区域布局、强化科技创新、完善利益联结机制、健全政策措施等促进农业特色产业发展的对策建议。

关键词：　农业特色产业　农业产业化经营　龙头企业

---

* 课题组成员：马英杰，河北省魏县农业农村局农业产业处办公室主任；李楠，河北省魏县农业农村局产业化办公室科员；关慧娟，河北省魏县农业农村局产业化办公室科员。

魏县地处冀鲁豫三省结合部，总面积864平方公里，辖21个乡镇、1个街道办事处，总人口106万人。魏县是中国鸭梨之乡、国家优质商品粮园区县、"全国绿化模范县"，河北省命名的"食用菌之乡"、林业大县，优质梨、无公害果菜、精品鸭梨和精细蔬菜已打入10多个大中城市的大型超市和宾馆饭店，出口20多个国家和地区，注册鸭梨品牌有"卓旭""李玉堂""涛江""魏鑫"，蔬菜食用菌品牌有"魏舒康""华云""闫苔"等，绿壳鸡蛋品牌有"鸿飞超健"。

近年来，魏县认真按照中央、省、市有关要求，围绕农业产业化目标，以鸭梨、食用菌、甘薯、中药材等特色产业为抓手，紧抓京津冀协同发展机遇，统筹推进农村一二三产业融合发展，持续做优存量、做大增量、提升质量，产业发展特色优势明显。根据县域实际和市场需求，在原有农业的基础上，进一步明确要振兴梨产业、壮大食用菌产业、培育甘薯产业。2022年，魏县县委、县政府制定出台了《魏县支持乡域经济发展实施意见》《魏县人民政府办公室关于扶持壮大新型农业经营主体的实施意见（试行）》《魏县人民政府关于深化农业供给侧结构性改革的实施意见（试行）》等一系列文件。全县围绕"一乡一业、一村一品"，大力度发展乡域经济，农业产业化不断发展。

一 魏县农业概况

地理气候。魏县属温带季风气候，雨热同季、干寒同期，光照充足、雨量充沛，四季分明。年平均气温为13.4℃，常年无霜期为205天，日照时间为2553小时，年均降水量为500毫米。

土壤状况。魏县地处漳河和黄河水系改道冲淤而成的平原上，属黑龙港流域，地表平坦，土质肥沃，魏县土体构型复杂，土壤种类繁多，属于高产稳产土壤类型，较适宜大田作物种植和生长。

水利条件。魏县域内有漳河、卫河、东风渠、民有总干渠、魏大馆排水渠等河流在县域内纵横交错，平均年过境水量为166700万立方米，可利用水量为 4 亿立方米。2023 年，全县地上水系灌溉面积为 67 万亩，占全县总耕地面积的 72.8%。[①]

农作物生产。全县耕地总面积为 92 万亩，常年粮食复种面积为 120 多万亩，主要粮食作物有小麦、玉米、甘薯、棉花、大豆等，其中小麦种植面积常年在 63 万亩左右，玉米种植面积常年在 62.8 万亩，粮食总产量近 62 万吨。[②] 全县食用菌栽培面积为 4500 亩，年产鲜菇 3.2 万吨，产值为 1.28 亿元；全县甘薯常年种植面积为 1.5 万亩，年产甘薯 3 万吨，产值为 0.5 亿元。

二　农业特色产业发展成效

近年来，魏县根据县域县情实际，紧抓京津冀协同发展机遇，坚持以农业供给侧结构性改革和农业结构调整为主线，以农民持续增收为根本目的，统筹推进一二三产业融合发展，持续做优存量、做大增量、提升质量，产业发展特色优势明显。并在原有农业产业的基础上，振兴梨产业、壮大食用菌产业、培育甘薯产业。

（一）以结构调整为抓手，扩大特色农业规模

坚持无中生有、有中生优，大力发展以鸭梨、食用菌、甘薯为主导的特色农业，致力打造和擦亮中国鸭梨之乡、食用菌之乡、中国设施甘薯之乡三张名牌。

一是振兴优梨产业。魏城镇、东代固镇主要以梨产业为支柱产业，仕望集、棘针寨部分种植。密植梨已累计发展 3 万亩，100 亩以上的密植梨园 98 家，栽植品种主要有魏县鸭梨、魏县红梨、新梨 7 号、黄冠梨、玉露香梨、红香酥梨、秋月梨等发展前景较好的梨优新品种。沙口集乡大小斜街、李家

---

① 数据来源于河北省魏县水利局。
② 数据来源于河北省魏县农业农村局。余同。

口的红不软桃为支柱产业，全县实现"一村一品"的约有60余个村。以历史传承为基础，制定了高于国家标准的鸭梨生产技术规程，完善可追溯体系，通过绿色认证4个，涉及面积4450亩，鸭梨品质及知名度逐年提高，保持旺销势头，梨产业的发展同时带动了相关产业的蓬勃兴起，形成了较为完善的产业链条。截至2023年，全县现有与梨产业相关的贮藏、制箱、装潢、包装、运输、中介、专业服务组织近百家，常年从事经销的经纪人队伍有4000余人，建有恒温冷藏库107座、小型冷藏库200余座，总贮藏能力达了20余万吨。聘请农业农村部规划设计院编制了《河北省魏县鸭梨现代农业产业园总体规划》，招商入驻多家企业，有力促进了鸭梨精深加工。为加快梨产业发展进程，巩固提升脱贫成效和带动更多农户通过发展梨产业实现增收致富，魏县先后制定出台了《魏县人民政府加快推进梨产业发展的实施方案》（魏政字〔2017〕37号）、《中共魏县县委 魏县人民政府关于加快全县梨产业振兴的实施意见》等一系列优惠政策，并从2018年开始，大力实施梨产业"一扩三提"工程，即扩大种植面积、提高质量、提升品牌、提高效益，加快推进梨种植模式向省力化、机械化、标准化、矮密化方向发展。为抓好密植梨扶贫基地建设，从2018年开始，由县财政预算列支1亿元，对新建密植梨园实施高额补贴，每亩补助3800元，三年补清。截至2022年底，全县重点打造100亩以上的密植梨园区63家，其中，密植梨扶贫产业园43家、示范园1家（沙口集乡），涉及18个乡镇，种植面积为9571亩，大户（合作社）种植面积为3791亩、脱贫户自种面积为5780亩，带贫率达到60.4%。密植梨扶贫产业园区和基地建设，不仅带动了贫困户脱贫增收，增加了劳动就业，还有效提高了果农的管理水平和生产技能，改变了果农的小农经济意识，提高了其抗市场风险能力，同时，为周边乡镇、村发展产业树立了样板，起到了很好的示范带动作用。为使梨产业有序健康发展，魏县采用"合作社+基地+果农"的产业发展模式，扶持发展果品专业合作社，推进集果品生产、储运、加工、销售于一体的产业化经营，实现了"统一种植、统一管理、统一采收、统一品牌、统一销售"的"五统一"管理，提高了管理效率，增强了抗市场风险能力，带动更多果农实现了持续增收。

二是壮大食用菌产业。食用菌主要有银耳、香菇、平菇、白灵菇等，分布在10个乡镇，全年投料量为4.5万吨，并注册了"冀南绿珍""魏小耳""申霖""幸福伞""弘珍"等品牌，代表龙头企业有邯郸市浩弘食用菌有限公司（魏城镇）、河北绿珍食用菌有限公司（东代固镇）、魏县通祥食用菌种植有限公司（院堡镇）、魏县申霖农业发展有限公司（车往镇）、河北爱上菇农业发展有限公司（野胡拐乡）等。魏县有30多年的食用菌种植历史，是"河北食用菌之乡"，魏县的食用菌生产已经从原来一家一户个体经营向组织化、合作化、规模化、工厂化、设施化和新型化发展。其中，在魏城镇发展杏鲍菇，在东代固镇发展雪耳，在车往镇发展香菇，在院堡镇发展平菇等，还生产灵芝、白灵菇、猴头菇、银耳等10多个品类，食用菌栽培面积达4500亩，产鲜菇3.2万吨，产值达1.28亿元，有效带动农户3000余户12000余人。截至2022年底，县域内的河北绿珍食用菌有限公司、邯郸市浩弘食用菌有限公司、河北爱上菇农业发展有限公司、魏县申霖农业发展有限公司、魏县福来食用菌专业合作社等规模化生产企业食用菌栽培面积已占到全县的20%以上，产品大多销往大中城市农贸批发市场，占总销量的70%以上。逐步形成了以魏城镇、东代固镇、沙口集乡、北皋镇、院堡镇、棘针寨镇、车往镇等为主的食用菌产业聚集区。

三是培育甘薯产业。按照"一县一业、一村一品"发展要求，根据科技农业、绿色农业、质量农业、品牌农业战略部署，魏县以博浩省级现代农业园区为核心，建设了5000亩高端甘薯繁育基地，年产甘薯15000吨，年产值达3000余万元，每年直接带动3000余农户实现增收，现正在筹建占地30余亩、投资2.5亿元的甘薯深加工项目，项目建成后，年生产休闲型蜜薯、果蔬脆片20余个品种，产量达1500吨，产值达5400万元，利税达1500万元，可实现400多人就业增收。为扩大甘薯种植规模，实现甘薯产业质的飞跃，依托季节性休耕项目，在漳河沿岸的沙口集乡、双井镇、野胡拐乡、南双庙镇、前大磨乡、北皋镇、院堡镇、北台头乡、车往镇等的46个乡村，采取"龙头企业+基地+农户"产业化经营运作模式，为全县农户提供优质甘薯种苗，帮助建立专业合作社，建设种养基地。

四是积极发展中药材种植。全县发展中药材种植面积 5200 多亩，涉及金银花、生地、菊花、杜仲、白术、瓜蒌等。分布乡镇有棘针寨镇、沙口集乡、大辛庄乡、车往镇、前大磨乡、院堡镇等。代表企业有魏县旭阳本色农业科技有限公司、魏县众鑫瓜蒌种植有限公司等。

五是持续壮大养殖业。全县生猪存栏 22 万头，牛存栏 0.99 万头，羊存栏 27.9 万只，鸡存栏 557.5 万只，肉、蛋、奶产量分别达到 36900 吨、65900 吨、1280 吨，涉及 22 个乡镇（街道办）。养猪行业农业产业化龙头企业有河北铭锐农业开发有限公司（沙口集乡）、魏县东星养殖有限责任公司（东代固镇）、魏县宏奥养殖有限公司（野胡拐乡）、邯郸市明磊养殖有限公司（牙里镇）、河北省魏县九坤养殖股份有限公司（沙口集乡）、邯郸市亿泰种猪有限公司（回隆镇）、魏县易鑫养殖有限公司（大磨乡）、魏县润美农业科技有限公司（大马村乡）等，养牛行业农业产业化龙头企业有魏县富众养殖有限公司（回隆镇）、魏县腾达乳牛有限公司（张二庄镇）、魏县新越涵养殖有限公司（前大磨乡）、魏县鑫发养殖有限公司（车往镇），养羊业农业产业化龙头企业有魏县宇恩养殖有限公司（魏城镇）。主要问题是规模场不多，散户居多。蛋鸡养殖规模不小，农业产业化龙头企业代表有魏县鸿健养殖有限公司（牙里镇）。

六是积极发展手工业。持续扶持发展了边马镇任庄的灯笼、南冯堤的手工挂面、二教豆腐丝，大马村乡的八里庄香油，院堡镇的麻花，北台头乡的花生糕，回隆镇的糖果、豆沫、调味品，北皋镇的火锅底料，棘针寨镇的手工挂面，张二庄的再生物资等。

（二）以三产融合为方向，延伸特色农业链条

依托农业产业化龙头企业，促进上下游链条紧密衔接，致力打造农业产业化、链条化、一体化全产业链发展格局。2021 年，魏县农业产业化经营率是 67.72%，农产品加工业入统企业 26 家，规上企业农产品加工业总产值为 23.05 亿元。

一是打造联合体。按照"以农业企业为龙头、以家庭农场为基础、以农民专业合作社为纽带"的要求，积极打造农业产业化联合体。2022年，魏县有市级以上农业产业化联合体6家，其中省级农业产业化联合体2家，基本涵盖了食用菌、甘薯、养殖等产业，积极探索农村一二三产业融合发展。

二是建设大园区。坚持以抓工业的理念和建工业园区的办法推进魏县现代农业产业园区建设，目前，魏县现代农业产业园区成功引进的高科技花卉博览园、十万头猪场、高端设施大棚甘薯种植和脱毒种苗、水果红薯等项目已全面开工建设，九凯食品、罐头加工等农产品加工企业成功投产，兆真食品、果酒加工等项目正在积极推进。届时，魏县现代农业产业园区将成为一个集农业种植、畜禽养殖、育苗供种、技术培训、产品展示、农资服务、休闲观光等于一体的高科技农业示范园区。

三是发展上下游产业。跳出农业抓农业，通过推进农业与休闲旅游、健康养生等深度融合，发展观光农业、体验农业等新产业、新业态。2021年已建成运营总投资4000万元的梨花小镇植物博览园项目，该项目建有现代农业馆、热带水果馆、热带风情馆及采摘区，使科技农业、生态农业、观光农业三者有机地结合在一起，较好地发挥了农业项目的生态效益、经济效益和社会效益。同时，魏县利用园区内的梨、水、美丽乡村等资源，连续举办梨花节和鸭梨采摘节，"农业+文化""农业+旅游"等融合发展呈现良好态势，农业融合对县域经济、农民增收的拉动作用不断增强。

（三）以利益链接为手段，提升特色农业效益

农业的效益，最终要体现在农民增收上。一是继续推广农业产业园区扶持模式。魏县高标准规划建设的18万亩的现代农业产业园区，已被列为国家级农业产业园后备园和全国农村一二三产业融合发展先导区创建单位，同时每个乡镇都谋划建设一到两个成规模的产业园区，着力发展梨、食用菌、设施蔬菜及生猪养殖等特色产业。二是继续加强密植梨园帮扶。以魏县鸭梨地理标志证明商标获批为契机，在原有20万亩梨园的基础上，从2018年到2020年，全县建设一批密植梨产业园区。按照"统一种植、统一管理、统

一采收、统一品牌、统一销售"等"五统一"模式管理,进行合作化、规模化、集约化发展,继续壮大魏县梨产业。三是继续加强"庭院经济"模式。依托绿珍公司、申霖农业等农业产业化龙头企业,优选食用菌、花卉种植等生产周期短、成本低、见效快的优势产业,结合"庭院经济"投资小、见效快、风险低等发展特点,充分利用闲置桩基,因需发展各具特色的庭院种植、养殖业,对农村闲置及老旧宅基地加以利用,发展适宜产业。

通过大力发展梨、食用菌、甘薯等主导特色产业,推动魏县农业供给侧结构性改革,全面加快魏县农业产业化进程,为全市、全省乃至全国农业产业化发展积极探索新路径和成功经验。

(四)农业产业化龙头企业逐年增加

魏县始终坚持把龙头企业培育作为推进农业产业化进程的关键举措,抓紧抓实。2023 年,在做好招商引资上项目的同时,大力培育本地龙头企业,促进全县企业的长足发展,全县农业产业化龙头企业数量逐年递增。2015 年市级以上龙头企业共 31 家,其中省级龙头企业 2 家。2021 年市级以上龙头企业达 37 家,其中省级龙头企业 10 家。2022 年市级以上龙头企业达 44 家,其中省级龙头企业 10 家。产业化经营体系不断完善,形成了一批科技含量高、带动能力强的龙头企业。龙头企业以"订单"的形式,与农户及上下游企业之间形成了利益共享、风险均担的利益联结共同体,建立和完善了企业带农户的利益联结机制。2022 年,市级以上农业产业化联合体共 7 家,其中省级农业产业化联合体 3 家。

(五)推动"一乡一业、一村一品"差异化发展

围绕发展"一乡一业、一村一品",促进乡域经济发展,相继研究出台《魏县人民政府关于支持乡域经济发展的实施意见》等政策文件。将"一乡一业、一村一品"产业发展抓在手上、放在心上、落实在行动上,不定时梳理各乡镇"一乡一业"推进情况。"一乡一业、一村一品"工作调度会,由各乡镇党委书记、乡镇长以 PPT 形式进行现场演示汇报,各

乡镇立足区位优势、资源禀赋和产业基础，因地制宜持续发力，院堡镇蘑菇城堡、东代固镇梨花小镇、回隆镇糖果小镇、车往镇百湖稻香、泊口镇泊口晚舟等发展初见成效。

三　促进农业特色产业发展的建议

一是突出特色，明确主攻方向，优化农业区域布局。以市场为导向，以自身资源优势为依托，突出梨、食用菌、甘薯等特色产业，重点培育，不断做大规模做强企业，进一步调整优化农业区域布局，为农产品加工龙头企业发展建设稳固可靠的配套基础、提供充足的合格原料，为龙头企业发展提供良好的发展环境。

二是着力推进科技创新，实施品牌带动战略，培育壮大龙头企业。鼓励产学研合作，加速成果转化，引进扶持发展科技含量高、技术创新能力强、拥有自主知识产权的现代农产品加工企业，增强龙头企业的核心竞争力。按照"扶优、扶大、扶强"的原则，对发展前景看好、有特色的骨干企业从政策、资金、技术、人才、管理等方面给予重点扶持。

三是进一步完善利益联结机制，带动农户增收致富。认真总结宣传推广龙头企业带动农户增收致富、发展现代农业的好经验好做法，引导龙头企业与合作组织有效对接，引导龙头企业创办、领办或与农户联合兴办各类专业合作组织，积极组建"龙头企业+专业合作组织+农户"农业产业化链条合作模式，鼓励龙头企业采取股份分红、利润返还等形式将销售环节的部分收益让给农户，使其共享农业产业化发展成果。

四是落实政策措施，加大资金投入力度。争取省级、市级等上级部门的各种惠农政策和资金支持，改善农业产业化条件；加大资金投入力度，在现有基础上增加扶持农业产业化发展的相关资金，切实加大对农业产业化和龙头企业的支持力度；积极创新金融产品和服务方式，多渠道整合和统筹支农资金，有效满足龙头企业的资金需求。

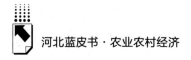

参考文献

郭延凯、王发民、高扬：《魏县：发展梨产业　助推乡村振兴》，《国土绿化》2023年第5期。

陈正、王德峰：《魏县引进龙头企业打造一二三产融合项目》，《河北日报》2022年9月28日，第11版。

王德峰、聂建顺、李志国：《锦绣梨乡阔步来》，《邯郸日报》2023年7月16日，第4版。

B.24
河北省丰宁县大下营村
乡村产业振兴调查报告

闫永路　周炜　生凤丘*

摘　要： 在调查县情、村情的基础上，2023年7月，本报告调研组随机抽样走访了15户农户，了解不同层次农户家庭的经营、收入、教育、医疗、养老、关心的问题及对乡村振兴政策的了解情况。调查发现，河北省坝上地区农村在生产生活、家庭收入、基本公共服务等各方面取得了明显成效，村民的思想发生了积极转变，但也存在农业生产老龄化、生产成本居高不下、居家养老照看不够、劳动力短缺等问题。在驻村工作队的倾心帮扶支持下，大下营村通过建强村党组织，联合省市县乡、市场主体等各方力量，破解了乡村产业振兴中带动力、劳动力、竞争力不足问题，走出了一条各方力量联合发力促进乡村产业振兴的典型路径。本报告认为，坚持党建引领、组织化经营、错位发展和联合推进，是大下营村产业振兴的重要启示，其经验做法和模式路径值得各地在推进乡村产业振兴过程中借鉴学习。

关键词： 乡村振兴　产业振兴　组织化经营　大下营村

一　县情与村情

（一）县域概况

丰宁满族自治县（简称"丰宁县"）地处燕山北麓和内蒙古高原南缘，

---

* 闫永路，河北省社会科学院农村经济研究所副所长、副研究员，主要研究方向农业农村经济、农村资源环境；周炜，河北省自然资源厅驻丰宁县大下营村第一书记；生凤丘，昆山杜克大学2021级本科生，主要研究方向为政治经济学，负责本次典型村农户情况调查。

是河北省 6 个坝上县、6 个民族县、14 个环京县之一。辖 11 镇、15 乡、1 个街道办事处、1 个省级开发区,共 310 个行政村,户籍人口为 40.4 万人,有满族、回族、蒙古族等少数民族 34 个,少数民族人口为 29.3 万人,占全县总人口的 72.58%,其中满族人口为 26.6 万人,占全县总人口的 65.84%。①

1. 区位优越,交通便捷

丰宁位于河北省北部,南邻北京市,北靠内蒙古自治区,与北京市怀柔区接壤,县城距怀柔区界仅 18 公里。境内有多丰、唐包铁路 2 条,张承高速穿境 138 公里,有国省干线公路 11 条、县级公路 5 条,公路密度为 46.6 公里每百平方公里。

2. 地域辽阔,资源丰富

丰宁总面积为 8765 平方公里,分坝上、接坝、坝下三个地貌单元。全年日照充足,平均日照时数为 2755.4 小时。水资源丰富,是北京水源地密云水库上游潮河、天津水源地潘家口水库上游滦河 2 条重要河流的发源地。潮河每年平均出境水量为 0.94 亿立方米,占密云水库入库水量的 14%;滦河每年平均出境水量为 1.85 亿立方米,占潘家口水库入库水量的 25.5%。林草资源丰富,森林面积为 762 万亩,草场为 202 万亩,森林覆盖率高达58.1%,是京津重要的生态屏障。探明矿产资源 30 多种,其中钼矿资源储量居全国前列。空气质量综合指数为 3.12,全年空气二级以上天数为 336天。旅游资源丰富,拥有京北第一草原、大汗行宫、中国马镇、七彩森林等4A 级景区 4 处,白云古洞、九龙醉酒文化产业园、天马飞行小镇等 3A 级景区 3 处,获得河北魅力景区、河北旅游强县、京北最佳旅游目的地等称号。

3. 历史悠久,文化厚重

距今 3 万~5 万年前丰宁已有人类活动,存有红山文化、山戎文化等古人类遗址。1778 年清朝乾隆取"丰芜康宁"之意改设丰宁县。1987 年经国务院批准成立丰宁满族自治县。丰宁县是当代著名诗人郭小川的故里,滕氏

---

① 《丰宁概况》,丰宁县政府网站,2023 年 5 月 31 日,http://www.fengning.gov.cn/col/col3213/index.html。

布糊画曾获中国民间文艺"山花奖"金奖，丰宁满族剪纸入选国家级和世界级非物质文化遗产名录。境内发现的古生物化石"华美金凤鸟"，取代德国始祖鸟成为鸟类祖先，连同境内发现的恐龙化石，被誉为21世纪演化生物学研究最重要的科学发现之一。

4. 经济发展较快，绿色产业突出

2022年丰宁地区生产总值为150亿元，固定资产投资为97.1亿元，社会消费品零售总额为37.5亿元，全部财政收入为18.12亿元，其中一般公共预算收入为9.8亿元，分别比上年增长6.5%、8.4%、8.0%、5.0%、13.7%。城镇和农村居民人均可支配收入分别为31370元、12470元，均增长8%。主要经济指标增速均高于省市平均水平。清洁能源产业稳步壮大，投运抽水蓄能电站机组5台，省重点风电项目并网发电项目3个，同时推进建设输变电站、415万千瓦风电光伏项目。装备制造链条加快延伸，引进入驻新能源装备制造企业3家，光伏、锂电池等续建项目5个。文旅产业成功创建七彩森林省级旅游度假区、元山子省级乡村旅游重点村、中国马镇省级夜间文化和旅游消费聚集区，全年接待游客130万人次。现代农业规模化发展进一步加快，落实粮食种植面积88.04万亩，产量达18万吨，蔬菜、中药材、有机认证杂粮种植面积分别达15.63万亩、3.6万亩、15.7万亩。肉牛存栏18万头，奶牛存栏2万头，一批乳业重点项目相继建成投产。[①]

（二）村庄概况

大下营村隶属于丰宁县大滩镇，位于丰宁县西北部，距县城约100公里，距大滩镇15公里。国道239御大线风景大道贯穿村庄南北。全村总面积为32平方公里，其中耕地面积为1.3万亩，水浇地面积为4000亩，林地面积为1.9万亩。辖4个自然村6个居民组，共368户1068人，其

---

① 《政府工作报告》，丰宁县政府网站，2023年1月13日，http：//www.fengning.gov.cn/art/2023/1/13/art_ 12395_ 974951.html。

中常住人口为 655 人。村委会所在地在河东组，占地面积为 2000 平方米，集办公、党群活动室、综治民调、便民服务室、文化图书室、爱心超市、卫生所等服务功能于一体。大下营村地处坝上地区，气候寒冷，自然条件恶劣，村民世代以传统的种植、养殖为生，思想保守，生活困难，曾有建档立卡贫困户 180 户 429 人，一度是省级深度贫困村。在各级地方政府和省自然资源厅驻村工作队的帮扶下，发挥特殊气候条件优势，发展起西红柿特色种植，经过几年脱贫攻坚，村民成功摆脱贫困，斩断"穷根"，逐步走向富裕。

二 农户调查与分析

为了加深对农户的了解，在驻村工作队的协助下，2023 年 7 月，本报告调研组以村委会所在的村组为重点，兼顾其他村组，随机抽取了 15 户家庭作为典型调查对象，将被调查农户分为家庭条件较好、一般和较差三类，其中较好、较差的农户各 4 户，一般农户有 7 户，分别了解农户的人口、年龄、文化程度、收入、子女教育、医疗、养老、急需帮助的项目等内容。

（一）农户调查

1. 较好农户的情况

（1）家庭基本情况

调查较好农户 4 户 8 人，平均年龄为 62.3 岁，仅有 1 户 2 人年龄分别为 55 岁、59 岁，受教育水平在小学及以下的有 7 人，专科大学生有 1 人。

（2）生产及收入情况

4 户被调查农户家庭生产状况各有不同，其中养殖户、种植户、土地流转户、本村务工户各 1 户。养殖户除养殖肉牛 3 头外，还雇人种植莜麦 7 亩，正常年景亩产约 200 斤，莜麦正常市场价格为 1.5 元/斤，雇佣成本为每亩 150 元，按照正常经营计算，种植莜麦每亩毛收入 300 元，扣除雇佣成本后，每亩净收益约 150 元。种植户 2 个劳动力种植莜麦 24 亩，正常年景亩产 300 斤，劳力、化肥、收割等每亩种植成本为 220 元，若按养殖户所述莜麦市场价格计算，扣除各项成本，亩均纯收益约为 230 元，若按该被访户所述莜麦每斤 1.8 元计算，则其亩均收益约为 320 元。本村务工户中有 1 人在本村清扫垃圾，年收入为 1.5 万元。土地流转户因特殊因素未了解到家庭收入①情况。

（3）基本公共服务情况

教育方面，4 户家庭的子女均已成家，未涉及子女教育问题。医疗方面，4 户农户均患有高血压、糖尿病等常见病，其中 2 户还患有脑梗、胯骨坏死等疾病，1 户农户反映看病报销不方便、往来交通费较贵。养老方面，4 户农户均为居家养老，由子女负责看护，其中 2 户反映子女回家次数不多，照看不过来，养老主要依靠自己。

（4）家庭需求情况

在问及家庭最需要解决的是致富、子女教育、看病还是养老问题时，2 户表示缺本钱，2 户表示无需求。

（5）农户对乡村振兴的看法

在问及是否了解乡村振兴、通过什么渠道知道的、自己能做些什么、怎样搞好乡村振兴问题时，仅有 1 户表示在与村民聊天时了解到乡村振兴的有关信息，并表示要搞好乡村振兴，最重要的是调动群众的积极性，其余 3 户对乡村振兴都表示不了解。

2. 一般农户的情况

（1）家庭基本情况

调查一般农户 7 户 17 人，平均年龄 57.8 岁，具有高中文化水平的有 2 人，具有初中文化水平的有 8 人，具有小学文化水平的有 7 人。

（2）生产及收入情况

7 户农户中 1 户专门养牛，其余 6 户均为种植户，其中 3 户从事莜麦种

---

① 本调查为访谈类的浅表性调查，本部分所指收入以农业经营性收入为主，而不是一般概念上的总收入（包括工资性收入、转移性收入、财产性收入、农业经营性收入），因为普通农户特别是老龄农户难以有效获取总收入数据。

植，3 户从事莜麦和青储饲料（不卖出，仅供自家养牛，农户表示无法计算收入）种植。6 户种植户每户平均种植面积为 20 亩，3 户莜麦亩均产量为 300 斤，另 3 户亩均产量为 200~250 斤。据农户自述家庭年收入情况，3 户年收入为 1.4 万~3.0 万元，1 户为 8000 元，另 3 户为 2500~3000 元，7 户农户平均年收入为 9714 元。据种植户反映，种植莜麦每亩成本约为 200 元，按照莜麦亩均产量 300 斤、市场价格 1.5 元计算，种植户亩均收益约为 250 元，种植 20 亩莜麦的家庭年收益约为 5000 元。若按照农户所述莜麦每斤最高 2 元计算，其亩均收益约为 400 元，种植 20 亩莜麦的家庭年收益约为 8000 元。考虑到被调查农户种养兼业的情况，种植户年收入高于 5000 元的可能性更高。

（3）基本公共服务情况

教育方面，2 户的子女已成家，5 户表示子女教育不存在困难。医疗方面，患有高血压、心脏病等常见慢性病的仍占多数，其中 1 户农户反映报销比例低，1 户反映心脏支架不在报销范围内，但均未反映就医存在困难。养老方面，本组有 3 户家庭成员平均年龄在 60 岁以下，未涉及养老问题。其余 4 户成员平均年龄在 60 岁以上的家庭，1 户平均年龄为 62 岁的养殖户反映，目前不存在困难，但岁数再大养不了牛，经济收入受影响后，养老会成为问题。3 户表示不存在养老问题，其中 1 户反映子女看望次数较少。

（4）家庭需求情况

在问及家庭最需要解决的是致富、子女教育、看病还是养老问题时，7 户都表示缺本钱，其中 1 户养牛户（2 人都 62 岁）、1 户莜麦种植户（2 人都 66 岁）表示缺少劳动力。

（5）农户对乡村振兴的看法

在问及是否了解乡村振兴、通过什么渠道知道的、自己能做些什么、怎样搞好乡村振兴问题时，2 户表示通过新闻、广播、参加农业农村会议等途径了解乡村振兴的一些情况，其余 5 户都表示不了解乡村振兴的情况。2 户种植业户反映，种子、化肥、机耕费等种植成本较高，需要政府在土地整治、畜牧业圈舍建设等方面提供帮助。

3. 较差农户的情况

（1）家庭基本情况

调查较差农户 4 户 9 人，平均年龄为 58.2 岁，具有小学文化水平的有 6 人，具有初中文化水平的有 2 人，具有大学文化水平的有 1 人。

（2）生产及收入情况

4 户农户中 1 户是低保户，1 户子女在北京打工，2 户为传统种植户。打工户为兼业户，子女打工年收入 5 万元，父母种植莜麦 15 亩，每亩莜麦产量为 200 斤，莜麦每斤市场价为 1.8 元，每亩化肥等生产投入 220 元，亩均收益约为 140 元。2 户传统种植户年龄都偏大，1 户平均年龄为 74.5 岁，种植莜麦 5 亩，每亩莜麦产量为 165 斤，老两口自己种植，未找雇工，每亩莜麦毛收入约为 300 元，净收益约为 100 元。另一户平均年龄为 66 岁，种植莜麦 22 亩，莜麦亩均产量为 200~300 斤，每亩化肥、农药等种植成本约为 250 元，若按每亩莜麦平均产量 250 斤、市场价格 1.8 元估算，每亩纯收益约为 200 元。

（3）基本公共服务情况

4 户农户子女或成家或毕业，教育方面均不存在问题。医疗方面，3 户患有高血压等常见病，2 户患有腰椎间盘突出等疾病，1 户反映看病报销比例有所降低。养老方面，1 户平均年龄低于 60 岁的农户不存在养老问题，2 户反映子女照看不过来，平均年龄为 74.5 岁的农户表示，养老靠自己种地和养老金，不成问题。

（4）家庭需求情况

在问及家庭最需要解决的是致富、子女教育、看病还是养老问题时，3 户平均年龄偏大的农户表示缺劳动力和本钱，1 户平均年龄较小的农户表示缺技术。

（5）农户对乡村振兴的看法

在问及是否了解乡村振兴、通过什么渠道知道的、自己能做些什么、怎样搞好乡村振兴问题时，2 户农户表示不了解，2 户农户表示通过新闻、电

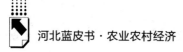

视、镇政府宣传等有所了解，并表示自己有力出力，干好自己的事就能促进乡村振兴。

（二）农户分析

采用简单抽样方法对 15 户农户进行访谈式调查，调查结果一方面反映出通过各级地方政府全力推动巩固拓展脱贫攻坚成果同乡村振兴有效衔接工作，河北省坝上地区的农村生产生活、家庭收入、基本公共服务等各方面取得了明显成效，村民等靠要思想也发生了积极转变，另一方面反映出坝上农村地区农业生产老龄化、生产成本居高不下、居家养老照看不够、劳动力短缺等问题，同时受各种因素制约（比如年龄偏大），大部分村民对全面推进乡村振兴强农惠农富农政策的了解还不够深入。这当中既有属于全省"三农"的一般性问题，比如农业生产老龄化，也有属于坝上地区的特殊性问题，比如劳动力短缺。为加快破解这些问题，因地制宜、多措并举推进巩固拓展脱贫攻坚成果同乡村振兴有效衔接，加快探索适宜坝上地区特点的乡村全面振兴路径模式，是当下值得深入研究的重要课题。

三　经验做法

河北省自然资源厅驻大下营村工作队坚持问题导向，瞄准制约全村产业发展、人力资源短缺等急难愁盼问题，加强大下营村党组织建设，谋划发展特色产业，紧盯防止返贫监测对象、致贫返贫风险，坚决守牢不发生规模性返贫底线，带领村民开拓葵花、西红柿特色种植致富新路，走出一条合力促进乡村产业振兴的创新之路。

（一）党建引领，汇聚人心

农村基层党组织是党做好农村工作的战斗堡垒。推进乡村全面振兴，必须加强农村基层党组织建设，建强农村基层党组织堡垒，增强凝聚力战斗力向心力。驻村工作队坚持把党建工作摆在突出位置，联合开展党建品牌结对共创，通过"三会一课"、联合主题党日活动、支部书记讲党课、座谈交流等多种形式，抓好驻村党组织班子建设，带好党员队伍，把村两委班子团结成"一块坚硬的钢铁"，为推进工作提供坚强的组织保障。2022年带领全村启动400亩葵花园种植项目，村两委成员、种植大户带头参与，起到良好示范效应。2023年大下营村成立专业种植合作社，村两委部分干部带头出资40余万元，第一批加入合作社，村两委成员敢想敢干敢带头，党员同志敢闯敢试冲在前、以上率下、示范引领，对项目启动实施、铺开推广起到关键作用。驻村工作队结合开展第二批主题教育，探索建立"党建+产业"发展模式，引导村两委成员和党员"学理论、提素质、强队伍、聚人心、开眼界"，吸引本土能人、外地专家出谋划策，带领村民学经验、看典型，激发群众内生发展动力。通过咨询农业专家，分析当地气候条件等情况，多次组织村两委成员和种植大户到河南、内蒙古、张家口等地实地考察，下地头、进大棚、访农户、走市场，决定引进"釜山88玲珑小番茄"特色种植项目。

（二）健全组织，规模经营

小农户、大市场是制约农业稳定发展的基本矛盾。市场供求瞬息万变，小农户种植面临自然风险、市场风险，只有通过组织化运作、规模化经营，才能更好应对各种风险和大市场竞争。驻村工作队引入葵花、番茄种植项目，深入开展价格、品种、短期和长期价格波动等市场调研，主动对接蔬菜批发基地、大型商超、企事业食堂，签订保价保底协议，拓展销售渠道，保证基本种植收益，解决规模化生产的后顾之忧，搭建起村两委带头、村民自愿入社、合作规模经营、对接商超市场的组织化经营、规模化种植、市场化营销的现代农业发展架构，推动了个体经营向组织化经营的模式变革。组织化经营能有效应对劳动力短缺，推动特色产业规模化发展。为打消农户疑虑，降低种植风险，驻村工作队积极向省自然资源厅争取帮扶资金，投入38万余元建设修复蔬菜种植大棚33个，低价公开出租，吸引种植大户先行先试。指导采用"合作社+种植大户+农户"模式，由种植大户成立专业种植合作社，吸引12户村民入股，实行效益共享、责任共担、合作公治，提高竞争力和抗风险能力。为防止丰收不增收，驻村工作队确定"精品销售+大宗批发+兜底保价"销售思路，积极联络，与北京一家农业公司签订保价保底协议，保证了种植基本收益。

（三）找准定位，错位发展

坝上地区土地资源、林草资源、旅游资源丰富，各村资源禀赋相同，发展基础相近，很容易搞同质化竞争。要想在各村竞争中脱颖而出，必须在县委、镇党委发展规划中找准本村定位，塑造发展优势，实施错位发展。驻村工作队围绕发挥本村资源优势，瞄准村民需求，以市场需求为导向，以项目带动为核心推动发展，带领村民增收致富。依托坝上光照好、温差大的自然条件，充分发挥县委、镇党委发展旅游、特色种植的政策优势，实施葵花园、特色小番茄规模化种植，实现特色农产品种植增收，把种植园打造成旅游打卡地带动农民致富，实现农旅融合发展。2023年大下营村共销售玲珑小番茄20万斤，销售收入达120余万元，净利润达30余万元，扎实走出了一条特色种植致富之路。驻村工作队坚持将加大消费帮扶力度作为重点，有效促进产销对接合作，以消费帮扶带动产业振兴，以产业振兴促进乡村振兴。在打牢产业基础上求突破，有计划扩大玲珑小番茄种植规模，延长产业链、发展深加工、提高附加值，积极发展创意农业，探索"农业+旅游"产业融合发展模式，把种植田地变成农旅观光园地，把种植田园变成村民致富乐园。

（四）多方联合，协调推进

产业振兴是乡村全面振兴的重中之重，需要联合各方力量，各尽所能、协调推进。驻村工作队发挥关键枢纽作用，及时向驻村帮扶单位、县委和县政府、镇党委和政府汇报帮扶情况，争取各方支持，形成协调推进乡村产业振兴的发展路径。河北省自然资源厅高度重视产业项目发展，多次听取驻村工作队的情况汇报，协调解决产销对接中的困难问题，成功协调石家庄北国超市在大下营村挂牌设立蔬菜直采基地，并辐射周边区域村庄，拓展西红柿销售渠道，实现了本村富裕、联村共富。县委、县政府针对大下营村开展特色种植中存在的资金短缺等实际困难，积极研究对策、在政策允许的范围内，对大下营村发展西红柿特色种植给予种苗补助、大棚补助等财政补贴。镇党委、政府与驻村工作队协同开展市场调研，联合推动组建专业合作社，谋划注册特色种植品牌，为做大种植规模、做成特色品牌提供了有力支撑。

四　启示与建议

农村资源禀赋不一，发展条件千差万别，在推进乡村产业振兴过程中，各地侧重点不尽相同，形成了多样化发展经验。大下营村发展葵花、西红柿特色产业的经验表明，坚持党建引领、组织化经营、错位发展和联合推进，是解决乡村产业振兴面临的带动力、劳动力、竞争力不足问题，联合发力促进产业振兴的典型路径，值得各地在推进乡村产业振兴过程中学习借鉴。

（一）坚持党建引领

办好农村的事情，实现乡村振兴，关键在党。党的二十大报告中强调，"坚持大抓基层的鲜明导向，抓党建促乡村振兴"。农村基层党组织是党在农村全部工作的基础，全面推进乡村振兴必须充分发挥农村基层党组织的战斗堡垒作用。[①] 要充分发挥基层党组织的战斗堡垒作用和党员的先锋模范作用，健全完善全面推进乡村振兴的领导体系和责任体系，建立党政"一把手"亲自抓、分管领导直接抓、一级抓一级、层层抓落实的长效推进机制。一是实施农村基层党组织建设"头雁"工程。群众富不富，关键看支部；支部强不强，还看"领头羊"。村党组织书记是"头雁"工程的"领头雁"，建强农村基层组织，关键要培养一批敢带头、能带头、带好头的村支书。要积极贯彻落实党中央全面推进乡村振兴的决策部署，打破"农村

---

① 耿振华：《以高质量党建引领乡村振兴》，《人民日报》2023 年 3 月 27 日，第 5 版。

情况复杂，支书年纪轻镇不住事儿"等传统观念，把年纪轻、有文化、有干劲的年轻党员放到关键岗位加强锻炼，推进基层党组织成员年轻化、专业化。二是加强农村基层党组织制度化、规范化、标准化建设。要积极贯彻落实新时代党的建设伟大工程，健全完善基层党组织制度建设，推动党的各项制度在农村基层规范化执行、标准化落地，防止村党组织书记一人说了算、搞"一言堂"，形成制度化决策的长效机制。三是加强村党组织书记党务和业务"双培训"。既要强化党的纪律建设、制度建设，也要加强带领全村致富发展的业务培训。各级地方政府应将更多的业务培训机会、产业考察机会、赴外地学习机会向村党组织书记倾斜，开阔其视野、开拓其思路、开发其能力，促进党建和业务双提升。

（二）坚持组织化经营

原子化、破碎化是传统农业小农经营难以对接大市场的根本原因。在实践中，各地以产业化经营推动乡村特色产业规模化发展，以产业规模化发展细化农业分工、降低生产成本、扩大规模效益，在实践中一些地方实现了特色农业产业化发展，但仍是各家各户分散经营，组织化程度不高，未能彻底解决分散决策、经营个体直接应对大市场、经营成本高和劳动力短缺等一系列问题。要发挥产业化、规模化经营的优势，就需要把乡村的特色资源集中起来，通过提高农业的组织化经营程度，提高农业综合生产效益，弥补分散经营难以解决的劣势和短板。一是加快培育新型农业经营主体。深入实施新型农业经营主体提升行动，加强农民合作社、家庭农场等"一码通"管理，健全新型农业经营主体指导服务体系，推动体系化服务、规范化运营、市场化发展。加强新型农业经营主体辅导员队伍建设，依托新型农业经营主体服务中心，按照特色产业发展需求和新型农业经营主体类别分门别类壮大辅导员队伍，增强服务新型农业经营主体的能力，推进服务规范化、便利化。二是加强农村集体经济组织在经营上的统一功能。农村集体经济组织是农村集体资产的管理者和经营者，盘活农村闲置资源资产主要靠发挥农村集体经济组织的统一管理、统一经营能力。健全完善农村集体经济组织管理制度，探索建立法人化治理结构、股份化运营机制，推动农村集体经济组织经营管理职能转向经营管理实体，带动新型农村集体经济壮大发展。三是加强农业组织化经营模式创新。围绕特色农业产业化、规模化发展，探索生产合作社、经营合作社、土地合作社、服务合作社、村集体统一经营等多种组织化经营模式创新，与专业合作社、家庭农场、种植大户形成组织化配套，推动联合生产与大市场有效对接，提高现代农业在现代产业体系中的竞争力。

（三）坚持错位发展

特色化、个性化发展是增强乡村产业竞争力的重要途径。推进乡村产业振兴要发挥当地资源的比较优势，找准发展的关键突破口，坚持错位发展原则，培植有地方特色的乡村产业。一是要因地制宜选择产业。河北省既有平原、高原、海滨，也有山地、坝上、湖泊，地貌类型、气候类型、水土组合条件各异，既为发展乡村产业提供了多元化的优越条件，也对因地制宜选择优势产业提出了挑战。要宜农则农、宜工则工、宜游则游，在做大做强优势主导产业的基础上，促进农旅融合、工旅结合，着力推动产业链联合，推动现代农业全产业链发展。也要推进毗邻村分工协作，按照产业链分工各自做大做强特色产业，一个村子不宜追求大而全、垂直一体化发展。二是在特色产品上下功夫。互联网市场、全国统一大市场为乡村特色产品提供了广阔的市场空间，土特产中蕴含着农民致富增收大文章。要突出特色农产品的绿色、健康、营养、创意等特点，推动产业发展由数量增值转向质量增效，推动特色产业高质量发展。三是在新产业新形态上想办法。随着互联网经济逐步向流量经济、网红经济、直播经济发展，畅销产品、网红打卡地不时涌现，要善于运用新的传播手段、新的经营理念、新的经营方式，把乡村特色农产品带向网络、推向全国甚至国际市场。

（四）坚持联合推进

乡村全面振兴是一项长期化、系统化工程，是推进强国建设、实现民族复兴的重大战略任务，既不是一个村集体、一个村党组织的事，也不是靠驻村工作队一支队伍帮扶就能完成的，需要联合各方力量，发挥各方力量的协同效应，形成推进合力、久久为功。一是要坚决贯彻落实党中央五级书记抓乡村振兴的部署要求。各级党委一把手要把乡村产业振兴作为乡村全面振兴的重中之重，抓牢产业方向、夯实产业基础、创造共富机会，以产业振兴促进和带动人才、文化、生态和组织振兴。二是驻村工作队要注重找准本村在本县、本镇规划布局中的定位，注重与县乡两级政府力量的联合，不能单兵突进、脱离县乡规划、与周边村形不成联合配套。三是构建联合发展机制。一个村、一支队伍很难形成一个特色产业，更难形成特色产业集群，要根据当地实际情况，加强村级党组织联合、产业链接、村庄联建，构建强强联合、强弱结合、组团发展新模式，探索利益分享机制，推进单个乡村的治理向联合示范区的治理转型，由一个典型村的发展向一个典型区域的发展升级。

参考文献

《丰宁概况》，丰宁县政府网站，http：//www.fengning.gov.cn/col/col3213/。

《政府工作报告》，丰宁县政府网站，2023年1月13日，http：//www.fengning.gov.cn/art/2023/1/13/art_12395_974951.html。

河北省自然资源厅驻大滩镇大下营村工作队：《发展特色产业　深化消费帮扶　河北省自然资源厅全力打造兴村振兴"新引擎"》，2023年12月。

河北省自然资源厅驻大滩镇大下营村工作队：《河北省自然资源厅驻大滩镇大下营村工作队2023年总结报告》，2023年12月。

生凤丘：《大下营村农户调查材料》，2023年7月。

大下营村委会：《丰宁县大滩镇大下营村基本情况》，2023年12月。

耿振华：《以高质量党建引领乡村振兴》，《人民日报》2023年3月27日，第5版。

社会科学文献出版社

皮书
智库成果出版与传播平台

❖ 皮书定义 ❖

皮书是对中国与世界发展状况和热点问题进行年度监测，以专业的角度、专家的视野和实证研究方法，针对某一领域或区域现状与发展态势展开分析和预测，具备前沿性、原创性、实证性、连续性、时效性等特点的公开出版物，由一系列权威研究报告组成。

❖ 皮书作者 ❖

皮书系列报告作者以国内外一流研究机构、知名高校等重点智库的研究人员为主，多为相关领域一流专家学者，他们的观点代表了当下学界对中国与世界的现实和未来最高水平的解读与分析。

❖ 皮书荣誉 ❖

皮书作为中国社会科学院基础理论研究与应用对策研究融合发展的代表性成果，不仅是哲学社会科学工作者服务中国特色社会主义现代化建设的重要成果，更是助力中国特色新型智库建设、构建中国特色哲学社会科学"三大体系"的重要平台。皮书系列先后被列入"十二五""十三五""十四五"时期国家重点出版物出版专项规划项目；自2013年起，重点皮书被列入中国社会科学院国家哲学社会科学创新工程项目。

权威报告·连续出版·独家资源

皮书数据库
ANNUAL REPORT(YEARBOOK) DATABASE

分析解读当下中国发展变迁的高端智库平台

所获荣誉

- 2022年，入选技术赋能"新闻+"推荐案例
- 2020年，入选全国新闻出版深度融合发展创新案例
- 2019年，入选国家新闻出版署数字出版精品遴选推荐计划
- 2016年，入选"十三五"国家重点电子出版物出版规划骨干工程
- 2013年，荣获"中国出版政府奖·网络出版物奖"提名奖

皮书数据库

"社科数托邦"
微信公众号

成为用户

　　登录网址www.pishu.com.cn访问皮书数据库网站或下载皮书数据库APP，通过手机号码验证或邮箱验证即可成为皮书数据库用户。

用户福利

- 已注册用户购书后可免费获赠100元皮书数据库充值卡。刮开充值卡涂层获取充值密码，登录并进入"会员中心"—"在线充值"—"充值卡充值"，充值成功即可购买和查看数据库内容。
- 用户福利最终解释权归社会科学文献出版社所有。

社会科学文献出版社 皮书系列
SOCIAL SCIENCES ACADEMIC PRESS (CHINA)
卡号：168148124452
密码：

数据库服务热线：010-59367265
数据库服务QQ：2475522410
数据库服务邮箱：database@ssap.cn
图书销售热线：010-59367070/7028
图书服务QQ：1265056568
图书服务邮箱：duzhe@ssap.cn

法律声明

　　"皮书系列"（含蓝皮书、绿皮书、黄皮书）之品牌由社会科学文献出版社最早使用并持续至今，现已被中国图书行业所熟知。"皮书系列"的相关商标已在国家商标管理部门商标局注册，包括但不限于LOGO（▨）、皮书、Pishu、经济蓝皮书、社会蓝皮书等。"皮书系列"图书的注册商标专用权及封面设计、版式设计的著作权均为社会科学文献出版社所有。未经社会科学文献出版社书面授权许可，任何使用与"皮书系列"图书注册商标、封面设计、版式设计相同或者近似的文字、图形或其组合的行为均系侵权行为。

　　经作者授权，本书的专有出版权及信息网络传播权等为社会科学文献出版社享有。未经社会科学文献出版社书面授权许可，任何就本书内容的复制、发行或以数字形式进行网络传播的行为均系侵权行为。

　　社会科学文献出版社将通过法律途径追究上述侵权行为的法律责任，维护自身合法权益。

　　欢迎社会各界人士对侵犯社会科学文献出版社上述权利的侵权行为进行举报。电话：010-59367121，电子邮箱：fawubu@ssap.cn。

社会科学文献出版社